RESEARCH ON
THE DYNAMIC ADJUSTMENT MECHANISM OF
DISCIPLINES AND SPECIALTIES IN UNIVERSITIES

A Three-dimensional Framework Based
on Classification Management

高校学科专业动态
调整机制研究

基于分类管理的三维框架

田贤鹏 ◎著

社会科学文献出版社
SOCIAL SCIENCES ACADEMIC PRESS (CHINA)

序　言

　　学科专业是科学研究与人才培养联结的载体。每一次科学技术的重大突破，都必然伴随学科专业的结构变化和布局调整。历史经验和科学研究表明，学科专业与科技创新、经济发展具有相互支撑、协同共进的密切互动关系。双循环新发展格局下，以万物互联、智能制造、量子计算等为特征的新一轮科技革命正在加速到来，竞争日趋激烈，通过优化学科专业布局来回应科技发展诉求、引领全球创新变革成为国内外不同类型高校共同面临的迫切任务和挑战。

　　从发展演变来看，学科专业是知识生产积累到一定阶段的制度化产物，其布局因受学术、行政与市场等多重力量的综合影响和束缚而呈现高度的复杂性与系统性。从 2012 年 9 月至今，笔者对于学科专业布局问题的关注已有十余年。回顾这十余年，学科专业布局在新一轮科技革命、知识生产转型、经济产业升级等诸多因素的叠加影响下发生了一系列新的变革和发展。有鉴于此，在结合前期研究、实践调研和改革诉求的基础上，笔者经过近 5 年的反复构思、不断修改和完善，才最终得以完成此著。

　　事实上，随着"双一流"建设的持续推进，国内学术界对于学科专业布局的研究也在不断升温。与国内相比，国外学者早在 20 世纪 80 年代就已经开始从多个维度对此问题展开系统讨论，尤以比彻（Tony Becher）和特罗勒尔（Paul R. Trowler）的《学术部落及其领地：知识探索与学科文化》、克莱恩（Julie T. Klein）的《跨越边界——知识　学科　学界互涉》、华勒斯坦（Immanuel Wallerstein）等的《学科·知识·权力》等相关著作的影响最大也最为深远。

　　正是因为学界前辈们的艰辛探索，学科专业动态调整问题才能够成为高等教育研究中的重要问题，受到的关注日益增加。沿着前辈们开辟的道路，笔者在构思、修改和完善书稿的过程中也力图有所突破。当然，突破并非易事，也非自吹自擂。与其说是突破，不如说是具有特色。笔者认为此著的特色主要体现在三个方面。

首先是在借鉴伯顿·克拉克（Burton R. Clark）"三角协调模型"的基础上，确立了学科专业动态调整机制研究的"知识-市场-行政"三维逻辑框架。基于不同的立场，在不同的研究中，人们对于学科的认识和理解有所差异。也正是因为这种差异，人们对于如何进行学科专业布局产生了诸多的分歧和争议。应该说，单一的知识视角、市场视角抑或行政视角难以回应学科布局的复杂性和系统性，而"知识-市场-行政"三维逻辑框架则提供了一种综合解释的可能。

其次是结合高校分类管理的实践进展，基于研究性高校与应用型高校的二维分类，按照"知识-市场-行政"的三维逻辑框架对学科专业动态调整机制进行了展开分析。随着社会分工的日趋精细化，人才需求和科学研究也呈现愈来愈强的多元化趋势，研究型高校与应用型高校的分野便是这种趋势在实践变革中的生动体现。尽管学科专业布局在学术界并不是一个新话题，但围绕分类管理逻辑，从两类高校的差异化定位出发进行展开分析却是一个创新的探索。

最后是为深化理论分析的实践意蕴，笔者在研究过程中引入了具体的实证案例，尽可能实现理论与实践的双向互动和融合。无论对于政府还是高校而言，学科专业布局都是一个关涉发展方向的战略问题。实践变革中，到底是遵循知识演化逻辑，还是遵循市场供需逻辑抑或行政调控逻辑，并不是简单的单项选择，在不同的历史境遇下面临着不同的挑战和要求。阐释学科专业动态调整注定无法脱离实践变革的复杂性而成为纯粹理论分析。

诚然，此著还存在着诸多有待完善之处，但随着知识的积累、投入时间和精力的增加，笔者对于此问题的学术兴趣越来越浓，研究指向也越来越清晰。在十余年的探索过程中，笔者经历了碎片化理解、专业化研究和体系化建构等不同阶段，越来越认为，学科专业布局是一个蕴含着巨大学术研究潜能的宝藏，值得穷尽一生去持续探索。

2023 年 4 月

完成于太湖之滨、蠡湖之畔

江南大学图书馆三楼

目　录

绪　论

一　问题提出

（一）研究缘起

随着高等教育的发展变革以及社会新技术、新思潮、新业态、新矛盾的不断涌现，新问题、新挑战、新要求、新知识也不断产生，而学科专业结构正是在这种持续的动态变革中经历着一次又一次的分化与重组。《2022 年全国教育事业发展统计公报》显示：2022 年我国高等教育在校生规模达 4655 万人，位居世界第一；各类高校 3013 所，位居世界第二；高等毛入学率 59.6%，明显高于全球平均水平。但与此同时，有关高等教育的各类"吐槽"也日趋增多。这无疑会给高校学科专业动态调整提出新要求和新挑战。

1. "就业难"与"用工荒"并存：人才供给市场面临的双重困境

有研究表明，应届大学毕业生到岗工作中实际知识的应用率不足，[①]这反映出高校在专业设置、能力培养等方面存在与社会需求脱节问题。究其原因，由于社会经济快速发展，而我国高等教育改革却相对滞后，这导致高校所培养的毕业生无法完全满足实际的市场需要，造成劳动力市场呈现的 U-V（Unemployment-Vacancies）状态。[②] 客观上讲，学科专业结构决定了高校人才输出结构，而产业行业发展升级所带来的人才市场需求变动将对学科专业结构产生重要影响。随着社会经济的快速发展与产业结构的

---

① 丰捷：《大学生就业难在哪里》，《光明日报》2010 年 6 月 20 日。
② 王霆、曾湘泉：《高校毕业生结构性失业原因及对策研究》，《教育与经济》2009 年第 1 期。

转型升级，市场对于人才需求的结构发生了巨大变化，但高校对此的反应却明显滞后，尚未形成完善的、基于人才市场需求变动的学科专业动态调整机制来及时应对这种挑战。

2. 从"外延扩张"到"内涵发展"：高等教育发展方式的转型升级

自 1999 年大扩招以来，我国高等教育"超常规"发展，各级各类学科专业人才培养规模迅速飙升。从教育部统计数据看，1998 年我国普通高等学校招收本专科生 108.36 万人、研究生 7.25 万人，而 2022 年我国高等学校招收本专科生 1014.54 万人、研究生 124.25 万人。24 年间，普通高等学校招收本专科生数量增长率为 836.27%、研究生数量增长率为 1613.79%。毫无疑问，这从规模层面证明了我国高等教育取得巨大成绩，显著改善了我国高校学科专业人才供给总量不足的问题，但是在学科专业人才培养质量与供给结构等方面存有诸多亟待改进之处，如学科专业的低水平重复设置、学科专业建设资源分散等。后大众化阶段，我国高等教育已经基本解决了"有学上"的问题，未来需要着力突破的是"上好学"的问题。随着发展矛盾的转移，有学者明确指出：过去这种偏重外延式增长、粗放式经营、重点式分配的"超常规"发展在人口红利逐渐消退的新常态背景下将难以为继，转向内涵式发展是未来高等教育取得突破的关键。与外延式发展相比，内涵式发展更加依靠高校的内生性动力，核心在于高等教育质量的提升，而这将对高校学科专业动态调整的依据标准提出新要求。[①] 事实上，国务院学位办于 2016 年 10 月就已撤销了 25 个省份 175 所高校的 576 个学位点，增列了 25 个省份 178 所高校的 366 个学位点。此次学位点调整的特别之处在于诸多高校的学位点是自己主动申请撤销的，这反映了我国高校的发展定位日趋理性，正在改变以往盲目追求"高""大""全"发展思路，从而迈向以质量为中心的内涵式发展道路。

3. 从"理论分歧"到"行动共识"：学科专业结构优化的政策实践诉求

学科专业动态调整是全面深化高等教育结构改革的一项重要内容，《中国教育现代化 2035》明确提出"引导高等学校和职业学校及时调整学

---

① 陈先哲：《从"超常规"到"新常态"：论我国高等教育发展方式转型》，《高等教育研究》2016 年第 4 期。

科专业结构"。在此基础上，2023 年 3 月，教育部等五部门专门印发了《普通高等教育学科专业设置调整优化改革方案》。无疑，从趋势走向看，优化学科专业结构是推进高等教育供给侧结构性改革与"双一流"建设、实现高等教育升级转型发展的必然要求。但已有研究多是基于政策驱动的应景性研究，并不能充分满足科学合理推动学科专业动态调整的未来政策实践诉求。事实上，高校学科专业动态调整的研究随着现代大学制度的发展演变、学科专业的探索实践和社会经济发展的需求变动而日趋复杂和深化。尽管学界已经在高校学科专业的形成演变、价值取向、设置标准、评估考核、发展建设等方面进行了不同层面的理论探索，也达成了一系列的研究共识，但分歧与争议仍然广泛存在。政府、高校和市场分代表了高校学科专业动态调整的关键性力量，尽管三者之间存在共同合作的统一性基础，但也存在阻碍合作的现实性矛盾。目前学界对于学科专业动态调整的主体、依据和权限等诸多问题都争议很大，尚未形成整体的行动共识。进一步深化高校学科专业动态调整研究，厘清学科专业动态调整背后的深层机理，将有助于寻求行动的"最大公约数"，提升学科专业动态调整的合理性和合法性，更好地满足学科专业结构优化的政策实践诉求。

（二）研究价值

学科专业是知识生成、积累和发展到一定阶段所形成的稳定结构形态，是高等教育体系的基本构成要素，也是高校招生、教学和评估的基本功能单位。高校学科专业动态调整实质是高校、政府和市场所代表的三种主体力量的复杂博弈过程，其不仅关涉高等教育内部生态系统的发展演变，更会对外部社会生态大系统的人才供给造成重大影响。将高校学科专业动态调整机制置于我国产业转型升级与教育深化改革的语境有利于全面深入理解其理论与实践价值。

1. 理论价值

一是从机制层面深入探究高校学科专业动态调整的内在机理，厘清政府、高校和市场在学科专业动态调整中的关系角色，回应已有研究存在的分歧，丰富高校学科专业动态调整的研究内容体系；二是从实践层面关注我国高校学科专业动态调整的本土化问题，并且通过访谈、案例与文本进一步挖掘其深层的机制性原因，弥补已有研究以理论思辨和经验介绍为主的不足；三是摆脱单一立场和理论视角的局限，将学科专业动态调整置于"学术-市场-行政"的复杂关系分析框架中，综合运用产业结构演化理论、人力资源开发理论、市场供需理论、知识生成理论、高等教育内外部关系理论、行政管理理论等拓展高校学科专业动态调整研究的理论深度。

2. 实践价值

一是回应我国高等教育结构优化调整的政策实践诉求和未来经济社会发展的新挑战，促进高校学科专业动态监测、反馈和预测机制的建立和完善，进而推动高校学科专业动态调整的科学合理决策；二是基于研究型高校与应用型高校的办学定位和职能使命提出基于分类管理的高校学科专业动态调整机制改进建议，促进学科专业人才培养的多元化和特色化，以期解决我国高校人才供给市场结构性失衡的现实问题、改善"就业难"与"用工荒"并存的双重困境；三是平衡高校、政府与市场在学科专业动态调整中的关系，防范学科专业动态调整完全被市场需求主义和行政管理主义所主导，促进学科专业建设向知识生产创新和实践应用的根本逻辑回归。

二 文献综述

（一）国内外研究现状

学科专业动态调整被认为是促进资源合理配置、提升高等教育质量的手段和方式，也是政府、市场和高校所代表的三种主体力量相互博弈的过程。尽管构建学科专业动态调整机制的价值已在学界达成诸多共识，但关于怎样构建的问题仍然存在诸多争议与困惑亟待解决。伯顿·克拉克（Burton R. Clark）提出的"三角协调模型"[①] 为分析高校学科专业动态调整的复杂性提供了基本框架。虽然克拉克·科尔（Clark Kerr）、范富格特

---

① 〔美〕伯顿·克拉克：《高等教育系统——学术组织的跨国研究》，王承绪、徐辉、殷企平、蒋恒译，杭州大学出版社，1994，第 54 页。

（Frans Van Vught）等人后来提出了"对抗三角形""三角四块模式"等，但是始终没有脱离克拉克的基本框架。事实上，国内外关于高校学科专业动态调整机制的研究也与此高度相关，受到不同流派高等教育思想的广泛影响。为深入了解相关研究的最新进展和主要内容，本书从理论视角和内容主题两个层面对相关文献进行了梳理和分析。

1. 不同理论视角下的高校学科专业调整

通过梳理与高校学科专业调整相关的著作、期刊论文、学位论文、政策文本等文献资料发现：已有研究主要从经济学视角、教育学视角和管理学视角等不同层面展开（见表 0-1）。

表 0-1　不同理论视角下的高校学科专业调整

理论视角	基本理论来源	主要观点内容
经济学视角	人力资本理论、劳动力市场理论、市场供需理论、产业结构演化理论等	坚持经济决定论，认为学科专业动态调整是一项经济活动，应服务于经济社会发展需要、主动对接产业发展和市场需求
教育学视角	教育自由论、学术自治论、知识生成论等	倡导学术自治和学术自由，坚持高等教育引领论，认为高校保持自身的相对独立性，学科专业动态调整应按照知识逻辑展开
管理学视角	科学管理理论、新公共管理理论、治理理论等	认为学科专业动态调整是一项管理活动，目的在于提高管理效率，政府、高校等都是参与学科专业动态调整的管理主体
其他理论视角	社会学、政治学等相关理论	认为学科专业动态调整是一项社会活动或者权力分配活动等

第一，经济学视角下的高校学科专业调整。经济学"不把发展认知理性视为高等教育的目的，而把高等教育视为解决生活问题的工具"[①]，主张高等教育适应论，认为高等教育的发展应当服务于社会经济发展的需要，高校学科专业动态调整应主动对接产业结构和市场需求，带有明显的实用主义教育思想。20 世纪初，高等教育史上具有划时代意义的"威斯康星思想"（Wisconsin Idea）便是实用主义的产物，威斯康星大学校长查尔斯·

---

① 〔美〕布鲁贝克：《高等教育哲学》，王承绪、郑继伟、张维平、徐辉、张民选译，浙江教育出版社，2001，第 7~12 页。

范海斯（Charles R. Van Hise）提出高等教育要打破大学的传统封闭状态，在教学和科研职能的基础上充分发挥社会服务职能。[①] 克拉克·科尔（Clark Kerr）、德里克·博克（Derek Bok）等著名学者受此影响提出了"大学的功用""走出象牙塔"等，此外，舒尔茨（T. W. Schults）和贝克尔（G. S. Becker）提出的人力资本理论，皮奥雷（M. Pioer）、多林格（P. Doering）等提出的劳动力市场理论等对后续的高校学科专业设置都产生了重大影响。伊马诺（N. Imanol）、利瓦诺斯（Ilias Livanos）通过劳动力市场调查，分析了欧洲高校学科专业的失业状况及其影响因素，认为不同学科专业在劳动力市场的受欢迎程度不同，因为在失业率方面表现出非常显著的差异性。[②] 戴维斯（P. Davies）等通过实证研究，认为劳动力市场需求变动会对大学生专业兴趣选择产生重大影响，因此高校应根据市场需求变动灵活开展相关课程，引导学生做好专业选择。[③]

早在20世纪80年代，我国著名经济学家厉以宁就指出：由于经济结构发生变化，我国高校学科专业的数量和品种都不能适应我国当前社会经济发展和产业结构调整的要求，因此要以国民经济长远发展规划为依据，统一布局、建立与产业发展相配套的学科专业结构体系。[④] 陈国良等认为我国高校在追求综合化的过程中大量增设学科专业，存在学科专业低水平重复设置、缺乏核心竞争力和优势特色等方面的问题，因此要优化高等教育结构布局，从而使我国高等教育在规模扩张后实现更高层次的质量提升。[⑤] 廖茂忠认为经济结构的变化必然导致国民经济各部门的职业结构发生变化，引起各类专门人才需求比例变化，高等教育要适应这种变化，就要相应地调整学科专业结构，为此，他对学科专业设置与经济发展的关系进行了深入分析，揭示了学科专业布点与GDP的关系，学科专业布点与第

---

① J. W. Gooch, *Transplanting Extension: A New Look at the Wisconsin Idea* (Madison Wisconsin: UW-Extension Printing Services, 1999), p. 15.

② N. Imanol, and L. Ilias, "Higher Education and Unemployment in Europe: An Analysis of the Academic Subject and National Effects," *Higher Education* 59 (2010): 475-487.

③ P. Davies, and J. Mangan, "Labor Market Motivation and Undergraduates' Choice of Degree Subject," *British Educational Research Journal* 39 (2013): 361-382.

④ 厉以宁：《教育经济学研究》，上海人民出版社，1988，第201~202页。

⑤ 陈国良、董业军、王秀军：《我国高等教育布局结构面临的挑战及对策建议》，《复旦教育论坛》2011年第3期。

一产业、第二产业、第三产业的关系，学科专业布点与规模企业产值的关系等。① 国内著名高等教育学学者潘懋元也认为教育受一定社会的政治、经济、文化、科学的制约，并为一定社会的政治、经济、文化、科学服务，提出了著名的"教育外部关系规律"。② 后续诸多学者在研究高校学科专业动态调整时也提出必须坚持教育外部关系规律，积极适应政治、经济、文化和科学发展需要。

第二，教育学视角下的高校学科专业调整。教育学认为高校应保持自身的相对独立性，倡导学术自治和学术自由，以追求知识真理为目的，主张"知识即目的"③，"高等教育本质上是一种知识再生产活动，其首先应该符合的是认知活动合理化即认知理性发展的要求"④。马克·斯蒂文森（Mark A. Stevenson）就反对教育完全迎合市场需要，认为高校不同于市场化的企业，核心在于知识生产，且教育具有公益性和公共性，不能走向产业化。⑤ 学科专业建设是教育学关注的焦点问题。在学术自由主义者看来，高校学科专业设置应当完全按照知识自身发展逻辑展开，由高校自主决定。⑥ 伯顿·克拉克曾明确指出学科是知识领域的专业化，是人类对已有知识范畴的一种组织和管理状态，其内在结构具有相对稳定性。⑦ 诸多学者有关高校学科专业动态调整的研究也深受此思想影响。针对高校学科专业盲目扩张带来的诸多问题，周光礼认为高校应通过确定优先发展学科领域、重构专业教育理论、改革学术评价标准等推进学科专业课程一体化建

---

① 廖茂忠：《中国本科专业设置与经济发展关系研究》，中国社会科学出版社，2012，第42 页。

② 潘懋元：《高等教育学讲座》，人民教育出版社，1985，第 34 页。

③ 〔英〕约翰·亨利·纽曼：《大学的理想》，徐辉、顾建新、何曙荣译，浙江教育出版社，2001，第20 页。

④ 展立新、陈学飞：《理性的视角：走出高等教育"适应论"的历史误区》，《北京大学教育评论》2013 年第 1 期。

⑤ Mark A. Stevenson, "Flexible Education and the Discipline of the Market," *International Journal of Qualitative Studies in Education* 12 (1999): 311-323.

⑥ I. Bleiklie, "Organizing Higher Education in a Knowledge Society," *Higher Education* 10 (2005): 31-59.

⑦ B. R. Clark, "The Academic Profession: National, Disciplinary, and Institutional Settings," *History of Education Quarterly* 239 (1988): 484.

设。① 刘献君则以独立学院的学科专业建设为研究对象，对其意义、内涵与原则等进行界定，认为独立学院必须建立具有自身特色的学科专业体系、避免直接从申办高校"带土移植"。② 张晓校从高校内部资源配置视角出发，认为高校的学科专业结构是否优化将直接影响高等教育资源的合理配置，因而高校在进行学科专业建设与考核时应当坚持高等教育配置最优化的原则。③ 钟秉林、李志河明确指出学科建设和专业建设是高校内涵式发展的永恒主题，高校应通过专业建设和学科建设实现人才培养、科学研究以及社会服务职能。④

此外，还有诸多学者从高校职能定位出发探讨学科专业建设问题。阳荣威指出高校发展方向的定位为学科专业建设奠定了基础，学科专业建设成果是高校定位的客观依据和保障，我国高校因定位不明确给学科专业建设造成了诸多负面影响。⑤ 曲木铁西则基于少数民族高校的职能定位提出了少数民族高校学科专业设置与调整的原则和指导思想，认为学科专业建设要处理一般专业与重点特色专业的关系、基础性专业与应用性专业的关系、新兴专业与传统专业的关系等。⑥ 张爱群、曹杰旺则从地方高等师范院校学科专业建设的困境与出路出发，认为诸多地方高等师范院校存在减缩师范专业、兴办"热门"专业，走综合化发展道路的倾向，导致出现师范教育优势传统丧失、新兴学科难以"兴旺"的局面，进而建议地方师范高校应立足于师范教育，科学制定学科专业规划，建构学科专业建设队伍等。⑦

① 周光礼：《"双一流"建设中的学术突破——论大学学科、专业、课程一体化建设》，《教育研究》2016 年第 5 期。
② 刘献君：《论独立学院的学科专业建设》，《中国高教研究》2007 年第 11 期。
③ 张晓校：《教育资源优化配置与高校学科专业结构调整》，《现代远距离教育》2010 年第 5 期。
④ 钟秉林、李志河：《试析本科院校学科建设与专业建设》，《中国高等教育》2015 年第 22 期。
⑤ 阳荣威：《浅析高校定位视野下的学科专业建设》，《学位与研究生教育》2005 年第 11 期。
⑥ 曲木铁西：《试论少数民族高校的学科建设和专业建设》，《民族教育研究》2007 年第 1 期。
⑦ 张爱群、曹杰旺：《地方高师院校学科专业建设的困境与出路》，《教育发展研究》2014 年第 1 期。

第三，管理学视角下的高校学科专业调整。管理学将学科专业动态调整视为政府、高校等相关主体参与的一项重要教育管理活动。不同教育管理体制下国家在高校学科专业动态调整中的角色有所区别。19 世纪下半叶到 20 世纪上半叶，美国高校新设置的学科专业大量涌现，经历了"实质性增长"到"反应性增长"的不同发展阶段，形成了学术型、专业应用型、职业技术型三种学科专业类型。现阶段，美国学科专业管理已经建立了一套较为完善的学科专业分类系统（Classification of Instructional Programs，CIP）。[①] 有学者指出国家主要扮演着服务者和引导者角色。[②] 刘路、刘志民认为缩小我国高校与世界一流大学差距的关键在于创新学科管理理念、健全学科管理机构、完善学科规章制度，为此，他们系统介绍了英国的"学科负责人团队管理"模式、美国的"专业研究生院院长管理"模式、澳大利亚的"专业学院院长管理"模式。[③]

目前，关于高校学科专业动态调整管理权限的分歧和争议较大：一方认为高校应享有充分的办学自主权，学科专业动态调整的权限在高校；另一方认为高校办学资金来源于政府公共财政、高等教育具有公共性和公益性，学科专业动态调整的权限理应在政府。有学者将其总结为两种模式：一是规范型模式，该模式主张自上而下、自外而内地对高校学科专业设置进行统一规范管理；二是生成型模式，该模式主张高校自主进行学科专业设置。[④] 事实上，我国高校学科专业管理体制与美国差异巨大，国家在其中的直接作用更大。鲍嵘从学理层面解释了我国学科专业管理"计划供给"范式与"市场匹配"方式的历史形成、运行机制和特点等，认为要实现从"计划供给"到"市场匹配"的转变，我国高等教育学科专业管理体制必须进行整体变革，以重新构建高等教育权力和利益的分配机制。[⑤] 李

---

① NCES, Classification of Instructional Programs: 2000 Edition, https://nces.ed.gov/pubs2002/cip2000/.
② 鲍嵘：《美国学科专业分类系统的特点及启示》，《比较教育研究》2004 年第 4 期。
③ 刘路、刘志民：《我国大学学科管理模式变革探索：英、美、澳一流学科的建设经验与启示》，《教育发展研究》2016 年第 17 期。
④ 刘小强：《论高等学校学科专业设置模式的选择——关于规范型和生成型学科专业设置模式的比较分析》，《学位与研究生教育》2010 年第 12 期。
⑤ 鲍嵘：《从"计划供给"到"市场匹配"：高校学科专业管理范式的更迭》，《浙江师范大学学报》（社会科学版）2007 年第 2 期。

娟、李晓旭则以重点学科专业建设为对象，考察了我国学科专业管理的运行机制和建设绩效，总结提炼出了"学校统管"、"学科带头人负责制"和"院长负责制"等三种管理模式，并深入分析了三级重点学科专业体系的"金字塔"层级关系（见图0-1）。①

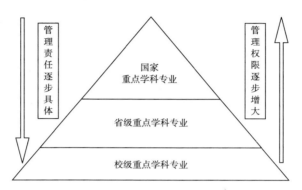

图0-1　三级重点学科专业体系的"金字塔"层级关系示意

2. 不同内容主题下的高校学科专业调整

第一，高校学科专业调整的发展演变。不同历史时期和时代背景下，学科专业动态调整的方式和目的导向等都有所差异。林蕙青从生成与发展角度对前学科专业时期的高等教育、中世纪大学的学科专业教育、明末清初的学科专业教育、近现代学科专业教育、新中国成立到20世纪末的我国高校学科专业教育以及21世纪以来我国高校学科专业教育等进行了系统研究，认为高等教育的本质是专业教育，高等学校的教育教学都要围绕学科专业展开。② 郝克明、汪永铨认为高等教育的学科专业结构会直接影响国民经济和社会各部门的人才结构，从而对经济、社会和科技发展产生重大影响，为此他们对新中国成立以后的高校学科专业动态调整演变进行了梳理，认为其大致经历了四个时期：第一个时期为1951～1957年，这一时期我国对原有高校设置、系科布局等进行了大规模调整，主要是学习苏联经验，根据经济建设和社会发展需要，按专业培养专门人才；第二个时期为

① 李娟、李晓旭：《高等学校重点学科建设研究》，中国科学技术出版社，2015，第56页。

② 林蕙青：《高等学校学科专业结构调整研究》，博士学位论文，厦门大学，2006，第18页。

1958～1965 年，这一时期各学科专业门类在校生人数出现"大跃进"，学科专业设置处于失控状态、发展极不协调；第三个时期为 1966～1976 年，这一时期我国高等教育受到严重摧残，学科专业结构更加不合理，财经、政法等文科类专业很多被撤销；第四个时期为党的十一届三中全会以后，1983 年教育部出台了《关于做好修订高等学校工科专业目录工作的通知》，1985 年《中共中央关于教育体制改革的决定》明确提出 20 世纪末建成科类齐全、层次比例合理的高等教育体系的目标，这一时期我国高校学科专业建设取得了许多突破性进展。① 陈涛认为我国高校学科专业目录发轫于 20 世纪 50 年代，是计划经济时代的产物，也是学习苏联高等教育培养体制以培养新中国建设初期所需专业人才的一种结果，并通过历史回顾和政策文本分析，以三大时间点为切入，以高校学科专业目录的五次修订为线索将我国高校学科专业调整演变划分为三个阶段。第一阶段，新中国成立初期：借鉴苏联模式，建立管理标准（1954～1977 年）。第二阶段，改革开放：确立三级结构，衔接两大目录（1978～1997 年）。第三阶段，世纪之交：规范目录管理，保持指导职能（1998 年至今）。② 冯向东则将我国高校学科专业调整分为两个阶段：第一阶段为 1953～1987 年，这一阶段学科专业变化的基本趋势是从少到多（专业数量从 215 个增至 617 个），学科专业设置更多移植于苏联，带有计划管理特征；第二阶段为 20 世纪 80 年代末到 1998 年，这一阶段学科专业目录经历两次修订，变化的基本趋势是从多到少（专业数量从 670 余个减至 249 个），学科专业设置开始借鉴欧美，关注市场需求。③

第二，高校学科专业设置的现状。学科专业设置受到国家体制、社会经济环境多方面因素的综合影响。从已有研究看，目前高校的学科专业设置主要有自上而下式和自下而上式两类。我国高校学科专业目录设置肇端于 20 世纪 50 年代，受苏联影响较大，带有明显的"自上而下式"特征。④

---

① 郝克明、汪永铨：《中国高等教育结构研究》，人民教育出版社，1987，第 131～152 页。
② 陈涛：《我国高等教育学科专业目录的检视与反思》，《现代教育管理》2015 年第 12 期。
③ 冯向东：《学科、专业建设与人才培养》，《高等教育研究》2002 年第 5 期。
④ 刘小强：《高等教育学科专业制度：回顾、反思与方向——关于我国高等教育学科专业制度改革的思考》，《学位与研究生教育》2010 年第 1 期。

从政策文件看，根据国务院学位委员会、教育部《学位授予和人才培养学科目录（2011 年）》的规定和划分，学科是专业的上位概念，学科专业目录是国家进行学位授权审核与学科管理、学位授予单位开展学位授予与人才培养工作的基本依据，适用于硕士、博士的学位授予、招生和培养，并用于学科建设和教育统计分类等工作，分为学科门类（包括哲学、经济学、法学、教育学、文学、历史学、理学、工学、农学、医学、军事学、管理学、艺术学等 13 个）、一级学科（包括体育学、教育学、心理学等在内的 110 个专业门类）和二级学科（包括教育学原理、成人教育学、比较教育学、高等教育学、职业技术教育学、课程与教学论等诸多标准目录专业和自设专业）。而根据国家质量监督检验检疫总局、国家标准化管理委员会制定的《中华人民共和国学科分类与代码国家标准（GB/T 13745-2009）》的规定和划分，学科与专业并没有严格界限，其将学科分为 5 个门类（自然科学类、农业科学类、医药科学类、工程与技术科学类、人文与社会科学类）62 个一级学科 748 个二级学科近 6000 个三级学科。

第三，高校学科专业调整的问题及其原因。从不同层面和视角看，高校学科专业动态调整存在的问题及其原因有所不同。史蒂文·布林特（Steven Brint）等基于对博克（Derek Bok）的《回归大学之道》的反思，认为目前美国高等教育的学科分类、课程设置与培养方式等存在诸多问题，需要以课程为核心进行学科的再改造。[1] 陈国良等指出我国高等教育布局结构存在行业类专门院校服务能力不足、片面追求综合化、新建院校办学特色不突出、人才培养结构与专业结构发展不匹配等问题。[2] 袁振国指出政府业务部门的专业性制约着高等教育的多科性、综合性，使得高等学校中与主管部门不对口却为社会急需的专业得不到发展，而且，管理体制上的"条块分割"使得"大而全""小而全"的现象有增无减，造成专

---

① S. Brint, A. M. Cantwell, P. Saxena, and S. Preeta, "Disciplinary Categories, Majors, and Undergraduate Academic Experiences: Rethinking Bok's 'Our Underachieving Colleges' Thesis," *Research in Higher Education* 53 (2012): 1-25.

② 陈国良、董业军、王秀军：《我国高等教育布局结构面临的挑战及对策建议》，《复旦教育论坛》2011 年第 3 期。

业重复设置，规模小、布点多、投资效益低等问题。① 纪宝成认为学科专业是现代大学的立学之本和基础支撑，结合我国研究生教育的改革与发展，他认为我国研究生学科专业设置主要存在四方面的问题：一是学科专业划分的逻辑线索欠明晰；二是学科专业缺乏对人才培养类型的科学划分；三是研究生学科专业与本科学科专业有些不相衔接；四是学科专业设置依然缺乏前瞻性和扩展性。② 石旭斋、王建刚指出目前诸多高校的学科专业设置还难以适应经济社会发展需要，主要存在八个方面的问题：一是缺乏科学的总体规划，盲目追求社会热点；二是学科整体优势不强，忽视学科群体优势的形成；三是缺乏特色明显、潜力较强的学科研究方向；四是师资梯队结构不合理，缺乏优秀的学科带头人；五是实践环节力量不足，实验设施陈旧；六是教材质量管理有待进一步规范；七是现代教育技术手段运用不足；八是多渠道筹措学科建设经费能力不足。③ 马陆亭则认为1998年我国高等教育扩招之后，高校人才培养与社会需求之间产生了严重的结构性失衡，因此应及时调整学科专业结构，以应对人才市场面临的结构性矛盾。④ 杨林、陈书全与韩科技基于欧氏距离协调度模型，对2004~2013年中国高等教育学科专业结构变迁与产业结构升级的协调性进行了分析，认为高校教育学科专业结构滞后于产业结构升级的现实需要，应通过统筹教育资源等提升高等教育学科专业结构与产业结构的协调性、适配度、均衡性。⑤ 王伟廉指出学科、专业是人为强制性将知识进行划分的产物，这种划分极易产生学科之间、专业之间的相轻和僵化，导致高校办学雷同和单一化。他认为高校在学科、专业划分与授权问题上的自主权

---

① 袁振国：《论教育与社会需要脱节问题》，《华东师范大学学报》（教育科学版）1991年第2期。
② 纪宝成：《关于我国研究生学科专业设置问题的思考》，《学位与研究生教育》2007年第8期。
③ 石旭斋、王建刚：《高校学科专业建设：问题与改进措施》，《国家教育行政学院学报》2005年第7期。
④ 马陆亭：《关注学科专业动态调整，优化人才培养结构》，《中国高等教育》2007年第13期。
⑤ 杨林、陈书全、韩科技：《新常态下高等教育学科专业结构与产业结构优化的协调性分析》，《教育发展研究》2015年第12期。

是其最主要的自主权，现阶段必须改变我国高校的"规范体制"。①陈涛指出由于学科专业目录与教育资源和资助紧密相连，学科专业就如同输送资源的"管道"，"管道"越大越多，大学办学的资源拥有量也就越丰富。因此，很多本是地方性应用型高校的院校却要"立志"成为综合性、研究型大学，从而造成"千校一面"和人才培养同质化的问题。②

第四，高校学科专业动态的国际比较。不同国家因政治管理体制和经济社会发展环境差异而在高校学科专业动态调整的制度设计、管理机制等方面有所不同。经济合作与发展组织（Organization for Economic Co-operation and Development，OECD）就试图通过"成人技能调查"（the survey of adult skills）揭示组织内不同国家间教育专业领域的收入差异、性别差异等，从而为各国学科专业人才培养等提供可能参考。③ 辛普森（J. C. Simpson）以美国为背景，通过实证调查，具体分析了欧洲裔美国人、亚裔美国人、非洲裔美国人、西班牙裔美国人和美洲土著人在学科专业选择和发展的差异，进而认为种族差异是影响学科专业选择重要因素，不同种族在学科专业选择上存在显著的差异性。④ 正如陈国良、杜晓利所言：西方发达国家在高校治理方面有着丰富的经验，尤其在高等教育结构布局调整方面，政府、学校、社会、市场各自有着相对清晰的责任，这可为我国高校提供诸多参考和借鉴。⑤ 从已有文献来看，相关研究主要涉及美国、英国、德国、日本和俄罗斯等五国。李战国、谢仁业通过国际比较分析，提出美国高校学科专业结构与产业结构的关系呈现了从相互分割到有限联系，再到主动适应、超前引领的阶段历史演变过程。同时他们还认为该过程揭示了学科专业发展的普适性规律：高校学科专业发展必须与国

---

① 王伟廉：《高等学校学科、专业划分与授权问题探讨》，《高等教育研究》2000 年第 3 期。
② 陈涛：《我国高等教育学科专业目录的检视与反思》，《现代教育管理》2015 年第 12 期。
③ OECD, *Skills Matter: Further Results from the Survey of Adult Skills* (Paris: OECD Publishing, 2016), p. 102.
④ J. C. Simpson, "Racial Differences in the Factors Influencing Academic Major between European Americans, Asian Americans, and African, Hispanic, and Native Americans," *Journal of Higher Education* 13 (2001): 63–100.
⑤ 陈国良、杜晓利：《政府在高等教育布局调整中的角色与作用——国际比较的视角》，《全球教育展望》2011 年第 6 期。

家、区域经济社会和科技发展紧密结合才能获得自身发展的源头、动力和空间。① 张国昌等对英国的高等教育学科专业设置及其特点进行具体分析，指出英国并没有全国性的权威学科划分标准，英国高等教育统计处（Higher Education Statistics Agency）和大学招生委员会（Universities and Colleges Admissions Service）是负责学科专业分类管理的政府服务机构，高校自身具有高度的学科专业自主设置权，只要各大学专业委员会批准就可以设置，不受政府直接管制。② 林蕙青通过对比分析美国、英国、日本、苏联等国高校学科专业结构及其调整变化，指出英国、美国并没有"学科专业"一词，而且开设什么课程完全是高校自己的事情，政府并不过问，也无权干涉，在某种意义上，"学科专业"仅仅是苏联和我国的用法，大体相当于西方的"课程计划"或者"主修"。③ 胡春春等指出，根据德国《高等学校统计法》，高校学科专业由联邦统计局每年在各高校开设具体专业的基础上综合统计出来的，每次发布的统计数据都会有所变化，各州的统计分类法与联邦统计局的分类法近似，但两者在学科专业的细分程度上存在差异。④

第五，高校学科专业调整的方式与建议。针对高校学科专业建设中存在的问题，已有研究主要从政府、高校和社会三个层面提出具体的改进方式建议。从政府层面看，陈国良等认为政府应建立相关标准，进行分类指导；加强整体系统规划，完善评估和监测机制；健全人才需求预测及预警系统；强化高校与行业企业联系，建立校企合作机制。⑤ 刘振天、杨雅文认为国家应将学科专业设置权下放给高校，政府要从过去的细节性管理、

---

① 李战国、谢仁业：《美国高校学科专业结构与产业结构的互动关系研究》，《中国高教研究》2011 年第 7 期。
② 张国昌、林伟连、许为民、张文军、张健、程红：《英国高等教育学科专业设置及其启示》，《学位与研究生教育》2007 年第 6 期。
③ 林蕙青：《高等学校学科专业结构调整研究》，博士学位论文，厦门大学，2006，第 35~75 页。
④ 胡春春、李兰、萧蕴诗、金秀芳：《德国高等学校学位制度及学科专业设置：传统、现状和启示》，《同济大学学报》（社会科学版）2007 年第 1 期。
⑤ 陈国良、董业军、王秀军：《我国高等教育布局结构面临的挑战及对策建议》，《复旦教育论坛》2011 年第 3 期。

过程性管理转变为目标性管理和宏观性管理。① 张忠福也认为政府和教育主管部门在高校专业设置上应充分发挥引导作用，应构建高校学科专业设置预测系统，为学科专业设置提供信息服务与指导。② 张民选、谢仁业则认为政府管理应由直接、单一的行政性管理转向间接、多种手段、社会参与的公共治理，主要职能转变为政策指导、信息公开、监督评估和资源配置等，以服务为导向。③ 从高校层面看，相关研究主要围绕组织领导、教育教学、课程建设、师资队伍、科学研究和学科评估等方面展开。布鲁（A. Brew）指出随着社会分工的日趋分化和问题复杂性的日趋提升，以学科为基础的知识专业化体系越来越难以应对现实问题，跨学科的课程整合将是未来改革发展的方向。④ 石旭斋、王建刚从八方面进行了归纳和总结：一是加强组织领导，科学制定学科建设与专业设置规划；二是进一步加大投资力度，积极改善办学条件；三是继续加强师资队伍建设，努力提高教学科研水平；四是加强专业教学内容与课程体系建设、改革；五是加强多媒体教学与双语教学，改革教学方式与方法；六是加强教材建设，提倡优秀教材进课堂；七是加强专业实验室和校内外实习基地建设；八是加强学科专业建设评估。⑤ 从社会层面看，胡瑞文与张海水认为高校学科专业动态调整应当立足人才市场，根据市场需求变动及时调整高校学科专业结构。⑥ 周伟与王秀芳则明确指出"产业结构是高等教育结构的重要决定因素，产业结构的优化升级必然推动包括学科专业结构在内的整个高等教育结构调整改革"⑦。同时，还有学者将学科专业视为产业链的重要一环，认

① 刘振天、杨雅文：《进一步扩大高校办学自主权　深化学科专业管理体制改革》，《现代大学教育》2002 年第 5 期。
② 张忠福：《大学生就业状况与学科专业设置》，《中国大学教学》2015 年第 2 期。
③ 张民选、谢仁业：《优化学科专业结构是高教发展的战略重点》，《中国高等教育》2008 年第 11 期。
④ A. Brew, "Disciplinary and Interdisciplinary Affiliations of Experienced Researchers," *Higher Education* 56（2008）：423–438.
⑤ 石旭斋、王建刚：《高校学科专业建设：问题与改进措施》，《国家教育行政学院学报》2005 年第 7 期。
⑥ 胡瑞文、张海水：《面向人才市场的我国普通高等教育学科专业结构调整策略研究》，《现代教育管理》2014 年第 2 期。
⑦ 周伟、王秀芳：《安徽高等教育学科专业结构与产业结构变迁的适应性研究》，《科技管理研究》2014 年第 6 期。

为应当促进学科、专业和产业的一体化发展。胡赤弟指出"学科-专业-产业链"是"以一定的产业链为依托，以服务一定的产业链为目的，进而形成一系列相关学科、专业与产业链之间的相互作用与相互联系的联合体"。学科-专业-产业链的构建是区域高等教育服务经济社会的有效载体，也是教育与经济、大学与企业合作的新模式。[①] 王贺元、吴卿艳则进一步指出知识经济时代，产学研合作范式已经不能适应时代发展的新需要。学科-专业-产业链作为新的范式适应时代的需求，其在制度、组织载体等方面体现出了新范式的优越性。[②]

（二）研究分歧、不足与展望

已有研究从不同理论视角和主题内容角度对高校学科专业动态调整进行了诸多探索，为后续相关研究的继续开展奠定了坚实基础、提供了参考借鉴，却仍然存在分歧和不足，亟待进一步研究，而且随着高等教育的发展变革以及外部社会经济环境的需求变动，新的问题、新的矛盾和新的挑战也不断涌现，需要新的研究来及时应对和突破。

1. 已有研究的分歧

有关高校学科专业动态调整的研究随着现代大学制度的发展演变、学科专业的探索实践和社会经济发展的需求变动而逐步增多、深化，且日趋复杂。尽管学界已经在高校学科专业的形成演变、价值取向、设置标准、评估考核、发展建设等方面进行了不同层面的理论探索，也达成了一系列的研究共识，但分歧与争议仍然广泛存在。从学界已有研究来看，高校学科专业动态调整的分歧表现为以下三方面。一是谁来主导高校学科专业动态调整，政府还是高校？一派认为高校享有充分的办学自主权，学科专业动态调整的权限在高校；另一派认为高校办学资金来源于政府公共财政，高等教育具有公共性和公益性，学科专业动态调整的权限理应在政府。二是学科专业动态调整的依据是什么？知识生成与发展还是市场需求变动？一方认为高校学科专业动态调整应遵循知识自身发展的内在逻辑；另一方

①　胡赤弟：《论区域高端教育中学科-专业-产业链的构建》，《教育研究》2009 年第 6 期。
②　王贺元、吴卿艳：《论产学研范式到学科-专业-产业链范式的转变》，《教育发展研究》2011 年第 1 期。

认为社会市场需求决定了高校学科专业发展的生命力，其调整必须符合社会市场发展的动态需求。三是学科专业动态调整的动态性与稳定性如何平衡？过于频繁地调整学科专业结构可能违背知识自身的内在发展逻辑，增加社会系统的运转成本，但过于固化的学科专业结构又可能抑制知识发展创新，脱离社会实践需求。

2. 已有研究的不足

从研究方法看，已有研究主要存在两方面不足：一是研究过程的规范性不够，多是经验式介绍，从深层探究高校学科专业动态调整理论根源的基础性研究较少；二是较多参考借鉴国外已有研究，缺乏本土化的田野考察，一定程度上存在套用国外理论、移植国外理论的问题。

从研究内容看，其主要存在四方面不足：一是碎片化的零散研究较多，缺乏系统深入性，以期刊论文为主，诸多研究仍然是就现象谈现象，没有深入高校学科专业动态调整的本质；二是简化了高校学科专业动态调整的复杂性，未对研究型高校与应用型高校进行细致区分，且拘泥于学科化的单一视角和框架，缺乏跨学科的综合考量；三是将研究焦点集中于怎样推进高校学科专业动态调整，但对高校学科专业动态调整的依据和标准的关注不足，加剧了已有研究的分歧；四是脱离了高校学科专业动态调整的改革实践，研究的应用性价值没有得到充分彰显。

3. 对于未来研究的展望

基于已有研究的进展、共识、分歧与不足，从未来高等教育改革的实践理性出发，笔者认为未来相关研究应从以下两方面努力。

一方面，更加注重研究方法的规范性和科学性。方法的规范科学与否将直接影响高校学科专业动态调整机制研究结果的有效性和科学性。从已有研究来看，国内相关研究多是经验式介绍，缺乏对研究过程的系统规范呈现。后续研究应从深层探究高校学科专业动态调整的理论根源，在参考借鉴国外研究的基础上更加注重本土化的田野考察，避免盲目套用或者移植国外理论与方法。

另一方面，更加注重研究的系统性和深入性，避免就事论事。高校学科专业动态调整机制构建是由政府、高校和市场所代表的三种主体力量的相互博弈的复杂过程。开展相关研究必须充分考虑问题的复杂性，细致区分研究型高校与应用型高校的不同办学定位、发展规律和职能使命，而且应克服单一的学科化视角和分析框架，采用综合的跨学科思维和视角。同时，后续研究还应聚焦目前研究过程中存在的主要分歧，从导致分歧存在的深层原因出发，系统分析其背后的学理基础。另外，相关研究要避免脱离高校学科专业动态调整的改革实践，陷入虚无的理论主义，更加注重研究的应用性价值的彰显。

三 概念界定

（一）学科、专业与学科专业

学科、专业在不同的语境体系和历史背景下往往具有不同的内涵与外延。在目前的学术话语体系下，学科、专业在学术话语体系中的使用可分为两种情况：一是将学科与专业分开使用，严格区分二者具有的不同内涵与外延；二是将学科与专业组合使用，并没有区分二者的内涵与外延。从不同维度理解和厘清学科与专业的联系与区别将有助于我们更好地使用"学科专业"这一概念。

《现代汉语词典》中，"学科"有三层含义：一是指按照学问的性质而划分的门类，如教育学；二是指学校教学的科目，如英语；三是指军事训练或体育训练中的各种知识性的科目。① 《辞海》和《教育大辞典》中，"学科"则有两层含义：一是指一定科学领域或一门科学的分支；二是指教学的科目，是学校教学内容的基本单位，是依据一定的教学理论组织起来的知识和技能的体系。② 英国学者赫斯特（P. Hirst）认为，任何一种充分发展的学科皆具有四个特征：一是具有在性质上属于该学科特有的某些中心概念；二是具有蕴含逻辑结构的有关概念关系网；三是具有一些隶属于该学科的独特的表达方式；四是具有用来探讨经验和考验其独特的表达方式的特殊技术和技巧。亚里士多德依据"学科学习的目的"和"学科学

---

① 中国社会科学院语言研究所词典编辑室编《现代汉语词典》（第六版），商务印书馆，2012，第1479页。
② 顾明远主编《教育大辞典》（增订合编本），上海出版社，1998，第4269页；辞海编辑委员会编纂《辞海》（第六版彩图本），上海辞书出版社，2009，第2603页。

习的对象"，将学科分成三大类，即理论性学科、实用性学科和生产性学科。孔德则依据教材的性质将学科分成数学、物理学、化学、生物学和社会学等几类。美国印第安纳大学教授史密斯以孔德的分类为基础，将学科扩充成下列几类：形式学科（逻辑和数学等）、无机学科（物理学和化学等）、人化学科（心理学和社会学）、理念学科（历史学和伦理学）等。①伯顿·克拉克（Burton R. Clark）指出学科包含知识和组织两方面的内涵：一是作为知识积累和发展的专业化形式理解；二是作为围绕知识建立起来的制度化形式理解。我国学者孙绵涛、朱晓黎认为"学科是知识形态、活动形式和组织形态的统一体"②。而劳凯声则认为"学科并不是对知识的简单划分，而是以结构的形式存在的对已获知识的一种分类和组织形式，是由一套被学术共同体所认同的要素构成的稳定的知识结构"③。袁振国认为学术是学科的灵魂，且指出"19世纪初德国大学正式使用'学科'的概念"④。20世纪初，科学学会的形成与成立标志着知识划分开始走向"正统"。

与学科相比，"专业"一词有着更为丰富的内涵。《现代汉语词典》中，"专业"有四层含义：一是指高等学校的一个系里或中等专业学校里，根据科学分工或生产部门的分工把学业分成的门类；二是指产业部门中根据产品生产的不同过程而分成的各业务部分；三是指专业从事某种工作或职业的；四是指具有专业水平和知识。⑤《辞海》中，"专业"有三层含义，与《现代汉语词典》中的前三种解释类似。⑥《教育大辞典》中，"专业"则是指"高等教育培养学生的各个专门领域，主要根据社会职业分工、学科分类、科学技术和文化发展状况及经济建设与社会发展需要划分"⑦。此外，有学者认为专业有广义、狭义与特指之分，广义专业指任何

---

① 顾明远主编《教育大辞典》（增订合编本），上海出版社，1998，第2654页。
② 孙绵涛、朱晓黎：《关于学科本质的再认识》，《教育研究》2007年第12期。
③ 劳凯声：《教育研究的问题意识》，《教育研究》2014年第5期。
④ 袁振国：《学术是学科的灵魂——大学变革的历史轨迹与启示之三》，《中国高等教育》2016年第18期。
⑤ 中国社会科学院语言研究所词典编辑室编《现代汉语词典》（第六版），商务印书馆，2012，第1708页。
⑥ 辞海编辑委员会编纂《辞海》（第六版彩图本），上海辞书出版社，2009，第3036页。
⑦ 顾明远主编《教育大辞典》（增订合编本），上海出版社，1998，第5052页。

一种职业；狭义专业指专门化程度较高的特定的社会职业；特指专业是指高校根据培养目标和课程体系设置的基本教育单位，它通过教育活动将教育者与学习者联系起来。① 林蕙青对学科与专业的区别进行了界定，认为"学科是学术、科学的范畴，而专业则是教育的范畴"②。张炳生、王树立认为学科建设与专业建设是高校建设的两个最主要的方面，两者既相互依存，又各有其侧重点，学科建设侧重于学术研究，而专业建设则侧重于人才培养。③

综合来看，学科与专业存在诸多的内在一致性，都以知识为基础，是知识发展成熟的产物。为更清楚地解释和说明问题，本研究采用"学科专业"的组合形式，聚焦于组织制度层面的学科专业，认为学科是专业的上位概念，并将专业视为高校招生、教学的基本构成单位和知识组织与管理的基本形式。

（二）机制与动态调整机制

在目前的学术话语体系中，"机制"已经成为一个自然科学与人文社会科学都频繁使用的语词。《现代汉语词典》中，"机制"有四层含义：一是指机器的构造和工作原理；二是指机体的构造、功能和相互关系；三是指某些自然现象的物理、化学规律，也叫机理；四是泛指一个工作系统的组织或部分之间的相互作用的过程和方式。④《辞海》中，"机制"有三层含义：一是指用机器制造的，如机制纸；二是指有机体的构造、功能和相互关系，如生理机制；三是指一个工作系统的组织或部分之间相互作用的过程和方式，如竞争机制。⑤

从机制使用角度看，"机制"一词是自然科学的概念，最早用于工程科学和物理学，指机器、机械的机构及工作原理。随后，生物学和医学通

---

① 周川：《"专业"散论》，《高等教育研究》1992 年第 1 期。
② 林蕙青：《高等学校学科专业结构调整研究》，博士学位论文，厦门大学，2006，第 8～9 页。
③ 张炳生、王树立：《学科、专业一体化建设研究》，《中国高教研究》2012 年第 12 期。
④ 中国社会科学院语言研究所词典编辑室编《现代汉语词典》（第六版），商务印书馆，2012，第 597 页。
⑤ 辞海编辑委员会编纂《辞海》（第六版彩图本），上海辞书出版社，2009，第 1000 页。

过类比借用"机制"概念来说明生命有机体的内部结构及其活动规则。20世纪40年代末，美国科学家维纳提出控制论以后，人们把社会作为一个有机的整体，"机制"一词也被引入社会科学。人类学、社会学、经济学和政治学等领域学者在各自研究中也借用了这一概念，泛指事物的内部结构及其运行规律。

有学者认为"机制"作为一个有结构、功能和作用机理的系统或组织存在形式，总是处在不断发展变化中，并指出关于机制形成主要有两种观点：一是历史演进主义；二是建构主义。历史演进主义认为，机制是历史长期演进的结果，具有很强的"路径依赖"，现存的机制都经历了达尔文"适者生存"原则的筛选，活动主体只能接受现行的机制，而不能去设计创造新的机制；建构主义则认为，实现既定社会目标的机制是可以设计的，即在把握机制构造原理的基础上，通过设计一系列的规则，使机制行为人在满足各自条件约束的情况下，所选择的自利策略的相互作用恰好能实现社会的既定目标。[①]

也有学者指出20世纪中叶兴起的"三论"（系统论、控制论和信息论）在一定程度上拓展了机制研究的外延，[②] 将机制引入教育领域，于是就有了教育机制。王长乐认为"教育机制指的是教育现象各部门之间的相互关系及其运行方式"[③]。孙绵涛、康翠萍则将教育机制归为三类：教育的层次机制（宏观、中观和微观）、教育的形式机制（行政-计划式、指导-服务式、监督-服务式）、教育功能机制（激励、制约、保障）。[④] 同时，孙绵涛在其著作《中国教育体制论》中对教育机制与教育体制的概念进行了区分，认为教育体制是教育机构和相应教育规范的结合体，而教育机制是将事物或现象的各个部分连接起来使之发挥作用的方式。[⑤] 探讨教育机制理论，有助于正确认识教育机制改革的内容，把握教育机制改革的规

---

① 陈静漪：《中国义务教育经费保障机制研究》，博士学位论文，东北师范大学，2009，第22~25页。
② 胡新峰：《大学生思想政治教育机制研究》，博士学位论文，东北师范大学，2014，第11页。
③ 王长乐：《教育机制论》，吉林人民出版社，2001，第2~3页。
④ 孙绵涛、康翠萍：《教育机制理论的新诠释》，《教育研究》2006年第12期。
⑤ 孙绵涛：《中国教育体制论》，辽宁人民出版社，2004，第5页。

律，厘清教育机制改革的思路。

综合机制与教育机制的相关概念研究，本研究将学科专业动态调整机制界定为高校、政府和市场等相关主体在学科专业动态调整中的相互关系及其运行方式，从类别上看，它属于教育机制；从特征上看，它与静态的固化、僵化机制相对应；从主导力量看，本研究中的机制主要包括三类：知识演化机制、市场调节机制和行政管理机制。

（三）研究型高校与应用型高校

高等学校简称"高校"，是指以开展高等教育为主要职能的人才培养机构。随着高等教育职能边界的不断拓展，高校的类型也在不断增多，日趋走向多元化。根据《教育大辞典》的解释，在我国，高校由普通高等学校和成人高等教育学校两类组成，前者包括大学、独立设置的学院、高等专业学校和高等职业学校；后者包括独立函授学院、夜大学、广播电视大学、职工高等学校等。[①]根据《中华人民共和国高等教育法》的规定，高校所实施的高等教育包括专科教育、本科教育和研究生教育，其应当以人才培养为中心，开展教学、科学研究和社会服务。

目前，国际上广泛采用的高等学校分类标准主要有两种：一是卡内基高等院校分类标准[②]；二是联合国教科文组织制定的国际教育标准分类（International Standard Classification of Education）[③]。综合来看，这两种标准均诞生于20世纪70年代，对于世界高等学校的多元化发展均产生了突出影响，且在一定程度上体现出学术与应用、研究与技能的分野。研究型高校与应用型高校作为高等学校的两种不同类型，深受这两种分类标准的影响，是高等教育职能边界不断拓展的结果，在现代高等教育体系中有着不同的办学定位和职能使命。正如潘懋元先生所认为的那样，高校质量标准应当多样化，研究型大学应当有研究型大学的质量标准，强调的是学术；

---

① 顾明远主编《教育大辞典》（增订合编本），上海出版社，1998，第969页。
② V. N. Pa-Aug，"Carnegie Foundation's Classification of 3，856 Institutions of Higher Education，" *Chronicle of Higher Education* 49（2000）：35.
③ 联合国教科文组织教育统计局编《国际教育标准分类》，国家教育委员会教育发展与政策研究中心译，人民教育出版社，1988，第246页。

应用型大学应当有应用型大学的质量标准，强调的是应用。①

从学术层面看，已有研究对于研究型高校与应用型高校的概念界定存在共识，但也有分歧。归纳来看，相关观点主要有两类：一是认为研究型和应用型分别代表了高校的不同发展方向，分别遵循的是学术逻辑和市场逻辑；二是认为研究型和应用型并不是严格对立的关系，研究与应用可以相互促进，共同存在于同一高校的办学过程之中。从政策层面看，2015年，教育部、国家发展改革委、财政部联合发布《关于引导部分地方普通本科高校向应用型转变的指导意见》以后，"应用型高校"的概念开始频繁地出现在各级各类政策文本中；2017年，教育部制定发布了《关于"十三五"时期高等学校设置工作的意见》，按照该文件，研究型高校以培养学术研究的创新型人才为主，开展理论研究与创新，学位授予层次覆盖学士、硕士和博士，且研究生培养占较大比重；应用型高校主要从事服务经济社会发展的本科以上层次的应用型人才培养，并从事社会发展与科技应用等方面的研究。②

显然，作为现代高等教育体系的重要构成部分，研究型高校与应用型高校有着共性基础，但也存在个性差异。从理论上看，这两类高校的边界是可以明确界定的，但在实践层面却又常常交织在一起。为促进学科专业动态调整机制的研究深化、体现高等教育多元与特色发展的演化趋势，本研究根据办学定位和职能使命对研究型高校和应用型高校的具体内涵进行了操作性界定。在本研究中，研究型高校是指以学术研究型人才培养为核心职能的高校，主要强调基于科学研究的知识生产创新；应用型高校是指以应用技能型人才培养为核心职能的高校，主要强调基于市场需求的知识实践应用。

---

① 《高等教育的历史、现实与未来——中国教育在线总编辑陈志文专访中国高等教育学科创始人潘懋元》，https://www.eol.cn/e_html/2018/40/pmy/。
② 《关于"十三五"时期高等学校设置工作的意见》，http://www.moe.gov.cn/srcsite/A03/s181/201702/t20170217_296529.html。

四 研究设计与实施

（一） 视角选择

视角决定了框架和结构，基于不同的理论视角，学科专业动态调整可以有不同的分析框架和结构。从文献综述来看，已有相关研究主要涉及学术视角、市场视角和权力视角。围绕学术视角展开的相关研究主要强调学科专业动态调整机制应当尊重知识的生成和积累，认为学科专业的动态调整是一个自然而然的过程，不需要外力的过度介入；围绕市场视角展开的相关研究主要强调学科专业动态调整机制应当适应经济产业结构的转型升级需要，满足人力资源市场的多元化学科专业人才需求，市场需求决定了学科专业动态调整的需求；围绕权力视角展开的相关研究则主要将学科专业动态调整机制视为一个权力控制的过程，认为其应当按照权力控制的需要进行设置和安排，扩大还是缩小动态调整的权限主要取决于各方主体之间的权力博弈。毫无疑问，每一种视角对于学科专业动态调整机制研究的推进都是有独特价值的，都有利于深化对学科专业动态调整机制的认知和理解。与此同时，每一种视角又都是有局限性的，都只是就学科专业动态调整机制的某一个层面展开讨论。因此，视角与视角之间可以形成互补，跨学科的综合视角对于解释复杂而系统的政策问题具有特别的意义，已经成为政策研究的重要方向。

机制的本质是主体间关系的运行规则，学科专业动态调整机制是一个既关涉政府、高校、用人单位等机构权力，也关涉教师、学生和家长等个体利益的综合性政策问题，具有高度的复杂性和系统性。对于应对和解释这种问题的复杂性和系统性而言，采用单一的学术视角、权力视角抑或市场视角显然具有很大的局限性。有鉴于此，本研究在参考已有研究视角的基础上，借鉴了伯顿·克拉克在分析高等教育系统时所提出的基于"国家权力-市场-学术权威"的基本理论框架，将学科专业动态调整机制置于"学术-市场-行政"的多元复杂关系中，以知识演化机制、市场调节机制和行政管理机制作为基本的分析维度。与此同时，为了体现研究型高校与应用型高校在学科专业动态调整过程中的共性特征与个性差异，本研究还在基本分析维度的基础上对两类高校的机制运行进行了具体比较。概而言之，本研究一方面选择基于"学术-市场-行政"的知识演化机制、市场调节机制和行政管理机制的综合视角，对于系统而复杂的学科专业动态调整机制问题进行更具现实解释性和方法适切性的研究；另一方面在综合视角的基础上，通过案例比较和访谈对研究型高校与应用型高校的学科专业动态调整机制进行比较分析，并且基于共性和个性特征提出促进学科专业动态调整机制优化的分类管理建议，更加有利于回应实践层面迫切的政策诉求。

（二）内容结构

基于"学术-市场-行政"的关系视角，围绕"知识演化机制、市场调节机制和行政管理机制如何在研究型高校与应用型高校的学科专业动态调整过程中发挥作用"这一核心问题，以期从理论基础、分析结构、机制运行、差异比较和优化改进等五方面对高校学科专业动态调整机制进行深入的系统研究。

"理论基础"部分主要阐释了学科专业动态调整中的主体关系与内容向度，具体包括政府、高校与市场在学科专业动态调整的功能与角色定位，学术、行政和市场之间的矛盾冲突以及由此生发出的相关理论及其适用范围等，另外还指出了学科专业自身所具有的复杂性，动态调整的对象包括不同种类、层次、区域高校的学科专业结构和规模等，以期为学科专业动态调整机制运行提供理论基础。

"分析结构"部分基于相关理论，对学科专业动态调整中的机制进行了具体剖析，具体包括知识演化机制、市场调节机制、行政管理机制。这"三重"机制之间既具有统一性，也具有矛盾性，在动态调整过程中发挥着不同的作用，有着各自的特殊性地位和优劣性，该部分对这些问题进行了系统介绍和呈现，以期为后续实证研究的开展提供分析维度。

"机制运行"部分主要基于知识演化机制、市场调节机制和行政管理机制等具体维度，分别对研究型高校学科专业动态调整的机制运行和应用型高校学科专业动态调整的机制运行进行考察，具体包括两类高校机制运行的具体规则和表现、存在的问题以及问题出现的原因等，以深入了解知识演化机制、市场调节机制和行政管理机制在研究型高校与应用型高校的学科专业动态调整过程中发挥作用和影响的实然状态。

"差异比较"部分分别从应然层面和实然层面对研究型高校与应用型高校的学科专业动态调整机制运行进行了分析比较，核心内容围绕知识演化、市场调节和行政管理在研究型高校与应用型高校的学科专业动态调整机制运行过程中发挥的作用存在哪些共性和个性展开。

"优化改进"部分基于研究型高校与应用型高校学科专业动态调整机制运行的差异比较以及存在的具体问题，提出了促进学科专业动态调整机制优化的具体建议，主要包括四个方面：一是提出学科专业动态调整机制优化需要进行分类管理；二是基于分类管理的知识演化机制优化；三是基于分类管理的市场调节机制优化；四是基于分类管理的行政管理机制优化（见图0-2）。

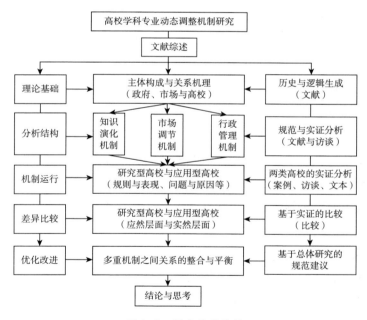

图 0-2 研究技术路线

（三）方法运用与资料收集

从不同视角看，学科专业动态调整机制面临着不同层面的问题，有着不同的问题呈现方式，问题导向的政策研究往往运用更具解释力的混合式研究方法。基于这样一种认识，在遵循方法为问题服务这一原则的前提下，本研究一方面坚持历史分析与逻辑分析的统一，系统阐释学科专业动态调整机制中政府、高校和市场的内在关系机理与历史发展演变，梳理高校学科专业动态调整机制生成的理论基础；另一方面坚持规范分析与实证分析相结合，采用案例等实证分析厘清高校学科专业动态调整机制的现实问题是什么，通过规范分析论证应该如何优化高校学科专业动态调整机制。就具体方法而言，本研究综合运用了文献研究法、案例研究法、访谈法和政策文本分析法。

1. 文献研究法

从操作便捷程度看，文献研究法主要基于已有研究文献资料，具有高度的自主性，受时空的局限性较小且是学术研究开展的基础性研究方法，因而成为教育政策研究中的常用研究方法。在本研究中，文献研究法的作用主要体现为三个方面：一是通过文献研究梳理高校学科专业动态调整机制研究的最新进展和主要内容，发现已有研究存在的分歧和不足，以便在此基础上寻找新的突破口，明确研究的独特价值和意义；二是基于文献研究探寻学科专业动态调整机制研究的理论基础和内在逻辑，并以理论基础为支撑推进后续研究的开展；三是借助文献研究厘清学科专业动态调整机制中的主体关系机理，并为相关研究的开展提供学理支持。另外，本研究的文献资料主要包括电子文献资料和纸质文献资料，具体包括国内外与学科专业动态调整机制研究相关的期刊论文、学位论文、学术著作和少量报纸与研究报告文献。

2. 案例研究法

案例研究法的突出特征在于深度聚焦，通过对案例的深度剖析可以将问题的某一个方面进行更为生动全面的透视和呈现，能够更好地解释问题的复杂性和系统性。在本研究中，案例研究法的作用体现在实证部分，主要包括三个方面：一是通过案例深度分析研究型高校学科专业动态调整的规则与表现、问题与原因，总结研究型高校学科专业动态调整机制运行的具体特征；二是通过案例深度分析应用型高校学科专业动态调整的规则与表现、问题与原因，总结研究型高校学科专业动态调整机制运行的具体特征；三是通过案例比较讨论和归纳研究型高校与应用型高校学科专业动态调整机制运行的共性与个性。

为了提升案例的典型性和代表性，本研究选择的案例涉及东、中、西部地区的四所高校，其中，两所研究型高校（H 校和 B 校）均为"985"工程建设高校和"双一流"建设高校，研究生在校生规模都超过了本科生在校生规模；两所应用型高校（C 校和 Y 校）均属于 2000 年以后新升格的本科院校，均为应用型技术大学（学院）联盟的副理事长单位，都以本科生教育为主，C 校有少量专业学位硕士研究生，Y 校有少量专科生（见表 0-2）。

表 0-2　四所案例高校的情况介绍

案例	学校类型	办学特征
研究型高校 （两所：H 校与 B 校）	"985"工程建设高校、"双一流"建设高校	研究生在校生规模超过本科生在校生规模
应用型高校 （两所：C 校与 Y 校）	2000 年以后升本，为应用技术大学（学院）联盟副理事长单位	以本科生教育为主，有少量专科生与专业学位硕士研究生

为了充分获取案例高校的有关资料，本研究主要通过三种渠道进行了资料收集：一是通过案例高校的本科生和研究生招生信息网、就业信息网、研究生院网站、发展规划处网站、教务处网站以及相关的信息公开平台；二是通过案例高校的工作人员直接提供资料或者具体介绍；三是通过对案例高校相关部门工作人员、教师和学生进行实地访谈，收集他们对于学科专业动态调整过程中有关问题的态度和观点信息等。综合来看，本研究中所收集到的案例资料主要包括四所高校的最新版的章程、"十三五""十四五"发展规划、与学科专业建设相关的规章制度文本、有关学科专业设置与调整的数据资料和访谈资料（见表 0-3）。

表 0-3　四所案例高校的具体资料

案例高校	具体资料
H 校	1. H 校章程；2. H 校"十三五""十四五"发展规划；3. H 校"十三五""十四五"《学科建设经费管理办法》；4. 有关 H 校学科专业设置与调整的数据资料；5. 有关 H 校学科专业设置与调整的访谈资料

案例高校	具体资料
B 校	1. B 校章程；2. B 校"十三五""十四五"发展规划；3. B 校《学科能力提升计划（2014—2020 年）》；4. B 校《学科交叉建设项目实施方案》；5. B 校《在博士、硕士学位授权一级学科范围内自主设置与调整二级学科实施办法》；6. 有关 B 校学科专业设置与调整的数据资料；7. 有关 B 校学科专业设置与调整的访谈资料
C 校	1. C 校章程；2. C 校"十三五""十四五"发展规划；3. C 校《学科建设管理办法》；4. C 校《本科专业设置管理办法》；5. 有关 C 校学科专业设置与调整的数据资料；6. 有关 C 校学科专业设置与调整的访谈资料
Y 校	1. Y 校章程；2. Y 校"十三五""十四五"发展规划；3. Y 校《专业建设工作条例》；4. 有关 Y 校学科专业设置与调整的数据资料；5. 有关 Y 校学科专业设置与调整的访谈资料

3. 访谈法

通过访谈，研究者可以掌握与研究问题直接相关的一手资料，为研究的顺利开展提供更为丰富的证据支持。在本研究中，访谈法的作用主要体现在四个方面：一是通过访谈了解高校学科专业动态调整的现状；二是通过访谈找到高校学科专业动态调整的影响因素；三是通过访谈发现高校学科专业动态调整机制的问题及原因；四是通过访谈提出高校学科专业动态调整机制优化的改进建议。为了从多主体视角综合考察学科专业动态调整机制的上述相关问题，本研究共访谈了包括高等教育研究专家、高校（应用型与研究型）教师与学生、招生就业管理部门工作人员在内的 37 人。访谈的形式以半结构化为主，渠道主要包括三类：网络渠道、电话渠道和面对面渠道。

本研究中访谈的在校生共计 17 人，其中研究型高校学生 9 人、应用型高校学生 8 人。在 9 名研究型高校学生中，博士研究生有 4 人，硕士研究生有 2 人，本科生有 3 人；在 8 名应用型高校学生中，本科生有 7 人，硕士研究生有 1 人。为了便于访谈资料的使用，本研究对每位被访谈学生进行了编号，编号的首字母"S"代表"student"，第二个字母中的"R"代表"research-oriented university"，"A"代表"application-oriented university"，最后的两位数字表示访谈序号（见表 0-4）。

表 0-4　访谈在校生的基本情况

编号	性别	年级	类型	编号	性别	年级	类型
SR01	男	博士二年级	研究型	SA01	男	本科二年级	应用型
SR02	女	硕士三年级	研究型	SA02	男	本科二年级	应用型
SR03	男	博士三年级	研究型	SA03	男	本科四年级	应用型
SR04	女	博士二年级	研究型	SA04	女	硕士二年级	应用型
SR05	男	本科三年级	研究型	SA05	男	本科二年级	应用型
SR06	男	本科四年级	研究型	SA06	男	本科三年级	应用型
SR07	男	博士一年级	研究型	SA07	女	本科四年级	应用型
SR08	女	硕士二年级	研究型	SA08	男	本科一年级	应用型
SR09	男	本科一年级	研究型				

本研究中访谈的教师共 9 人（不包括行政职能部门人员），其中研究型高校教师 4 人、应用型高校教师 5 人。在研究型高校的 4 名被访谈教师中，涉及的学科包括教育学、法学、工学和理学，职称包括教授、副教授和讲师；在应用型高校的 5 名被访谈教师中，涉及的学科包括经济学、管理学、工学和理学，职称包括教授、副教授、讲师和助教。为了便于访谈资料的使用，本研究对每位被访谈教师进行了编号，编号的首字母"T"代表"teacher"，第二个字母中的"R"代表"research-oriented university"，"A"代表"application-oriented university"，最后的两位数字表示访谈序号（见表 0-5）。

表 0-5　访谈教师的基本情况

编号	职称	所在学科	类型	编号	职称	所在学科	类型
TR01	教授	教育学	研究型	TA01	副教授	经济学	应用型
TR02	教授	法学	研究型	TA02	教授	管理学	应用型
TR03	副教授	工学	研究型	TA03	讲师	工学	应用型
TR04	讲师	理学	研究型	TA04	讲师	理学	应用型
				TA05	助教	工学	应用型

本研究中访谈的招生就业管理部门工作人员共 5 人，其中，研究型高

校 2 人，分布在招生办公室和就业指导中心；应用型高校 3 人，分布在招生与就业指导处、招生与就业工作处。为了便于访谈资料的使用，本研究对每位被访谈招生就业管理部门工作人员进行了编号，编号的首字母"A"代表"administration"，第二个字母中的"R"代表"research-oriented university"，"A"代表"application-oriented university"，最后的两位数字表示访谈序号（见表 0-6）。

表 0-6　访谈招生就业管理部门工作人员的基本情况

编号	所在部门	类型	编号	所在部门	类型
AR01	招生办公室	研究型	AA01	招生与就业指导处	应用型
AR02	就业指导中心	研究型	AA02	招生与就业指导处	应用型
			AA03	招生与就业工作处	应用型

本研究中访谈的高等教育研究专家共 6 人，研究领域涉及教育法学、教育政策、高等教育、教育经济与教育管理。为了便于访谈资料的使用，本研究对每位被访谈高等教育研究专家进行了编号，编号的首字母"E"代表"expert"，后面的两位数字表示访谈序号（见表 0-7）。

表 0-7　访谈高等教育研究专家的基本情况

编号	职称	研究领域	编号	职称	研究领域
E01	教授	教育法学	E04	副教授	教育经济
E02	教授	教育政策	E05	副教授	教育管理
E03	教授	高等教育	E06	讲师	教育法学

4. 政策文本分析法

政策文本分析是开展教育政策研究的常用研究方法，尽管政策文本在制定后的实施过程中可能会出现执行失真的问题，但其仍然是考察政策发展演变、价值取向和方法举措不可或缺的宝贵资料。在本研究中，政策文本分析的作用主要体现在两个方面：一是通过对相关政策文本的梳理厘清现阶段我国高校学科专业动态调整的具体规则和权限，系统深入了解我国高校学科专业动态调整机制的现状；二是通过对相关政策文本的分析比较，了解我国高校学科专业动态调整机制变革的内在逻辑和走向。

除四所案例高校校内的相关政策文本外，本研究涉及的政策文本还包括国家和省区市两个层面的相关政策。从国家层面来看，有关学科专业动态调整的政策文本很多，但直接相关且比较重要文本包括教育部于 2001 年制定发布的《关于做好普通高等学校本科学科专业结构调整工作的若干原则意见》，国务院学位委员会和教育部于 2009 年制定发布的《学位授予和人才培养学科目录设置与管理办法》，国务院学位委员会于 2014 年制定发布的《关于开展博士、硕士学位授权学科和专业学位授权类别动态调整试点工作的意见》、2015 年制定发布的《博士、硕士学位授权学科和专业学位授权类别动态调整办法》，2023 年教育部等五部委制定发布的《普通高等教育学科专业设置调整优化改革方案》，等等。从省区市层面来看，学科专业动态调整的相关政策文本则更多，本研究选择了其中的部分文本进行了分析，具体包括湖南省教育厅于 2008 年制定发布的《湖南省教育厅关于进一步加强普通高等学校本科专业结构调整工作的意见》、辽宁省教育厅于 2017 年制定发布的《辽宁省教育厅关于进一步优化高等学校学科专业结构的指导意见》、上海市教育委员会于 2014 年制定发布的《上海高等学校学科发展与优化布局规划（2014—2020 年）》等（见表 0-8）。

表 0-8　学科专业动态调整的相关政策文本

层级	文件名称	发文机构	发文时间
国家层面	《关于做好普通高等学校本科学科专业结构调整工作的若干原则意见》	教育部	2001 年 10 月
	《关于进一步加强和改进高等学校本科专业备案和审批管理工作的通知》	教育部办公厅	2007 年 6 月
	《学位授予和人才培养学科目录设置与管理办法》	国务院学位委员会、教育部	2009 年 2 月
	《普通高等学校本科专业设置管理规定》	教育部	2012 年 9 月
	《关于开展博士、硕士学位授权学科和专业学位授权类别动态调整试点工作的意见》	国务院学位委员会	2014 年 1 月
	《博士、硕士学位授权学科和专业学位授权类别动态调整办法》	国务院学位委员会	2015 年 11 月

层级	文件名称	发文机构	发文时间
国家层面	《博士硕士学位授权审核办法》	国务院学位委员会	2017 年 3 月
	《关于加快建设高水平本科教育全面提高人才培养能力的实施意见》	教育部	2018 年 9 月
	《交叉学科设置与管理办法（试行）》	国务院学位委员会	2021 年 12 月
	《普通高等教育学科专业设置调整优化改革方案》	教育部等五部委	2023 年 3 月
省区市层面	《辽宁省教育厅关于进一步优化高等学校学科专业结构的指导意见》	辽宁省教育厅	2017 年 12 月
	《省教育厅关于加快建立普通高等学校学科专业动态调整机制的指导意见》	湖北省教育厅	2013 年 5 月
	《湖南省教育厅关于进一步加强普通高等学校本科专业结构调整工作的意见》	湖南省教育厅	2008 年 7 月
	《内蒙古自治区人民政府关于进一步加强高等学校专业结构调整的意见》	内蒙古自治区人民政府	2013 年 2 月
	《福建省教育厅关于加快普通高等学校本科专业结构调整优化的若干意见》	福建省教育厅	2015 年 10 月
	《上海高等学校学科发展与优化布局规划（2014—2020 年）》	上海市教育委员会	2014 年 11 月
	《上海高等教育布局结构与发展规划（2015—2030 年）》	上海市教育委员会等	2015 年 12 月

第一章　学科专业动态调整的
机制分析基础

依据不同理论视角和假设，学科专业动态调整的机制分析框架往往有所不同。产业结构演化理论、人力资源开发理论、市场供需理论、知识生成理论、高等教育内外部关系理论等诸多理论都为高校学科专业动态调整机制的构建和完善提供了不同的分析视角和理论框架。从构成结构看，高校层面的教师、学生、行政管理人员，政府层面的各级教育行政部门、与行业产业等相关的其他相关部门，市场层面的企业等用人单位都是与学科专业动态调整密切相关的权力主体。

伯顿·克拉克基于高等教育系统的权力结构，提出了三种理想的体制类型：国家体制、市场体制与专业体制。① 但因不同主体的利益诉求有所不同，各种形式的权力往往朝不同的方向牵拉，因此需要对这三种体制进行整合，继而克拉克提出了基于"国家权力-市场-学术权威"的三角协调模型（见图1-1）。其中，三角形的每个角代表一种模式的极端和另外两种模式的最低限度，三角形内部的各个位置则代表了三种模式的不同程度的结合。不同国家不同历史时期的高等教育在三角形内所处的位置有所不同，学科专业动态调整的方式也有所差异。

毫无疑问，学科专业动态调整是高等教育系统不可或缺的核心构成部分，不可避免地受到国家体制、专业体制和市场体制的综合影响。为系统考察国家体制、专业体制和市场体制在学科专业动态调整过程中的内在运行机理，本研究在借鉴克拉克"三角协调模型"基本分析框架的基础上，

---

① 伯顿·克拉克：《高等教育系统——学术组织的跨国研究》，王承绪、徐辉、殷企平、蒋恒译，杭州大学出版社，1994。

将学科专业动态调整置于"学术-行政-市场"的关系空间中，具体分析高校层面的教师、学生、行政管理人员，政府层面的各级教育行政部门、与行业产业等相关的其他相关部门，市场层面的企业等用人单位等相关主体间的多重复杂关系及其所依托的内容结构载体。

图1-1　基于"国家权力-市场-学术权威"的三角协调模型

第一节　学科专业动态调整中的主体构成

作为一种制度化存在形式，尽管学科专业产生于高校，但却受到高校以外多重力量的主导和影响。根据高等教育内外部关系规律的观点，学科专业动态调整不仅要符合高等教育系统自身的内在发展规律，还要协调好与外部生态系统的关系。从学界的既有研究看，政府和市场被认为是外部生态系统的两大主体，在不同历史时期和体制机制背景下对学科专业动态调整具有不同的影响。但现实的问题在于，高校、政府和市场的关系具有高度复杂性和系统性，在学科专业动态调整过程中有着不同的运行逻辑和理路，呈现诸多的矛盾性和冲突性。因此，有必要从应然层面厘清高校、政府和市场在学科专业动态调整过程中的角色定位和职责范围。

一　以知识为联结中心的高校

高校是提供高等教育服务的机构和场所，具有相对独立性。由于区别于其他社会组织的特殊职能和使命以及脱离具体生产实践的属性特征，高校曾长期被认为是探索高深知识的"象牙塔"（ivory tower）。现代意义上的高校缘起于 8 世纪末的神学院和教会学校，巴黎大学和博洛尼亚大学被认为是世界上最早的高校。其后，在长达 10 余世纪的发展演变和历史变迁过程中，高校的职能和使命发生了巨大的变革，从早期以教学为核心的人才培养到洪堡时期的教学与科研并重，再到"威斯康星理念"（Wisconsin Idea）拓展的社会服务职能，各界对于高校的认知和期待也在社会矛盾的转移变迁中发生诸多根本性转变。① 时至今日，人才培养、科学研究、社会服务和文化传承被认为是高校的四大基本职能。但从本源意义上看，无论高校的职能怎样变迁，其与知识的内在根本性联系始终没有变，高校的一切职能活动都是围绕知识的运行逻辑展开的，学科专业动态调整同样也不例外（见图 1-2）。

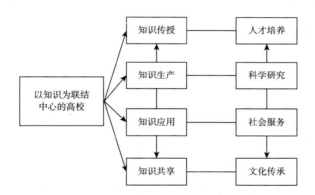

图 1-2　知识活动与高校职能实现

（一）知识传授与人才培养

新知识随着生产力的发展而不断产生并且逐步走向系统化和制度化，高校在诞生之初就是为有需求的学习者传授新知识而专门设立的机构场所，学科专业则是高校组织知识学习的系统化和制度化产物。人才培养过程实际上就是知识传授的过程，在这个过程中，学科专业作为制度化的知

---

① Muriel Egerton, "Higher Education and Civic Engagement," *The British Journal of Sociology* 53 (2002): 603-620.

识载体促进了知识传授的专业化、规范化和体系化。从人才培养意义上讲，学科专业动态调整对应的结果是学科专业人才的输出，知识掌握程度是衡量学科专业人才质量的内在标准，而知识传授的方法手段则是影响知识掌握程度的基础变量。因此，高校的人才培养职能实现与知识传授过程具有紧密的内在联系是毫无疑问的。从知识传授意义上讲，不同类型学科专业人才的培养具有不同的知识传授逻辑和要求，但在普遍意义上都是通过课程和教学来实现的。课程是学科专业知识的载体，教学是传授学科专业知识的方法，高校与其他机构组织的差异在于其以人才培养为最基本职能，通过组织不同学科的专业教师，以系统化的课程为载体，通过多元化的教学手段来进行知识传授，以满足社会和个体对于知识的多元化需要。故而，高校人才培养职能的实现始于知识、终于知识，必须遵循知识传授的运行逻辑，而学科专业则将知识传授与人才培养内在联系起来。

（二）知识生产与科学研究

自洪堡"教研合一"理念提出以来，科学研究在高校职能体系中的地位愈来愈高，出现了以科学研究见长的研究型高校以及"重科研、轻教学"等现象。科学研究的使命在于知识生产，围绕科学研究的组织管理活动都应当以促进知识生产为目的。自具备科学研究职能之日起，高校就与知识生产产生了千丝万缕的复杂联系，并且受到科学研究逻辑的深层影响。推进学科专业建设在很大程度上是一种有关科学研究的组织管理活动，在更深层次上则是促进知识生产的活动。学科专业是知识积累到一定阶段的制度化产物，知识积累的速度取决于知识生产的方式，而科学研究的组织管理就是有关知识生产方式的组织管理，因此，学科专业与知识生产的内在联系主要通过科学研究的组织管理来实现。从深层次的本源意义上看，高校学科专业动态调整的原始动力在于持续的知识生产和积累。当某个领域的知识生产方式趋于成熟、知识积累达到一定程度时，新的学科专业便会应运而生。原有的学科专业结构会随着新的知识生产方式变革和知识领域的变化而经历一次又一次的分化和重组。

（三）　知识应用与社会服务

20世纪初，受实用主义哲学的影响，越来越多的学者开始主张打破传统高校的封闭状态，走出"象牙塔"，为社会经济发展服务。美国威斯康星大学校长查尔斯·范海斯便是在此基础上提出了影响世界高等教育发展方向的"威斯康星理念"，进一步强化和扩展了高校的社会服务职能。从高校职能实现方式的角度看，社会服务主要是一种知识应用活动，是建立在人才培养和科学研究的基础之上的。知识应用强调已有成果转化与社会需求满足，通过知识应用可以建立起高校与其外部系统的联系，形成更加开放的高等教育生态系统。系统化、科学化的学科专业知识是高等教育满足社会需求、促进社会发展的关键。推动高校学科专业动态调整，一方面在于更好地满足社会发展需求，另一方面在于促进知识成果的转化。从社会服务职能实现的角度看，学科专业的建设和发展所产生的学科专业知识是支撑社会服务的基础和核心。高校在拓展社会服务职能时必须要考量和发挥自身所具有的学科专业知识优势，并促进学科专业优势在应用过程中得到进一步的强化和认可。

（四）　知识共享与文化传承

文化传承是人类文明秩序得以建立和维持的保障，同时也是现代高校的重要职能和使命。从文化与知识的关系看，文化传承是一种基于文明共识的知识共享活动，高校在文化传承过程中的责任在于通过促进知识共享来化解文明冲突，实现不同文明的交流和融合。学科专业的设置形式和内容不仅会影响到知识共享的深度和广度，而且会影响到文化传承的效果和接受范围。促进相互理解、建立文明制度是知识共享的结果，也是文化传承的目的，而标准化的、相对稳定的学科专业结构和内容无疑能促进相互理解，更好地实现知识共享，进而达到文化传承之目的。随着价值选择的日趋多元，人类文明冲突的危机愈发得到凸显，高等教育如何通过知识共享与文化传承来回应化解这种危机、促进人类共同体建设正成为一个重大的全球性议题。就学科专业而言，动态调整中的动态性与稳定性、传承性与创新性、交叉性与边界性都是影响知识共享与文化传承的重要维度。事实上，学科专业的交叉综合性越来越强，知识的生产更新速度也在不断加快，这无疑会给知识共享和文化传承带来新的挑战，对高校学科专业动态调整也将提出新的更高要求。

二　以人力资源为联结中心的市场

市场是"无形之手"，存在于供需关系的平衡过程中，哪里有市场，哪里就有供给和需求。不同于纯粹的商品市场，高等教育市场具有非完全的竞争性。从市场的角度看，学科专业动态调整过程实际上就是学科专业人才供给与需求的平衡过程，高校是学科专业人才的供给方，用人单位是学科专业人才的需求方。由于供需信息的动态性和不确定性，学科专业人才市场常常出现结构性矛盾，导致供大于求或供小于求或供需不匹配等。在经济中心论的思维逻辑下，高等教育被认为是为经济发展服务的工具，应当主动对接和适应经济产业结构需求，学科专业动态调整也因此呈现显著的市场适应论特征。不同于高校以知识为联结中心，市场是以人力资源为联结中心的，学科专业动态调整在更深层次上是人力资源市场供需的平衡问题。

（一）人力资源市场的供给侧

尽管高校自身是以知识为联结中心的，但其培养的学科专业人才最终是要面向市场的。在学科专业的人力资源市场中，高校位于供给侧，决定了输出人才的素质和能力、规模与结构。事实上，不同类型的高校在学科专业人才培养方面有不同的定位。从人才培养层次上看，专科教育主要是培养技术技能型人才，本科教育主要是培养专业性的通识型人才，而研究生教育则主要是培养科学研究型人才。不同层次的教育在一定程度上决定了其人才供给的类型和结构，会形成不同的人力资源细分市场。从定位差异看，研究型高校主要是培养高层次的科学研究型人才，而应用型高校则主要培养实践应用型人才。高校在进行学科专业人才培养时需基于自身的定位，以促进学科专业人才供给的多元化和多层次化。作为人力资源市场的供给侧，高校必须动态监测学科专业人才培养的质量和规模，从源头上改善人力资源供给的水平和结构。随着学科专业类型的日趋多元，人才资源市场的细分领域也越来越多，这对高校而言既是机遇，也是挑战。一方面，高校要找准自身的定位，建立自身的学科专业优势，为人力资源市场提供差异化的学科专业人才；另一方面，要动态监测学科专业人才培养质量，及时基于市场反馈改进人才培养模式，以保持自身在人力资源市场中的竞争优势。从市场意义上讲，高校负责培养和输出学科专业人才，是供给方，这决定了其必须将学科专业人才培养置于整个社会供需体系的大生态系统中综合考量，自我封闭势必会影响到其作为人力资源供给方的合理性和合法性。

（二）人力资源市场的需求侧

用人单位是人力资源市场的需求方，对学科专业人才素质和能力、规模和结构不断提出新的标准和要求。相比于供给侧，需求侧往往更加具有复杂性，主要表现在三个方面：一是用人单位本身的构成复杂，包括企业、政府机构、事业单位、公益组织、其他社会团体以及高校自身等；二是用人单位的需求复杂，随着生产力的不断发展，产业行业的领域越分越细，对学科专业人才的需求越来越多元化；三是需求自身也在不断发展变化，不同历史时期和地域对于学科专业人才的需求存在差异，需求因时因地而异。从供需关系看，需求侧更具根本性和基础性，在一定程度上决定了供给什么和怎么供给，特别是在学科专业人才市场中。从政府的角度看，高校不仅要培养学科专业人才，还要解决学科专业人才的就业问题。现实的困境常常在于"用工荒"和"就业难"的结构性矛盾。用工荒反映了市场的需求没有得到满足，但就业难又反映出市场无法容纳所有的供给。对于用人单位而言，需求本身以及需求的动态变化是生产力发展的客观结果。无论是高校，还是政府部门都很难对用人单位的需求及其动态变化做出有效的强制性干预，特别是在市场力量日趋强大的市场经济背景下。因此，有诸多学者致力于学科专业人才培养结构与产业行业人才需求结构的对接性机制研究，以期建立需求侧与供给侧的动态平衡模型。

三　以权力为联结中心的政府

政府在高等教育系统中的权力关系异常复杂，不同体制下的政府在高等教育管理中的角色存在巨大差异。不同于高校的知识逻辑和市场的供需逻辑，政府运行的核心驱动力在于权力。从政府视角看，高等教育系统是国家权力控制系统和行政管理系统的一个构成部分，学科专业动态调整不仅仅是学术问题和市场问题，更是权力控制和行政管理问题。事实上，高校不可能独立于政府而存在，政府权力渗透于高校日常管理的每一个角落。根据政治学和管理学的相关划分，政府对于高校的控制可以分为两类：一是高度集中的高等教育集权管理（集权型政府），高校自身的办学自主权较小；二是松散的高等教育分权管理（分权型政府），高校自身的办学自主权较大。学科专业动态调整过程在两种不同类型的管理体制中有着不同的呈现样态和形式。

（一）集权型政府管理下的学科专业

从高等教育管理体制上看，法国、中国等常常被认为是典型的集权型国家，政府在高等教育系统中的权力影响较大，发挥主导性作用，计划管理是集权型管理的典型特征。当然，集权是相对的，对于具体国家而言，集权与否也是在动态变化的。20世纪50年代到80年代，受计划经济体制影响，我国的高等教育管理体制呈现典型的集权型特征，高校的学科专业设置、招生、就业、教学等都受到严格的计划管理限制。在集权型高等教育管理体制下，高校是政府行政权力行使的对象之一，学科专业动态调整既是政府行政管理的一种方法手段，也是实现行政权力控制的载体和内容。随着现代治理理论与教育现代化理论的提出，学界对于集权型高等教育管理体制的批评日趋增多，认为不能以行政管理的方式管理高等教育，主张扩大以学术自治为基础的高校办学自主权。从本源意义上看，集权型高等教育管理体制有劣势，但也有优势。集权型政府对于高校学科专业动态调整具有更大的统筹管理和资源分配权，有利于从整体上谋划学科专业的结构布局，避免高校自身的盲目性和从众性。从历史演变看，早期的集权型管理主要通过直接的权力控制实现，对高校的行政管理较为粗暴和简单。现阶段的集权型管理已经由直接的行政权力控制转向间接的教育资源分配。对于高校而言，学科专业动态调整的重大意义在于办学资源的获取和重新分配，而在集权型管理体制下，办学资源的分配权主要集中在政府，高校为获取资源常常受制于政府。但无论是直接的行政控制，还是间接的资源分配，政府在其中的主导性作用没有发生根本转变。

（二）分权型政府管理下的学科专业

英、美等国高校有着悠久的学术自治传统，高等教育系统具有较强的独立性，政府在学科专业管理中的权力相对较弱，具有典型的分权型管理特征。从学术自治与行政管理的关系看，政府到底应该以什么样的职能角色参与到学科专业动态调整的过程之中仍存在着广泛争论。在分权型管理背景下，行政管理往往被认为是为高校学术自治服务的，政府的职能在于保障学术自由，促进高校更好地进行人才培养、科学研究、社会服务和文化传承。20世纪50年代，美国历史上联邦法院介入学术自由第一案——斯韦泽案（Sweezy Case）在司法上推动了美国大学教授协会和联邦最高法院就学术自由制度、合法性等方面的首次对话，从司法上保障了州政府不得干预学术自由的基本立场。[①] 该案从侧面反映了美国分权型高校管理体制的特征，并且根据判例法国家的法治传统被延续至现在。[②] 学术自由从微观看是"为什么教、谁来教、教什么、怎样教"的问题，但在宏观上却是政府教育管理的体制与机制问题。秉持什么样的学术自由观，就会有什么样的学科专业动态调整机制。分权型管理下的学科专业动态调整问题更多的是一种关涉学术自由的高校内部问题，政府在其中更多履行的是服务监督职能。从高校职能实现的角度看，分权型政府管理有利于维护高校的相对独立性，激发高校自身的办学活力和特色，但也易因缺乏统筹性和整体性而造成重复办学等资源浪费的情况。从政府权力控制的角度看，高校管理是行政管理的一部分，学科专业动态调整也理所当然地成为行政管理

---

① J. P. Byrne, "Academic Freedom: A 'Special Concern of the First Amendment'," *Yale Law Journal* 99（1989）: 251-340.

② 秦发盈、李子江:《斯韦泽案: 美国联邦最高法院学术自由判决第一案》,《教育学报》2017年第5期。

的一部分，分权管理背景下高校对学科专业动态调整主导权的增加也就意味着政府权力的相对弱化。

第二节 学科专业动态调整中的关系机理

学科专业动态调整之所以具有高度复杂性，深层次的原因在于相关学科专业主体之间关系的多重性和交叉性。从高等教育系统的经典分析框架看，学术、行政与市场之间的复杂关系阐释是深层次的基础性问题，也是高等教育理论与实践无法回避的关键性问题。从应然层面看，高校是以知识为联结中心的关系场域，在该关系场域中，任何组织管理和教育教学活动都应当围绕知识运行逻辑展开，知识传授、知识生产、知识应用和知识共享构成了高校活动的核心内容；政府是以权力为联结中心的关系场域，在该关系场域中，高校组织管理与教育教学活动构成了权力控制的组成部分，当高校组织管理、教育教学活动与政府意志出现冲突时相应的行政管理机制便会出现；市场则是以资源为联结中心的关系场域，在该关系场域中，高校组织管理与教育教学活动都围绕教育资源配置展开，供需结构平衡体现为学科专业人才供给与产业行业人才需求之间的对接互动。因此，基于不同立场和视角，高校学科专业动态调整也就有了不同的性质和目的。从教育政策的角度看，国家推进学科专业动态调整更多的是推进学术、行政和市场之间关系的平衡与再平衡（见图1-3）。

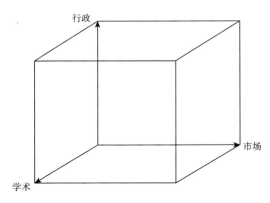

图1-3 学科专业动态调整中的主体关系分析框架

一　学术与行政的关系

从本源内涵看，学术是一种知识生产活动，但在组织管理意义上，学术代表了一种博弈力量和运作逻辑。正如托尼·比彻（Tony Becher）与保罗·特罗勒尔（Paul R. Trowler）所指出的那样："20世纪80年代以来，世界高等教育系统发生了本质性变化，更多的外界因素进入高等教育系统中来，大大改变了学术文化的特点，学科知识作为一种力量的重要性在下降。"[①] 学术在高等教育系统中的地位正在遭受越来越多的外部力量威胁，行政力量就是其中之一。从广泛意义上看，行政力量的主体不仅包括通常所说的行政机关，还包括立法机关、司法机关和执政党等。[②] 从国际比较看，美国教育管理的权限归州和地方政府，联邦政府没有对其进行直接管理的权力，但却通过总统及教育行政机构、国会、联邦法院等发挥作用。[③] 事实上，在不同历史时期、不同国家区域，高等教育系统中的学术与行政力量关系存在巨大差异，[④] 而学科专业动态调整的方法手段也深受这种关系的影响，呈现不同的特征。学术与行政的关系主要体现为高校与政府的关系，但高校内部也存在行政管理的问题，政府在对待高校时也存在着不同的价值取向，因此在高等教育管理实践和理论研究中不可将学术与行政的关系简化为高校与政府的关系。

尽管随着现代大学制度建设的推进，学术与行政的权力关系边界日趋得到重视，诸多研究也认为学术与行政必须分离，但从实然层面看，学术与行政往往是交织在一起的复杂共同体，促进高校学科专业动态调整不可能离开行政力量，但也不能不考虑学术力量的内在支持。[⑤] 在历史的发展

① 〔英〕托尼·比彻、保罗·特罗勒尔：《学术部落及其领地：知识探索与学科文化》，唐跃勤译，北京大学出版社，2015，第5页。
② 褚宏启：《教育政策学》，北京师范大学出版社，2011，第91页。
③ 谷贤林：《美国研究型大学管理——国家、市场和学术权力的平衡与制约》，教育科学出版社，2008，第100页。
④ E. S. Buckner, "The Changing Discourse on Higher Education and The Nation-State, 1960–2010," *Higher Education* 74（2017）：473–489.
⑤ H. H. Gebremeskel, and K. M. Feleke, "Exploring the Context of Ethiopian Higher Education System Using Clark's Triangle of Coordination," *Tertiary Education and Management* 22（2016）：1–22.

演变过程中，学术与行政关系呈现两种截然不同的取向：一是"强行政、弱学术"，即将学术视为行政的附庸，行政力量在高等教育系统中占据主导地位，这种情况主要出现在教育集权制国家；二是"弱行政、强学术"，即坚持行政为学术服务的基本理念，充分尊重高校办学自主权和学术自治权，这种情况主要出现在教育分权制国家。高等教育管理活动的开展实际是学术与行政相互妥协的结果。受西方高校学术自治思想和现代大学制度理念的影响，国内学术界近年来对于行政权力干预高校自主办学和学术自治的批判较多，提出了"去行政化"①的议题。"行政化"是指高校作为学术性组织的特性被忽视，相关行为主体用行政的手段和思维管理高校。②通常，"去行政化"包括两个方面：一是去高校的外部行政化，即减少政府对高校的行政管控；二是去高校的内部行政化，即避免学术问题行政化。但行政与行政化是两个不同的问题，行政活动是高校教育管理中的一项必不可少的活动，高效、优质的行政服务有利于更好地促进学术活动的展开，从而推动人才培养和科学研究质量的提升。

二　学术与市场的关系

从"象牙塔"这一称谓可以看出，高校与社会、学术与市场的联系并非一直像现在这样密切。正如大卫·科伯（David Kirp）所言："当时代思潮就是市场的时候，世界似乎自然就是这样运转的。"③事实上，自古典经济学奠基人亚当·斯密（Adam Smith）提出市场作为"无形之手"以来，以自由主义为特征的市场化思潮便席卷而来，深刻地影响着理论界和实践界，高等教育领域也同样在列。20世纪90年代，美国就有学者指出："过去，高等教育把公共利益置于首位，避免卷入市场，而现在却认为维护公共利益最好的办法是高校应涉足商业活动，高等教育政策和状况正从一种

---

① 杨德广：《关于高校"去行政化"的思考》，《教育发展研究》2010年第9期。
② 李立国、赵义华、黄海军：《论高校的"行政化"和"去行政化"》，《中国高教研究》2010年第5期。
③ 〔美〕大卫·科伯：《高等教育市场化的底线》，晓征译，北京大学出版社，2017，第8页。

理想化的模式转变成一种现实模式。"① 这种转变最直接地体现为高等教育产业化和学术资本主义②。从内在逻辑看，高等教育产业化的前提假设在于将高等教育视为经济产业链条中的一环，主张按照产业化的思维去经营高等教育；学术资本主义的前提假设在于将知识生产视为一种商业化行为，认为知识生产能力是学者所有拥有的核心资本能力。现阶段，学界对于市场在何种程度上参与高等教育以及以何种方式参与高等教育等存在诸多争议和分歧，但不可否认的是，市场力量的介入让高等教育焕发出了新的生机和活力。并且，这种新的生机和活力正在以前所未有的方式形塑着高等教育的方方面面，学科专业动态调整自然也不例外。

从资源配置的角度看，市场是与计划相对应的一种自发性资源配置方式，在高等教育管理中主要通过办学资源的竞争性分配来达到资源优化的目的。就深层次意义来看，资源总是稀缺的，而在稀缺的资源分配中又总是存在着一定的供需矛盾，市场调节力量不仅存在于稀缺资源的分配中，更存在于供需矛盾的解决过程中。选择何种资源配置方式不仅会影响资源使用的效益和效率，更会影响到供需矛盾的解决。在市场主义的分析框架下，学科专业动态调整在本质上是一种有关办学资源的配置活动，而且这种办学资源的配置应当是基于高度的竞争性和自主性的。对于高校而言，学科专业建设的资源在一定的时间空间中总是有限的，不同学科专业之间为争夺有限办学资源而存在某种程度的竞争关系，从而使得市场力量得以产生。有竞争的地方就有市场，竞争性是市场化资源配置的最突出特征。在计划管理时代，我国高校学科专业的设置、招生与就业等受到严格的行政管制，学科专业建设资源的竞争性程度非常低、市场力量非常弱。但随着市场化改革的不断深入，高校办学的灵活性和自主性不断提升，教育资源在高校内部的学科专业之间以及不同高校之间的竞

---

① S. Slaught, and G. Rhoades, "Changes in Intellectual Property Statutes and Policies of a Public University: Revising the Terms of Academic Labor," *Higher Education* 26 (1993): 287-312.

② "学术资本主义"这一术语由美国学者希拉·斯劳特与拉里·莱斯利于1997年在学术著作《学术资本主义》中开创性提出，中文版可参考由梁骁、黎丽翻译，北京大学出版社出版的《学术资本主义》。

争性日趋增强，市场力量正是在学科专业建设资源的这种激烈竞争中得以发挥。[①]

从供需平衡角度看，市场需求总是处在持续的动态变化之中，而学科专业人才培养却具有一定的周期性和滞后性。无疑，这会导致供给与需求的关系失衡，引发一系列后续性问题。事实上，"知识越成为生产力，高等教育就越期望能培养出更多有价值的人才，要求证实高等教育对工业世界更有用的压力就越大"[②]。在高度全球化的当下，学科专业人才市场呈现前所未有的复杂性。一方面，随着科学技术的发展，不断涌现的新行业、新产业对人才需求的能力、素质和层次都在显著变化，对国家和高校的学科专业人才培养能力提出了新的挑战；另一方面，人才流动的空间范围越来越广，跨地区、跨国家的人才流动增加了人力资源市场需求预测的难度。从具体的实践层面来看，高校是培养学科专业人才的供给方，企业、政府、事业单位、社团组织等用人单位是学科专业人才的需求方，由于学科专业人才培养的周期性和滞后性以及用人单位需求的分散性和复杂性，供需失衡矛盾成为人才市场常态，而市场力量正是体现在这种供需矛盾失衡的再平衡过程之中。供给与需求是构成市场的两个基本面，达成供给与需求的动态平衡是高校学科专业动态调整的终极目的。学科专业人才的供给质量、规模与结构在动态变化，企业、政府、事业单位与社团组织等用人单位的需求质量、规模与结构也在动态变化。在市场主义者看来，学科专业动态调整具有自身的内在市场运行规律，无须政府过多干预，当供需矛盾出现之时便是市场力量发挥作用之时。也就是说，市场能够通过自发性调节机制促成供需关系的再平衡。

三　学术、行政与市场的力量博弈

秉持不同的逻辑取向和立场，学科专业动态调整的方法手段往往存在巨大差异。学术、行政与市场代表了学科专业动态调整的三种不同逻辑取

---

① 田贤鹏：《高校学科专业动态调整中的市场调节失灵及其矫正》，《教育发展研究》2017年第21期。

② 〔英〕玛丽·亨克尔、布瑞达·里特：《国家、高等教育与市场》，谷贤林等译，教育科学出版社，2005，第78页。

向和立场，也代表了三种不同的发展方向。但在实然层面，三者并非截然分立，而是对立统一的复杂矛盾体，学科专业动态调整的过程实际上是三者相互博弈的平衡与再平衡的过程。从学界研究看，三者力量孰强孰弱、孰重孰轻并没有达成明确共识。长期以来，西方高校被认为有着悠久的学术自治传统，更加强调学术力量在学科专业动态调整中的作用。但随着市场力量的介入，学术力量正在遭到愈来愈多的削弱，出现了学术市场化的倾向。而行政力量则更多地与国家体制机制相关，在教育集权制国家，行政力量的介入力度往往更强，市场力量和学术力量相对较弱；在教育分权制国家，行政力量的介入力度往往较弱，市场力量与学术力量则相对较强。事实上，无论是学术力量，还是行政力量或者市场力量，在高校学科专业动态调整过程中都有它们介入的合理性基础。

在雅思贝尔斯（Karl Theodor Jaspers）看来，高校应当是一个学术共同体，教师和学生在这里的目的在于寻求真理。在此意义上讲，学术才是高校存在的核心价值和灵魂，追求知识和真理是高校的根本目的和最高使命。纽曼（John Henry Newman）认为："知识完全能够成为它自身的目的，知识不仅仅是达到它后后面的某种东西的手段"，而且"知识是足以安身立命，或者足以为其自身的缘故而继续追求的目的"。① 故而，高等组织管理与教育教学都应当围绕学术的运作逻辑展开。从根本上看，学科专业动态调整首先是一个学术问题，关涉的是雅思贝尔斯所言的知识与真理，推进学科专业动态调整应当是基于知识积累与真理发现的自然过程。但当学科专业被高度制度化以后，学科专业自身所蕴含的知识属性常常处于被忽视的边缘地位，而外部力量则处于主导地位，往往将学科专业作为基本单位进行形式主义的表面化调整。尽管学界有诸多"走出象牙塔"的呼声，但这并不意味着高校能够背离其以知识为联结中心的场域属性特征。

在行政管理主义者看来，高校是行政权力自上而下行使的一个组织机构，推进高校组织管理与教育教学的目的在于贯彻和落实行政意志，反映

---

① 〔英〕约翰·亨利·纽曼：《大学的理想》，徐辉、顾建新、何曙荣译，浙江教育出版社，2001，第 92 页。

权力主导者的价值倾向和意愿。在此意义上讲，学科专业动态调整不再是象牙塔内的学术问题，而是基于权力控制的组织管理问题。马克斯·韦伯（Max Weber）所构建的"理想的官僚制"便是对行政管理逻辑的最佳诠释，在他看来，权力应按照职能和职位进行分工和分层，要以规则作为管理主体的管理方式和组织体系，尤其强调"命令–服从"的权力矩阵关系。学科专业动态调整不可能回避掉权力主体之间的权力关系分配，必然要受到这种以"命令–服从"为突出特征的行政管理逻辑的束缚和影响，特别是在政府处于强势地位的"政府–市场–高校"关系状态下。事实上，就管理体制而言，中国是一个典型"强政府"国家，从学科专业的设置调整到招生规模的名额分配都要受到自上而下政策的层层管控。新中国成立初期的学科专业管理"计划供给"模式①便是行政管理逻辑的直接产物。近年来，受到新公共管理理论和治理理论的影响以及行政管理主义弊端的不断呈现，以协同合作与平等协商为特征的新型政府管理关系开始产生，并且深刻影响到政府与高校的关系，继而影响到学科专业动态调整的方法和手段。

但在市场主义者看来，高校是人才市场的供给方，企业等用人单位是人才市场的需求方，学科专业设置和调整要按照行业产业人才需求的动态变化进行，以满足个体和社会经济发展需要。与行政管理逻辑所强调的自上而下的权力控制不同，市场需求逻辑是将学科专业视为流通产品，要求高校根据市场供需变动动态调整学科专业的一种思维方式和方法论原则，其突出特征是强调满足需求的"有用性"。近年来，随着行政管理逻辑弊端的日趋暴露，市场需求逻辑的影响日趋增强。有学者指出高校学科专业设置应尽可能采用市场调节模式。② 有学者认为优化调整学科专业结构应以适应社会发展为导向，主动服务地区经济发展。③ 还有学者基于人力资本理论提出，知识经济时代，高等教育产业化已成为国际趋势，我国高等

---

① 鲍嵘：《从"计划供给"到"市场匹配"：高校学科专业管理范式的更迭》，《浙江师范大学学报》（社会科学版）2007年第2期。

② 杜国海、王涓：《区域高等教育学科专业结构调整与建设的机制与策略》，《贵州社会科学》2007年第8期。

③ 刘树琪：《突出适应社会发展导向 优化调整学科专业结构》，《中国高等教育》2014年第10期。

教育的发展也必须走上产业化的道路。① 自 20 世纪 90 年代我国确立社会主义市场经济以来，市场与高校的联系愈来愈密切，学科专业动态调整开始与就业市场紧密挂钩。也正是在这种密切联系中，市场力量对高校学科专业动态调整的渗透越来越强烈。

第三节　学科专业动态调整中的方式内容

如果说主体关系厘清关注的是"谁来调整"，那么内容向度阐释则关注的是"调整什么"。从历史发展进程看，学科专业动态调整的复杂性是随着知识领域的交叉拓展和分化重组而逐步提升的。在现代高等教育体系下，学科专业领域越来越庞杂、功能定位越来越细分，到底应该调整什么不仅仅是一个技术问题，更是一个价值问题。事实上，既有研究在讨论学科专业动态调整时更多基于一种笼统的模糊概念，并未就其客体抑或对象进行更为精细化的分析。不同类型高校有着不同的发展定位、不同国家区域有着不同的人才需求、不同产业行业有着不同的素质需要。如果说"谁来调整"是推进高校学科专业布局优化的基础性体制机制问题，那么"调整什么"则是基于学科专业自身的系统性结构分解问题。从入口看，学科专业动态调整涉及学科专业的设置、招生等；从出口看，学科专业动态调整则涉及学科专业的学位授予、就业等。入口与出口之间存在紧密的联系，调整学科专业需要综合考量二者的具体情况。就更广泛意义上的学科专业体系而言，学科专业动态调整的内容向度通常包含三个维度：一是纵向的层次结构，包括专科教育、本科教育和研究生教育；二是种类结构，包括自然学科、社会学科和人文学科；三是区域结构，包含国家和政府所规划的具有不同职能定位的发展区域（见图 1-4）。

---

① 史秋衡：《论高等教育产业化趋势》，《厦门大学学报》（哲学社会科学版）2002 年第 5 期。

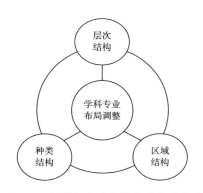

图1-4　学科专业动态调整的内容向度

一　种类的设置、撤销与增加

按照不同的标准，学科专业种类可以有不同的划分，而且这种划分自身也处在不断变化的过程之中。从国内看，国务院学位委员会、教育部、国家质量监督检验检疫总局、国家标准化管理委员会等都有关于学科专业的种类划分目录（见表1-1）。

表1-1　中国高校学科专业种类情况

相关文件	学科门类	一级学科数（个）	二级学科数（个）	修订次数（次）	颁布单位
《普通高等学校本科专业目录（2012年）》	12个门类（哲学、经济学、法学、教育学、文学、历史学、理学、工学、农学、医学、军事学、管理学）	92	506	4	教育部
《学位授予和人才培养学科目录（2011年）》	13个门类（哲学、经济学、法学、教育学、文学、历史学、理学、工学、农学、医学、军事学、管理学、艺术学）	110	385+903	9	国务院学位委员会、教育部
《中华人民共和国学科分类与代码国家标准（GB/T 13745-2009）》	5个门类（自然科学类、农业科学类、医药科学类、工程与技术科学类、人文与社会科学类）	62	748	2	国家质量监督检验检疫总局、国家标准化管理委员会

另外，为适应经济社会发展对于高层次应用实践型和职业技能型人才的需求的不断增长，20世纪90年代起，国家开始进行研究生学位授予制度改革，专业型学位制度便在这一时期逐步建立。[①] 专业型学位（professional degree）是相对于学术型学位而言的一种具有职业背景的学位。根据1996年国务院学位委员会第十四次会议审议通过的《专业学位设置审批暂行办法》规定，专业型学位同样分为学士、硕士和博士三级，但一般只设置硕士一级，各级专业型学位与对应的我国现行各级学位处于同一层次。在此期间，国务院学位委员会先后批准设置了工商管理硕士（MBA）、教育硕士（MEA）、法律硕士（JM）、工程硕士、建筑学学士与硕士、公共管理硕士（MPA）、临床医学硕士与博士、农业推广硕士、兽医硕士与博士等专业型学位，以满足国家经济社会发展对于应用实践型和职业技能型高层次人才的多元化需要（见表1-2）。

表1-2　专业型学位审批时间与种类

2008年及以前审批的专业型学位种类	1990年	工商管理硕士	2000年	口腔医学硕士与博士
	1992年	建筑学学士与硕士	2001年	公共卫生硕士
	1995年	法律硕士	2002年	军事硕士
	1996年	教育硕士	2004年	会计硕士
	1997年	工程硕士	2005年	体育硕士、艺术硕士、风景园林硕士
	1998年	临床医学硕士与博士	2007年	汉语国际教育硕士、翻译硕士
	1999年	公共管理硕士、兽医硕士与博士、农业推广硕士	2008年	社会工作硕士、教育博士
2008年以后审批的专业型学位种类	2010年	金融硕士、应用统计硕士、税务硕士、国际商务硕士、保险硕士、资产评估硕士、警务硕士、应用心理硕士、新闻与传播硕士、出版硕士、文物与博物馆硕士、城市规划硕士、林业硕士、护理硕士、药学硕士、旅游管理硕士、图书情报硕士、工程管理硕士、中药学硕士等共计19种		
	2011年	审计硕士、工程博士	2015年	中医硕士

---

① 黄宝印、唐继卫、郝彤亮：《我国专业学位研究生教育的发展历程》，《中国高等教育》2017年第2期。

美国的学科专业目录（简称 CIP）最早于 1980 年由美国国家教育统计中心（简称 NCES）研究开发并由联邦教育部颁布。该目录于 1985 年和 1990 年修订过两次，2000 年又进行了最新一次修订，于 2002 年 4 月最后定稿（CIP-2000），并沿用至今。CIP 适用于研究生专业、本科专业、专科专业、职业技术专业等，在指导学科专业规划、教育资源配置以及教育整体布局等方面发挥作用。① 从 CIP-2000 的学科专业设置看，美国目前分为学术型学位教育为主型（包括人文学科、社会学科、理学和交叉学科四大类 124 个学科专业群，见表 1-3）、应用型与专业学位教育为主型（包括十二大类 168 个学科专业群，见表 1-4）和职业技术教育为主型（包括 70 个学科专业群，见表 1-5）。诸多研究显示：学科专业在高校中的使命地位、质量水平、学生需求、战略规划等是影响其设置、撤销或增加的关键因素。②

表 1-3　美国 CIP-2000 学科专业种类情况（学术型学位教育为主型）

单位：个

序号	学科大类	包含学科专业群数	专业领域	学科专业群名称
1	人文学科	28	8	英语语言文学
			17	外国语言文学
			3	哲学与宗教
2	社会学科	39	12	社会科学
			23	心理学
			1	历史学
			3	区域、种族、文化与性别研究

① 张振刚、向敛锐：《美国高等教育学科专业分类目录的系统研究》，《学位与研究生教育》2008 年第 4 期。

② P. D. Eeckel, "Decision Rules Used in Academic Program Closure: Where the Rubber Meets the Road," *The Journal of Higher Education* 73 (2002): 237-262; M. Druker, and B. Robinson, "Implementing Retrenchment Strategies: A Comparison of State Governments and Public Higher Education," *New England Journal of Public Policy* 10 (1994).

续表

序号	学科大类	包含学科专业群数	专业领域	学科专业群名称
3	理学	35	7	自然科学
			11	计算机与信息科学
			4	数学与统计学
			13	生物学与生物医学科学
4	交叉学科	22	21	交叉学科
			1	文理综合

资料来源：美国国家教育统计中心（NCES），https：//nces. ed. gov/pubs2002/cip2000/。

表1-4 美国 CIP-2000 学科专业种类情况（应用型与专业学位教育为主型）

单位：个

序号	学科大类	包含学科专业群数	专业领域	学科专业群名称
1	工学	34	34	工学
2	医学	34	34	医学
3	工商管理	21	21	工商管理
4	教育学	15	15	教育学
5	农学	20	14	农学与农业经营
			6	自然资源与保护
6	法学	5	5	法学
7	建筑学	8	8	建筑学
8	艺术学	9	9	艺术学
9	公共管理	6	6	公共管理
10	新闻学	6	6	新闻学
11	图书馆学	3	3	图书馆学
12	神学	7	7	神学

资料来源：美国国家教育统计中心（NCES），https：//nces. ed. gov/pubs2002/cip2000/。

表 1-5 美国 CIP-2000 学科专业种类情况（职业技术教育为主型）

单位：个

学科大类	包含学科专业群数	专业领域	学科专业群名称
职业技术教育	70	17	工程技术
		4	科学技术
		4	通信技术
		6	精密制造技术
		1	军事技术
		7	机械与维修技术
		7	建造技术
		4	交通与运输服务
		9	家政科学
		4	公园、娱乐、休闲、健身
		4	个人与烹饪服务
		3	安全与防护服务

资料来源：美国国家教育统计中心（NCES），https：//nces.ed.gov/pubs2002/cip2000/。

学科专业目录对于学科专业动态调整具有重要的参考和导向作用，涉及专业教育、本科教育和研究生教育三个阶段，且这三个阶段的学科专业目录在具体学科专业的种类划分上存在一定的差异性。从动态发展角度看，我国高校各层次的学科专业目录经历多次调整，具体包括设置新的学科专业、撤销原有的学科专业等。以普通高等学校本科学科专业目录为例，改革开放之前，我国高校较多地参考借鉴了苏联模式，学科专业种类划分相对单一；改革开放之后，我国高校的学科专业目录先后经历四次比较大的调整，每一次的调整都有新的学科专业的增加，同时也撤销旧的学科专业。综合来看，随着社会分工和知识领域的日趋精细化，高校学科专业的种类数量在持续增加，动态调整的速度在持续加快。

二 层次的授权与升级

从纵向看，高校的学科专业人才成长与培养是分层的，且不同层次的高校具有不同的人才培养资格和学位授予权限，通常包括研究生教育、本科生教育和专科生教育。在不同历史时期和国家区域，经济社会对于不同层次教育的学科专业人才需求规模和种类存在巨大差异，而且始终处于动态的变化发展过程中。根据《中华人民共和国高等教育法》，"专科教育"应当使学生掌握本专业必备的基础理论、专门知识，具有从事本专业实际工作的基本技能和初步能力，修业年限通常为 2~3 年；"本科教育"应当使学生比较系统地掌握本学科、专业必需的基础理论、基本知识，掌握本专业必要的基本技能、方法和相关知识，具有从事本专业实际工作和研究工作的初步能力，修业年限通常为 4~5 年；"硕士生教育"应当使学生掌握本学科坚实的基础理论、系统的专业知识，掌握相应的技能、方法和相关知识，具有从事本专业实际工作和科学研究工作的能力，修业年限通常为 2~3 年；"博士生教育"应当使学生掌握本学科坚实宽广的基础理论、系统深入的专业知识、相应的技能和方法，具有独立从事本学科创造性科学研究工作和实际工作的能力，修业年限通常为 3~4 年。由此可见，不同层次教育对于学科专业人才培养的要求有所差异，以满足社会经济发展和个体个性发展的多元化需求。

从历史发展看，改革开放以后，我国对于各级各类学科专业人才需求急剧增加，但高等教育却面临着资源稀缺、招生数量少、入学机会少、无法满足人民群众日益增长的接受高等教育的需要的现实矛盾。为着力解决好"有学上"问题，国家在学科专业层次、资源、规模等诸多方面进行了改革创新。但整体而言，我国高层次学科专业人才培养的能力仍然偏弱，与英美等发达国家相比，仍然存在较大差距。事实上，从学界已有研究看，诸多学者在讨论学科专业动态调整时更多地关注不同种类学科专业之间的规模调整，而且多局限在专科教育与本科教育，忽略了不同层次学科专业动态调整的必要性和重要性。现阶段，我国正处经济社会发展的转型阶段，产业行业对于各层次学科专业人才的需求也在转型升级。之所以出现"用工荒"与"就业难"的双重结构性困境，其中的重要原因之一便在于各层次学科专业人才培养的结构性错位。也就是说，技术技能型学科专业人才需求与高水平的研究型人才的供给相对不足，其他层次的学科专业人才的供给却过量。

从统计数据看，改革开放 40 多年来，我国各层次学科专业人才的培养规模均快速扩大，特别是在 1998 年高等教育大扩招以后。1997 年我国共计招收研究生约 6.37 万人，毕业研究生约 4.65 万人，招收本科生约 57.97 万人，毕业本科生约 38.16 万人，招收专科生约 42.07 万人，毕业专科生约 44.74 万人。到 1999 年，我国招收研究生约 9.22 万人，毕业研究生约 5.47 万人，两年时间分别增长了 44.67% 和 17.47%；招收本科生约 111.84 万人，毕业本科生约 62.30 万人，两年时间分别增长了 92.94% 和 63.24%；招收专科生约 40.21 万人，毕业专科生约 41.01 万人，两年时间分别下降了 4.42% 和 8.35%（见表 1-6）。由此可见，高等教育大扩招以后，我国学科专业人才培养的层次有了显著改善，本科生和研究生层次的规模有了明显扩大，尤其是本科生。从 2014~2016 年的情况看，2014 年我国共计招收研究生约 62.13 万人，毕业研究生约 53.59 万人，招收本科生约 383.42 万人，毕业本科生约 341.38 万人，招收专科生约 337.98 万人，毕业专科生约 317.99 万人。到 2016 年，招收研究生约 66.71 万人，毕业研究生约 56.39 万人，两年里分别增长了 7.36% 和 5.24%，相对增长幅度较 1997~1999 年显著下降；招收本科生约 405.40 万人，毕业本科生约 374.37 万人，两年里分别增长了 5.73% 和 9.66%，相对增长幅度较 1997~1999 年也有显著下降；招收专科生约 343.21 万人，毕业专科生约 329.81 万人，两年里分别增长了 1.55% 和 3.72%，与 1997~1999 年的下降趋势有所差异（见表 1-7）。综合来看，2016 年招收的研究生层次学科专业人才比 1997 年增长了约 60.33 万人，增长幅度约 946.39%；招收的本科生层次学科专业人才比 1997 年增长了约 347.43 万人，增长幅度约 599.35%；招收的专科生层次学科专业人才比 1997 年增长了约 301.14 万人，增长幅度约 715.78%。由此可见，近 20 多年来，我国高校学科专业人才的培养和供给层次均得到了有效改善，尤其是本科生层次和研究生层次。

表 1-6　不同层次的学科专业人才培养情况（1997~1999 年）

单位：人

层次	1997 年		1998 年		1999 年	
	招生数	毕业数	招生数	毕业数	招生数	毕业数
研究生	63749	46539	72508	47077	92225	54670

层次	1997 年		1998 年		1999 年	
	招生数	毕业数	招生数	毕业数	招生数	毕业数
本科生	579679	381647	653135	404666	1118444	623017
专科生	420714	447423	430492	425167	402116	410083

资料来源：根据 1997~1999 年《国家教育事业统计公报》整理而成。

表 1-7　不同层次的学科专业人才培养情况（2014~2016 年）

单位：人

层次	2014 年		2015 年		2016 年	
	招生数	毕业数	招生数	毕业数	招生数	毕业数
研究生	621323	535863	645055	551522	667064	563938
本科生	3834152	3413787	3894184	3585940	4054007	3743680
专科生	3379835	3179884	3484311	3222926	3432103	3298120

资料来源：根据 2014~2016 年《国家教育事业统计公报》整理而成。

　　事实上，为了促进学科专业人才培养和供给层次的提升，我国近年来在学科专业设置的权限、审批和监管等方面进行了诸多变革，进一步扩大了高校学科专业学位授权点的规模，诸多高职院校升格为本科院校，诸多原本不具备研究生培养资格的本科院校获得了硕士学位授权点和博士学位授权点。以 2017 年新增博士学位授权点为例，在十三大学科门类中，除军事学未增列博士一级学位授权点外，其他各个学科均有增列，其中工学由原来的 1181 个增加到 1393 个，此外，理学、医学、管理学、农学、法学、文学的增列个数都超过了 30 个，教育学也增列了 26 个（见表 1-8）。通常认为，博士学位授权点的增加意味着博士招生规模的扩大，统计数据的绝对数值也从侧面证明了这一点，近年来我国各学科专业的博士生招生规模在扩大。但从相对增长比例看，有研究表明：近年来，我国硕士层次的专业学位教育增长速度较快，博士层次的专业学位教育发展迟缓，而且博士毕业生人数占总毕业研究生数的比重呈现出下降趋势，从 2005 年的

13.27%下降到了 2015 年的 9.64%。[①]

表 1-8　2017 年度新增博士学位授权点的学科分布

序号	门类	增列后总数（个）	增列数（个）	增列前总数（个）	增列后比例（%）
1	工学	1393	212	1181	22.10
2	理学	576	92	484	9.14
3	医学	323	59	264	5.12
4	管理学	259	42	217	4.11
5	农学	202	38	164	3.20
6	法学	201	62	139	3.19
7	文学	147	34	113	2.33
8	经济学	112	16	96	1.78
9	历史学	107	6	101	1.70
10	艺术学	89	10	79	1.41
11	教育学	86	26	60	1.36
12	军事学	57	0	57	0.90
13	哲学	51	11	40	0.81
合计		3603	608	2995	

三　区域的布局规划

从操作定义上看，区域是一个相对的空间概念。按照行政区域划分，学科专业的区域结构布局可分为省域、市域、县域等；按照地理区位划分，学科专业的区域结构布局可分为东部、中部和西部等。但由于学科专业结构与经济产业结构之间的密切互动，学界在讨论区域结构布局时更多的是从区域内经济产业与学科专业协同发展的角度进行的。从区域经济发展的角度看，我国现阶段已经形成了长三角、珠三角、京津冀等区域共同体，学科专业结构布局往往与区域共同体内部的行业产业结构高度相关，

[①]　徐小洲、辛越优、倪好：《论经济转型升级背景下我国高等教育结构改革》，《教育研究》2018 年第 3 期。

而且在区域共同体内部也正在形成以城市群为核心的功能区布局。根据
2010年国务院颁布的《全国主体功能区规划》及2015年国务院发展和改
革委员会颁布的《全国及各地区主体功能区规划》，按照开放方式可将我
国划分为优化开发区域、重点开发区域、限制开发区域和禁止开发区域；
按照开发内容可将我国划分为城市化地区、农产品主产区、重点生态功能
区；按照主体功能可将我国划分为工业品和服务产品提供区、农产品提供
区、生态产品提供区等（见图1-5），具体包括推进环渤海、长三角、珠
三角地区的优化开发，形成3个特大城市群；推进哈长、江淮、滇中、海
峡西岸、中原、黔中、长江中游、北部湾、成渝、藏中南、关中-天水等
17个地区的重点开发，形成若干新的大城市群和区域性的城市群。无疑，
这些主体功能区的划分与城市群的规划会对区域内的经济产业发展产生巨
大影响，而这种巨大影响又会进一步改变区域内与区域间的学科专业人才
需求，进而推动高校学科专业结构的区域布局调整。

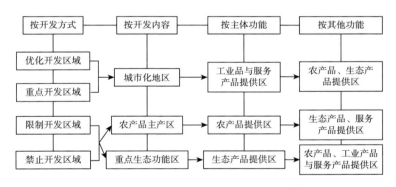

图1-5 国家主体功能区规划

区域学科专业结构布局是高等教育区域结构布局的关键构成部分。不
同区域有着不同的经济产业结构和社会发展定位，面临不同的学科专业人
才需求。从区域发展与学科专业建设的关系角度看，推进高校学科专业动
态调整，一方面，要与区域经济产业发展相适应，有科学合理的发展规划
和区域职能规划，避免学科专业在不同区域的低水平重复性建设，更好地
服务和满足地方经济社会的多元化人才发展需要；另一方面，高校自身要
在区域经济社会发展中充分发挥引领示范作用，积极推动以知识生成为基

础的高水平学科专业建设，促进人类社会的知识增值，避免学科专业建设完全成为市场或者政府等外部力量的附庸，陷入为了适应而适应的发展困境。从区域自身发展来看，长三角、珠三角与京津冀地区是我国区域经济发展的领头羊，在人口规模、高校数量、学科专业人才培养与吸纳等方面都处于绝对的强势地位（见表1-9）①；从区域发展比较来看，全国各地区在高校数量、在校生人数等方面总体上呈现不同程度的增长态势，各地区的高校数量、在校生人数的绝对差距在不同程度地增大，而相对差距则呈现减小趋势。② 尽管近年来，国家在推动区域经济发展平衡与高等教育发展平衡方面做出了诸多努力，但已有研究表明，我国各区域内部高等学校趋同化现象严重，学科专业人才培养的层次结构不明确，经费投入的能力差别较大，出现了两极分化的现象。③

表1-9 中国区域城市群布局情况

分类	名称	首位城市	人口规模（万人）	面积（万平方千米）
世界级城市群	长三角地区	上海	10623	10.1
	珠三角地区	广州、深圳	7952	9.3
	京津冀地区	北京	6081	8.3
国家重点城市群	成渝城市群	成都	4968	7.3
	中原城市群	郑州	4846	6.1
	大武汉地区	武汉	3648	7.9
	青岛都市圈	青岛	2967	4.9
	海峡西岸城市群	厦门	2521	3.9
	辽中南城市群	沈阳	2416	5.5
	济南都市圈	济南	2285	3.1

---

① 武廷海、张能：《作为人居环境的中国城市群——空间格局与展望》，《规划研究》2015年第6期。

② 张德祥：《1998—2007年中国高等教育结构发展变化的制度分析》，《中国高教研究》2009年第12期。

③ 李硕豪、魏昌廷：《我国高等教育布局结构分析——基于1998—2009年的数据》，《教育发展研究》2011年第3期。

续表

分类	名称	首位城市	人口规模（万人）	面积（万平方千米）
区域性城市群	长株潭城市群	长沙	3407	7.9
	徐州都市圈	徐州	1802	2.5
	石家庄都市圈	石家庄	1733	2.2
	阜阳都市圈	阜阳	1696	2.5
	关中城市群	西安	1681	2.4
	潮汕城市群	汕头	1654	1.7
	北部湾城市群	南宁	1651	6.8
	合肥都市圈	合肥	1649	3.1
	南昌都市圈	南昌	1455	3.0
	温-台城市群	温州	1433	1.9
	哈尔滨都市圈	哈尔滨	1349	4.3
	贵阳都市圈	贵阳	1230	3.4
	长春都市圈	长春	1045	2.9
	襄阳都市圈	襄阳	973	1.7
	琼州海峡城市群	海口	823	1.9
	太原都市圈	太原	742	1.8
	兰州都市圈	兰州	492	2.1

第二章　学科专业动态调整的
机制分析结构

　　学科专业是高校实现其人才培养、科学研究、社会服务和文化传承等功能的载体和依托，是高校保持核心竞争力的关键指标。现代意义上的学科专业是随着中世纪大学专业知识化体系的出现而产生的，并且在不断地分化和重组中走向制度化。早在 20 世纪初，西方大学的学科专业制度便开始被引入国内；到 50 年代，在借鉴学习苏联高校经验的基础上我国正式开启了学科专业建设的现代化进程；90 年代中期以后，得益于"985"工程、"211"工程的助推，我国高校学科专业的办学水平和竞争力有显著提升。新时期，推进学科专业动态调整是全面深化高等教育供给侧结构性改革、促进高等教育结构布局优化的一项重要内容。

　　从政策诉求看，《国家中长期教育改革和发展规划纲要（2010—2020年）》提出高等教育要"适应国家和区域经济社会发展需要，建立动态调整机制"，《国家教育事业发展"十三五"规划》也提出要"调整高等教育结构"，"优化人才培养结构，加快培养各类紧缺人才"，《统筹推进世界一流大学和一流学科建设总体方案》更是明确提出"引导和支持高等学校优化学科结构，凝练学科发展方向，突出学科建设重点"，"强化绩效，动态支持"等具体要求。但从客观现实看，学科专业的低水平重复性建设导致资源配置效率低下与优势特色丧失、供需结构失衡导致的"就业难"与"用工荒"等问题仍然存在，动态调整的实际效果与政策诉求还存在一定差距。推动学科专业科学合理调整、促进学科专业发展水平提升、适应和引领产业行业发展的转型升级成为高校、政府和市场等各方主体共同面对的迫切性议题。

　　从学界已有研究看，尽管推进高校学科动态调整的战略性价值和现实必要性已达成基本共识，但关于"如何推进"的方法方式问题却引发诸多争议。有学者认为学科专业动态调整应以就业和市场为导向，及时对接产业行业需求，尽可能减少政府干预，以避免权力对于知识的任意宰制①；也有学者反对学科专业动态调整的市场化倾向，认为政府应增强宏观调控和干预能力，以避免市场化带来的功利化②；还有学者从学科专业与知识演化的内在关系出发，认为学科专业动态调整要以持续的知识生成为基础，没有知识生成的学科专业动态调整将会沦为以资源争夺为中心的市场与权力游戏③。

　　事实上，推进学科专业动态调整的实质是学术、行政和市场三方力量相互博弈的平衡过程。实践过程中，遵循不同的主导逻辑和机制，推进学科专业动态调整的方法手段往往有所不同。按照"学术-行政-市场"的理论框架可将高校学科专业动态调整分解为知识演化、市场调节和行政管理等三种各具优劣的不同机制（见图2-1）。实践运行中，这三种机制常常是复杂交织、密切联系的矛盾综合体，共同对学科专业动态调整产生综合性影响。

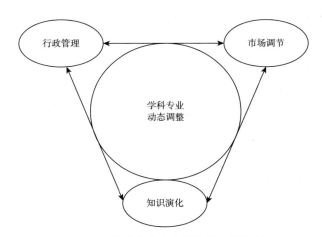

图 2-1　学科专业动态调整的三重机制

① 王建华：《知识规划与学科建设》，《高等教育研究》2013 年第 5 期。
② 孟明义：《市场调节不是实现高等教育资源合理配置的手段》，《江苏高教》1997 年第 3 期。
③ 田贤鹏：《一流学科建设中的知识生产创新路径优化——基于知识生成论视角》，《学位与研究生教育》2018 年第 6 期。

第一节　知识演化机制

学科专业自诞生之日起就与知识演化存在着密不可分的内在联系，现代意义上的学科专业即是知识生产积累到一定历史阶段的制度化产物。从历史演变来看，任何学科专业的出现和发展都是专业化知识体系逐渐走向成熟的结果，都离不开系统化的组织管理和规范。作为专业化知识体系的管理形态，学科专业的制度化能够有效促进知识生成模式的转变、增加知识生成积累的效益。但当学科专业高度制度化以后，其所蕴含的内在知识属性常常面临被隐匿的风险。这种风险具体体现在两方面。

一方面，从高校教育管理的日常实践看，教师和学生被划分到不同的学科专业，教学组织和课程管理也以学科专业为基础建立起不同的系所和机构，学科专业更多地被认为是高校进行教育教学的基本构成单位，其所彰显出的组织管理属性远胜知识生成属性，以至于"建设"成为推动学科专业发展的重要手段；另一方面，从学界已有的相关研究看，学科专业与知识演化的内在联系常常处于被忽视的边缘性地位，而政府、社会等外部力量则被认为是推动学科专业建设的主导，以至于学科专业发展被各种指标、排名和工程项目等所"绑架"。有鉴于此，从学科专业与知识演化的内在关系出发，系统考察学科专业所蕴含的知识演化机制对于推动学科专业动态调整的科学性和合理性具有特别的价值和意义。

一　从知识演化看学科专业动态调整

知识演化逻辑是指基于学术自由和积累而内在地自然生成学科专业的一种思维方式和方法论原则。知识演化逻辑视域下，高校的一切活动都应当围绕知识演化展开，但实然状态下的学科专业建设往往在行政力量与市场力量的主导下走向工具主义，最终偏离知识生成这一目的。回归到以知识生成为基础的学科专业建设逻辑是确保高等教育可持续发展之根本所在。事实上，在急功近利的学科专业评估运动中，知识生成的主体性地位被严重客体化和边缘化，沦为抽象的"数字"和"符号"。

（一）构成论与生成论：知识生产创新的两种不同逻辑

在以知识为联结中心的高校关系场域中，学科专业建设不可能脱离知识生产创新而有实质进展。从哲学意义上看，促进知识生产创新的路向有两个：构成论路向与生成论路向。构成论路向主张还原论，倾向于将学科专业建设视为指标要素的机械叠加，而生成论则更强调系统互动和内生。[①]生成论哲学认为，任何系统都不是从来就有的，更不是某个外在力量给定的，而是有起源的，是从无到有生成的。[②] 生成过程不是物质结构组成要素的分解或重新组合，而是"潜在性"的突现，是自组织、新事物的生成。[③] 同理，在生成论路向中，学科专业建设不是各级各类学科专业评估指标要素的简单分解或堆积，而是以知识生成为基础的新的知识体系的突现。

从哲学思潮看，早在 20 世纪 60 年代，构成论就已遭到严重批判，生成论被认为是现代哲学的新转向，但现阶段的中国高校学科专业建设似乎并没有从构成论的哲学逻辑中走出来。事实上，无论是行政管理逻辑，还是市场需求逻辑，都是一种构成论逻辑，都是希望借助外在力量来推动事物变化发展的逻辑。构成论认为宇宙及其间万物的运动、变化、发展都是宇宙中基本构成要素的分离与结合，主张把事物划分为若干可以分析的可操控单元并通过对这些可操控单元的细节认识来把握事物整体。显然，在构成论主张者看来，高校学科专业建设更多的是一种基于外部评估的、细分指标的达成，具体而生动的知识生成过程在客观上被简化为一项项可供外部力量操控的具体指标。从价值特征看，市场和行政都只是方法和手段，知识生成转化才是学科专业建设价值的根本体现。[④]

[①] 鲁品越：《从构成论到生成论——系统思想的历史转变》，《中国人民大学学报》2015 年第 5 期。

[②] 苗东升：《有生于微：系统生成论的基本原理》，《系统科学学报》2007 年第 1 期。

[③] 金吾伦：《生成哲学》，河北大学出版社，2000，第 177 页。

[④] 田贤鹏：《一流学科建设中的知识生产创新路径优化——基于知识生成论视角》，《学位与研究生教育》2018 年第 6 期。

（二） 知识生产的学术逻辑演化

知识是价值与使用价值的辩证统一体，传统的知识生产遵循内在的学术逻辑，以"为探究而探究"为原动力，以从事纯学术研究为主要内容，以生产"纯粹知识"为主要目标（见表2-1）。[①]但随着象牙塔式理想的破灭，越来越多的外部力量开始介入知识生产的过程中来，导致以纯粹学术逻辑为基础的知识生产模式逐渐出现新的转向，从而影响到学科专业建设的方式和手段等。[②]从发展演变来看，不同历史阶段，知识生产模式呈现不同的特征和属性。伴随知识生产模式的变革，学科专业也在一次又一次的分化、重组和整合中经历着变革和动态调整。

表 2-1　知识生产的学术逻辑演化

内容	传统的学术逻辑	转变后的学术逻辑
生产主体	单一创新主体	国家创新体系
生产载体	学科组织	跨学科协同
生产目标	增进人类知识	发展定向性知识
生产内容	"纯粹知识"	"应用知识"
生产评价	同行评议	社会问责

事实上，知识生产模式与学科专业建设之间是一种双向互动的关系，知识生产模式的变革能够推动学科专业的发展，学科专业的分化与重组深刻影响着知识生产模式的革新。英国学者迈克尔·吉本斯（M. Gibbons）等根据知识生产主体的关系互动将当代社会的知识生产方式归纳为两种不同模式：一是以单学科研究为主（mono-disciplinary）的知识生产模式，即知识生产模式1；二是利用交叉学科研究（multidisciplinary）的方法，更加强调研究结果的绩效和社会作用的知识生产模式，即知识生产

[①]　朱冰莹、董维春：《学术抑或市场：大学知识生产模式变革的逻辑与路向》，《科技管理研究》2017 年第 17 期。

[②]　M. D. Santoro, and S. Gopalakrishnan, "The Institutionalization of Knowledge Transfer Activities within Industry-University Collaborative Venture," *Journal of Engineering and Technology Management* 17 (2000)：299-319.

模式 2。[1] 美国学者亨利·埃茨科威兹（H. Etzkowitz）和罗伊特·雷德斯多夫（L. Leydesdorff）等基于"大学－产业－政府"（university-industry-government）在知识生产中的新型互动关系进一步提出了著名的三螺旋理论（Triple Helixes）。[2] 从内在联系看，二者具有高度的一致性，学科专业与知识生产始终处于相互影响的联动状态。

（三）　基于知识演化的学科专业建设

厘清学科专业的内在属性是进一步探讨学科专业动态调整的前提。在制度化的学科专业出现之前，知识处于一种相对的松散状态。学科专业生成于持续的知识积累，随着知识结构体系的发展演变而取得新的发展，是专业化知识体系的集合体。高校本身即是以知识为中心的场域，其人才培养、科学研究、社会服务与文化传承都承载着知识生成使命，推进学科专业建设是为了更好地促进新的知识生成。离开知识生成，学科专业建设存在的价值和意义将会受到根本性挑战。

从动力基础看，学科专业建设受到内部因素和外部因素的双重驱动，其中，知识生成是内部因素，行政管理和市场需求是外部因素。根据内外因辩证关系原理，内因是事物变化发展的动力源泉和根本原因，外因是事物变化发展的助推动力和外部条件，外因通过内因起作用。这就是说，知识生成才是推动高校学科专业建设的根本动力和原因，行政力量和市场力量只是推进高校学科专业建设的外部动力，没有知识生成的高校学科专业建设只会带来更多的"学术泡沫"，引发无谓的纷争。

因此，有学者从学术自由的观点出发，认为高校应保持自身的相对独立性、坚持以知识演化为基础的学术自治，而学科专业建设则内含于学术自治的知识生成范畴。推进高校学科专业建设需从知识生成的内在规律出

---

[1] 〔英〕迈克尔·吉本斯、卡米耶·利摩日、黑尔佳·诺沃提尼、西蒙·施瓦茨曼、彼得·斯科特、马丁·特罗：《知识生产的新模式：当代社会科学与研究的动力学》，陈洪捷、沈文钦等译，北京大学出版社，2011，第 2~3 页。

[2] H. Etzkowitz, and L. Leydesdorff, "The Dynamics of Innovation: From National Systems and 'Mode 2' to a Triple Helix of University-Industry-Government Relation," *Research Policy* 29 (2000): 109-123.

发，将学术自由作为一个综合的、全面的价值标准体系，以学术自由为根基来运作和引导高校改革与实践、统整学科专业建设。① 著名学者陈平原曾用"热火朝天"和"步履匆匆"来形容当前的中国高校，指出"校长在不断制定发展计划，系主任也是踌躇满志，甚至每位教授都是热血沸腾。这样的画面令人感动，但这样的状态也让人担忧"②。从知识演化逻辑看，此种景象的确让人担忧，知识规划主义带来的"学术泡沫"的确需要警惕。

二 知识演化何以推动学科专业动态调整

学科专业是知识走向专业化和制度化的符号化表达。当学科专业发展到一定程度时，知识体系本身将面临重组、交叉、升级换代，从而突破原有的知识框架，建立新的学科专业，学科专业动态调整需要遵从知识本身的这种内在的生成发展逻辑。③如伯顿·克拉克（Burton R. Clark）所认为的那样，学科专业通过知识领域实现专业化，是人类对已有知识范畴的一种组织和管理状态，其内在结构具有相对稳定性。从动力机制看，知识演化是推动学科专业动态调整的内在驱动，主要体现在以下三个方面。

（一）原有知识体系的分化

学科专业是专业化知识体系的集合体，当原有知识体系内部出现矛盾和冲突时，代表原有知识体系的学科专业就有可能出现分化的倾向。从学科专业的演化过程看，知识体系分化是知识生产过程中的一种常态，每一次的知识体系分化必然会引发原有学科专业的重新调整。随着社会生产分工的日趋精细和深化，知识的生产领域也愈来愈精细和深化，学科专业的种类也愈来愈多。早期的博洛尼亚大学即是以注释法典为缘起和重心，而后逐步分化出现哲学、算术、逻辑学、天文学、医学、修辞学以及语法学等诸多相关学科，并进一步发展到今天的 23 个学院 68 个系 93 个研究中心。当然，知识体系分化需要一个相对较长的知识积累过程，但学科专业

---

① 康翠萍：《学术自由视野下的大学发展》，《教育研究》2007 年第 9 期。
② 陈平原：《内地/香港互参：中国大学的独立与自信》，《探索与争鸣》2014 年第 9 期。
③ 胡仁东、费春：《走出困境，优化大学学科专业结构》，《中国高等教育》2013 年第11 期。

动态调整正是体现这种知识体系分化的历史过程中。

知识体系分化是历史发展和科学研究的必然结果，是激发学科专业发展活力的不竭动力。事实上，随着生产实践的不断深入和人类文明的持续发展，代表经验和智慧的知识积累也越来越深厚，并且种类日趋多元，但从根本上看，知识体系之间又是紧密相连的。从历史溯源看，现阶段人文社会科学的相关学科专业知识体系在西方往往可以追踪到苏格拉底、柏拉图和亚里士多德等，在中国往往可以追溯到孔子、老子和孟子等。当某一领域的知识逐渐形成体系，开始显现出一定的专业性时，相应的学科专业便开始出现。尽管制度化的学科专业被认为是大学诞生以后的产物，但代表学科专业内在基础的专业化的知识体系却早已有之。

现代意义上学科专业的出现促进了人类对于已有知识的分类、组织和管理，也推动了已有知识体系的分化。按照不同的判断标准，学科可以有不同的分类框架。以教育学的发展为例，教育从哲学母胎中分化出来，且逐渐地有了"学"的名分，标志着它逐步走向独立，专门对教育现象进行科学研究，且不断发展、丰富，逐步走向成熟，形成种类繁多的专业门类。[①] 现阶段，教育学已经形成了教育学原理、学前教育学、高等教育学、成人教育学、职业技术教育学、特殊教育学等诸多细分专业。在本质意义上讲，每一种制度化细分专业都是以教育为中心的专业知识体系逐步分化的结果。

（二）新的知识领域的涌现

从根本上看，知识产生于生产力与生产关系的互动过程之中。随着生产实践领域、范围和深度的不断拓展，生产力与生产关系的互动领域、范围和深度也逐步得到拓展，而新的知识领域正是产生于这种持续的互动发展过程中。在计算机诞生之前，人们很难想象到计算机科学与技术、软件工程、信息科学、电子信息科学与技术、微电子学、网络与信息安全、网络工程等相关专业会有现今的图景。计算机的诞生拓展了人类生产实践的

---

① 唐莹、瞿葆奎：《教育科学分类：问题与框架》，《华东师范大学学报》（教育科学版）1993 年第 2 期。

边界，推动了与计算机相关的新的知识领域的出现，进而直接促进了新的学科专业的产生。

事实上，任何一种生产实践活动的出现，都必将产生广泛而深刻的多重影响，大数据、物联网、人工智能等便是计算机发展的产物，而与大数据、物联网、人工智能等相关的学科专业便是新兴知识领域发展到一定阶段的必然产物。学科专业所蕴含的知识属性决定了新的知识领域的涌现必然伴随学科专业的动态调整，而且在此种意义上讲，学科专业动态调整是一种必然存在的客观结果。从历史发展看，每一次科学技术的突破都将直接或间接地推动生产实践的变革和发展，生产实践的每一次变革和发展都将导致新的知识领域的出现，而新的知识领域的成熟无疑会推动新的学科专业的诞生。

尽管制度化的学科专业形态已经成为一种基本的教学组织单位，课程、教师和学生等都围绕这种基本教学组织单位展开，但其蕴含的内在知识体系决定了学科专业的存在价值和意义以及持续发展的生命活力。如马克思主义哲学所认为的那样，世界始终处于动态变化的发展过程之中，生产力与生产关系的互动也随着生产实践的发展变化而动态调整，新的知识领域随着这种互动和发展的持续推进而不断涌现。人类的生产实践没有边界，知识领域的拓展也便没有边界，学科专业会随着知识领域的不断拓展而进行不断的动态调整。

（三）知识体系间的融合交叉

走向融合交叉是近年来科学研究和知识生产的重大趋势和转向，[①] 而跨学科（interdisciplinary）则成为推进学科专业建设的热门词。从深层次看，跨学科的实质其实是不同知识体系之间的融合交叉。[②] 正是因为这种融合交叉，学科专业发展出现了一些新现象，诸多交叉性研究机构和学科

---

① EDUCAUSE，2018 NMC Horizon Report，https：//library. educause. edu/resources/2018/8/ 2018-nmc-horizon-report.

② W. H. Newell, and W. J. Green, "Defining and Teaching Interdisciplinary Studies," *Improving College and University Teaching* 30（1982）：23-30.

专业应运而生。① 以教育学科为例，随着教育学与心理学、管理学、经济学、法学、社会学、生态学等的联系互动日益增加，教育心理学、教育管理学、教育经济学、教育法学、教育社会学、教育生态学等相关专业也便出现。

从产生机制看，知识体系之间的交叉融合推动了新兴交叉学科专业的出现，而新兴交叉学科专业的出现则深刻影响原有学科专业结构的发展变革。从工具理性的角度看，由于交叉融合能产生新的学科生长点，从而带动整个学校学科建设的发展，② 因此诸多高校在制定发展规划时确立了跨学科的发展战略，推动以优势学科专业为基础的多学科集群的发展。事实上，作为专业化知识体系的集合体，学科专业称谓的出现在客观上给知识体系间的互动设置了边界和障碍，以至于不同学科专业间的交流越来越难、越来越少，这将不利于复杂问题的解释、分析和解决。从联系的观点看，任何知识体系间都存在着某种程度的联系，因此，知识体系间并不存在制度化层面学科专业所建构的严格界限。

从历史发展演变看，知识体系间的融合交叉有利于推动新知识的出现，有利于复杂问题的解释、分析和解决，从而打破原有相对稳定的学科专业结构状态、催生新的学科专业。从学界已有研究看，近年来有关学科专业式的制度化知识管理的批判日益增多，相反，有关知识整合、课程统整的呼声则日益高涨。詹姆斯·比恩（James A. Beane）是课程统整思想的代表人物。在他看来，要突破传统课程统整实践与理论研究的束缚和瓶颈，跳出"学科统整"的思维陷阱，使教育教学在不受制于学科限制的情况下，由教育者和年轻人合作认定重要议题，进而围绕着这些议题来形成课程组织，以增强统整的可能性。③ 课程是知识的载体，推动课程统整的实质其实是促进知识体系的融合交叉，而这种融合交叉趋势必将推动学科专业结构的内在变革。

---

① L. R. Lattuca, *Creating Interdisciplinarity：Interdisciplinary Research and Teaching among College and University Faculty*（Nashville：Vanderbilt University Press, 2001），pp. 8-10.

② 庞青山、曾山金：《学科融合：高校合并的高层目标》，《高等教育研究》1999 年第 4 期。

③ James A. Beane, *Curriculum Integration：Designing the Core of Democratic Education*（New York：Teachers College Press, 1997），p. 23.

三 知识演化机制：学科专业动态调整的内驱动力

学术自治理论认为高等教育在本质上是一种知识再生产活动，首先应该符合的是认知活动合理化即认知理性发展的需要。[①] 学科专业动态调整应充分关照高校的知识生成性功能，促进新知识的持续生成。学术自治模式下，知识演化是构成高校学科专业动态调整的合法性基础，无论是行政管理还是市场调节都是一种基于外在目的的非法性干预。学术自治是现代大学制度建构的根基，是西方大学悠久的历史传统。[②] 学科专业动态调整作为一项知识生成性的学术活动内含于学术自治的文化制度框架之中。

但自治从来都不是绝对的，自治的边界总是随着外部政治、经济和文化生态系统的发展变迁而表现出一定程度的差异性。作为一个复杂的关系场域，学科专业动态调整实际蕴含着学术、行政、政治和民主等多元文化价值的多重选择，如何在多元文化价值的诱导冲击下捍卫学术自治、促进知识生成是基于知识演化机制的学术自治模式必须思考和厘清的关键性问题。但从现阶段的学科专业动态调整实际看，各方主体对于知识演化机制的重要性认识还远远不够，调整过程存在重形式而轻内涵的诸多问题，导致知识生成常常处于一种边缘性的位置。因此，有必要从知识演化与学科专业的内在联系出发，深刻认识和理解高校学科专业动态调整过程中知识演化机制的突出意义。

一方面，促进知识生成是学科专业动态调整的价值所在与目标指向。从内在联系看，学科专业动态调整并不是目的，而是实现某种目的的途径和手段。也就是说，抛开目的谈学科专业动态调整可能并没有实际的意义。对于行动来讲，目的具有鲜明的导向性和引领性，决定了行动的方向和价值。学科专业所蕴含的知识生成属性决定了动态调整这一行动的方向和价值。事实上，学科专业动态调整受到多重复杂因素的影响，基于不同的主体立场和视角，其方式手段往往有所不同，出现的结果也有所差异，

---

① 展立新、陈学飞：《理性的视角：走出高等教育"适应论"的历史误区》，《北京大学教育评论》2013年第1期。

② 刘赞英、李亚琳：《现代大学制度构建的逻辑：内生与外延相平衡》，《大学教育科学》2015年第5期。

但有一个问题却永远无法回避，那就是知识演化。知识演化是学科专业的存在基础，是学科专业动态调整的终极指向。学科专业诞生于系统化的知识组织管理需要，为了促进知识生成而存在。但实然状态下，学科专业存在被过度制度化管理的倾向，知识生成的属性特征在学科专业动态调整过程中并没有得到充分彰显。

对管理者来说，建立一套能够完全反映知识演化的学科专业考核评估体系存在相当大的困难，甚至可以说并不存在这样一套完美的体系。因此，实践过程中，学科专业建设往往被简化为论文、课题、经费数量等具体的可操作指标。不可否认，这些指标能够在一定程度上反映学科专业发展的状况，但其所蕴含的知识生成属性却随着外显指标的工具化而被忽略，走向边缘性，学科专业动态调整沦为一种没有知识生成在场的形式主义。正如前文所言，推动学科专业动态调整并不是目的，而是一种工具和手段。从学科专业的根本属性看，这种工具和手段是为知识生成服务的。知识演化作为一种目的导向和学术追求，内在地驱动着学科专业动态调整，使其随着知识体系的分化、重组和整合而趋向科学与合理，从而更好地促进知识生成。

另一方面，学科专业动态调整是知识生成积累到一定阶段的必然结果。从事物动态发展的角度看，学科专业动态调整是一种客观的现实存在，而决定这种客观现实存在的内在基础在于知识生成。尽管影响知识演化的因素是多方面的，但生产力与生产关系的互动发展是其根本性因素，决定了知识演化的历史性和必然性。作为专业化知识体系的集合体，学科专业的内在结构必然会随着知识的生成积累而发生新的变化和发展。从本质意义上看，学科专业动态调整是一种知识结构内在体系的动态调整，而影响这种知识结构内在体系动态调整的关键性因素在于持续的知识生成与积累所引起的知识体系的分化、重组和整合。抛开外部系统影响，单从学术逻辑看，学科专业动态调整其实是一项纯粹的知识性活动，其根本动力在于持续的知识生成与积累，这既构成学科专业动态调整的目的，也构成学科专业动态调整的必然结果。

从发展演变看，学科专业不是从来就有的，而是一种基于知识组织和管理目的的制度建构。从属性特征看，制度在一定时间范围内具有自身的相对稳定性，但这种相对稳定性与知识的发展动态性存在着某种程度的矛盾冲突。为了有效应对这种矛盾冲突、回应知识的发展动态性，学科专业动态调整机制便应运而生。就内在构成而言，学科专业所蕴含的知识内容在不同历史时期是有所差异的，就外在形式而言，为了回应知识体系分化、重组和整合带来的新问题，代表新的知识内容的学科专业便会被新的称谓所建构出来。由此可见，学科专业动态调整是对制度化学科专业的稳定性与发展性知识生成的动态性之间的矛盾冲突进行回应的结果。当矛盾冲突处于量变的可控范围内时，学科专业动态调整的内驱动力便很弱，但当矛盾冲突面临从量变到质变的临界点或者已经处于质变的阶段时，学科专业动态调整的内驱动力便会得到不断的强化，直到代表新的知识内容的学科专业出现。

第二节　市场调节机制

有资源分配和竞争的地方就有市场，亚当·斯密（Adam Smith）认为市场调节是一只看不见的"无形之手"，它自发地通过资源竞争分配来实现供需动态平衡，以促进社会的可持续发展。市场调节模式主要以人力资本理论、劳动力市场理论、产业结构演化理论为基础，往往有三个基本的理论预设：一是经济决定教育，经济产业结构决定学科专业结构；二是高等院校与经济社会是密切联系的市场统一体，学科专业人才供给与需求构成高等教育市场的两个基本面；三是学科专业动态调整需经过充分的市场竞争以达成资源优化配置和供需结构平衡的目的。在此模式下，高校学科专业动态调整实际是一个由劳动力市场主导的各市场主体充分参与的自发性调节过程，应尽可能减少政府行政管理等外部因素对市场竞争的破坏性干扰。

从改革进程看，市场调节机制对我国近 40 年高等教育结构调整的影响日趋扩大并不断深化。早在 20 世纪 80 年代，我国著名经济学家厉以宁就提出：由于经济结构发生变化，我国高校学科专业的数量和品种都不能适应经济社会发展和产业结构转型的升级要求，因此要以国民经济长远规划为依据，建立与产业发展相配套的学科专业结构体系。① 随着社会主义市场经济的确立和深化，高等教育领域甚至出现了基于市场化改革的产业化呼声，MBA、MPA 等专业学位的学费也在市场需求的不断增多中"水涨船高"。党的十八届三中全会审议通过的《中共中央关于全面深化改革若干重大问题的决定》更是提出要"紧紧围绕使市场在资源配置中起决定性作用深化经济体制改革"，"必须积极稳妥从广度和深度上推进市场化改革，大幅度减少政府对资源的直接配置"，这使市场调节模式在高校学科专业动态调整中的价值位阶与影响在国家政策层面得到进一步强化。

一 从市场调节看学科专业动态调整

市场需求逻辑是指将学科专业视为流通产品进而要求高校根据市场供需变动动态调整学科专业的一种思维方式和方法论原则，其突出特征是强调优胜劣汰的"有用性"。在市场经济主义者看来，高校是人才市场的供给方，企业等用人单位是人才市场的需求方，学科专业设置和调整要按照行业产业人才需求的动态变化及时调整，以满足个体和社会经济发展需要。近年来，随着行政管理逻辑弊端的日趋暴露，市场需求逻辑的影响日趋增强。

（一）学科专业人才市场的理论基础

在市场主义的理解框架下，学科专业动态调整实际上体现的是一种人力资源供给结构与规模的变化，其结果将直接影响到人力资源市场供需结构与规模的平衡。但早期的大学被称为"象牙塔"说明学科专业与市场的联系并非从来都是如此紧密的。随着高等教育边界和内容的拓展，高校与社会的联系愈来愈多并且愈来愈复杂。为了加快工业现代化的进程，各国在发展过程中逐步确立了以经济为中心的战略，在客观上进一步强化了高等教育为经济服务的社会价值。与此同时，市场化理念的影响也愈来愈深化，并且逐步渗透至高等教育领域，开始出现高等教育产业化、学术资本主义等相关概念。人力资本概念便诞生于这样一个高校与社会互动关系变

---

① 厉以宁：《教育经济学研究》，上海人民出版社，1988，第 201 页。

迁的过程之中。人力资本被认为是教育经济学的核心概念，是在市场经济的强势发展过程中产生的。

从学界已有研究来看，美国学者欧文·费雪（Irving Fisher）在 1906 年出版的《资本和收入的性质》一书中首次提出了人力资本概念；1935 年，沃尔什（Walsh）发表《人力资本观》，进一步阐释了教育中的人力资本问题；1958 年，加尔布雷斯（John Kenneth Galbraith）出版《丰裕社会》一书，指出对人的投资和对物质资本的投资同等重要，应加大教育投资力度；20 世纪 50 年代末 60 年代初，被称为"现代人力资本之父"的诺贝尔经济学奖得主西奥多·舒尔茨（Theodore Schultz）系统地提出了人力资本理论的基本框架和内容，构成了人力资源市场分析的理论基础。此后，爱德华·丹尼森（Edward Denlson）、雅各布·明塞尔（Jacob Mincer）等进一步丰富和发展了人力资本理论的内容体系，推动了人力资本理论在高等教育市场分析中的应用。[①]

从深层次基础来看，人力资源概念缘起于人力资本。在经济产业的理解视域中，高校的学科专业人才培养在本质上是一种人力资源的生产与积累，是经济产业发展链条中的重要一环。产业结构演化理论、市场经济理论、劳动力市场理论、供给需求理论等均将人力资源视为核心概念，要求高校的学科专业人才培养要与社会需要相对接，适应经济产业发展的变动需求。市场概念的引入，打破了高校的封闭状态，促进了联通高校与社会的人力资源市场的形成，不同学科专业代表了人力资源的不同类型和需求。综合来看，学科专业人才市场的形成缘起于高校与社会联系的强化以及经济产业领域中市场化理念的影响，主要以人力资本理论为支撑，而后逐步演化为与高等教育市场等相关的精细化理论。

（二）经济产业与学科专业的协同发展

从已有研究来看，学科专业结构与经济产业结构具有某种程度的相关性已是学界达成的基本共识。有学者通过对我国 1998～2004 年的经济发展数据与学科专业数据进行分析，发现高等教育总规模的增长速度与 GDP 的

---

① 王明杰、郑一山：《西方人力资本理论研究综述》，《中国行政管理》2006 年第 8 期。

增长速度保持基本同步，由此认为学科专业类型和层次结构应主动适应产业结构和就业结构，并以就业容量和就业岗位数量作为重要的规划依据。[①]事实上，随着"就业难"与"用工荒"的双重结构性矛盾的不断激化，各界有关推动经济产业与学科专业协同发展的呼声也在不断增多，并且被逐步纳入国家教育重大政策议程和规划。《国家中长期教育改革和发展规划纲要（2010—2020年）》明确指出"我国教育还不完全适应国家经济社会发展和人民群众接受良好教育的要求"，"加快解决经济社会发展对高质量多样化人才需要与教育培养能力不足的矛盾"，"适应国家和区域经济社会发展需要"。这也反映出，经济产业结构与学科专业结构之间的矛盾确实存在，而且国家正在从政策层面破解这种矛盾。

从学科专业人才市场的理解框架看，学科专业与经济产业共同构成了对立统一的矛盾综合体，高校学科专业建设与发展不可能脱离经济产业的动态发展需求，经济产业的转型升级也不可能单纯依靠企业主体而脱离高校多元化的学科专业人才供给。诸多研究表明，学科专业与经济产业的结构匹配度将直接影响到人才市场的稳定和平衡。[②]"就业难"与"用工荒"的双重困境便是这种结构不匹配的最直接体现。就深层次原因而言，有学者基于经济产业视角认为产业结构不合理、城乡二元结构、城市内部存在的"新二元"结构以及人力资本不足是主因。[③]也有学者基于学科专业视角认为高校学科专业建设多是以学科自身逻辑发展或者学校需要为依据，导致学科专业设置的滞后性和盲目性，从而出现学科专业设置严重趋同，教学内容陈旧、更新缓慢，难以适应产业技术知识变化的新需要。[④]

综合来看，学科专业与经济产业的协同发展反映的是学科专业人才供给侧的高校与学科专业人才需求侧的市场之间的平衡程度。促进二者的协同发展，一方面要从供给侧出发，深化高校学科专业人才培养机制与模式改革；另一方面要从需求侧出发，及时调整区域经济发展结构，避免无特

[①]　陈厚丰、吕敏：《扩招以来我国经济结构与高等教育结构的相关性分析》，《高等工程教育研究》2017年第1期。

[②]　岳昌君：《高等教育结构与产业结构的关系研究》，《中国高教研究》2017年第7期。

[③]　袁霓：《用工荒与就业难并存的经济学分析》，《改革与战略》2011年第1期。

[④]　辜胜阻、王敏、李睿：《就业结构性矛盾下的教育改革与调整》，《教育研究》2013年第5期。

色、"一窝蜂"式的低水平发展所造成的资源浪费。

（三） 基于市场调节的学科专业动态调整

高校与社会联系的不断强化决定了市场调节在学科专业动态调整过程中作用发挥程度的不断增强。从整体来看，随着高校自身边界的日渐模糊，政府、高校与社会逐渐发展成为互联互动的生态综合系统，学科专业动态调整的意义不仅仅在于其对于高等教育系统本身的意义。所谓市场调节其实是基于资源配置的供需平衡，调节的是高校学科专业人才供给与社会学科专业人才需求之间的矛盾。当学科专业人才供给大于学科专业人才需求时可能会出现毕业生的就业困境，促使高校在未来的学科专业招生中缩减人才培养规模或调整人才培养结构；当学科专业人才供给小于学科专业人才需求时可能会出现用人单位的用工短缺，促使高校在未来的学科专业招生中扩大人才培养规模与或优化人才培养结构。在此种意义上讲，学科专业问题已经不单单是高等教育自身的发展问题，还是与各方主体密切联动的社会问题和市场问题。

市场因其所具有的自由竞争性而被认为是实现资源优化配置的有效手段。从经济领域看，充分发挥市场在资源配置中的作用似乎已然在诸多政策领域内达成广泛共识。党的十八届三中全会审议通过的《中共中央关于全面深化改革若干重大问题的决定》明确提出要"紧紧围绕使市场在资源配置中起决定性作用深化经济体制改革"，"积极稳妥从广度和深度上推进市场化改革，大幅度减少政府对资源的直接配置"。党的十九大报告也指出"使市场在资源配置中起决定性作用"，"清理废除妨碍统一市场和公平竞争的各种规定和做法"。在经济中心论的思维逻辑下，高等教育研究中有关发挥市场基础性资源配置作用的呼声也很是高涨。早在 20 世纪 90 年代，我国就开始有学者提出高等学科专业设置要尽可能减少政府干预、遵循市场需求逻辑自觉适应和对接经济产业升级的发展需要。时至今日，在国家提出"建立健全学科专业动态调整机制"的政策背景下，促进高校学科专业结构与地方产业行业结构紧密对接的市场调节机制的地位愈发突出。

二　市场调节如何影响学科专业动态调整

高等教育市场的基本要素包括供应者和需求者两个方面，而供应者与需求者参与市场的程度及其特征是不断变化的。在奉行自由市场竞争的美国，高等教育结构变迁的内在逻辑在很大程度上受市场机制的影响，市场需求被认为是高等教育结构变迁的风向标，市场竞争被认为是高等教育结构变迁的催化剂，市场收益则被认为是高等教育结构变迁的原动力。[①] 由此可见，市场在美国高等教育结构变迁中的力量之强大。事实上，学科专业结构变迁是高等教育结构变迁的重要构成部分，其动态调整必然会受到这种市场力量的影响。

市场力量的大小与作用发挥则受到高等教育体制机制等多重复杂性因素的影响。从微观层面看，市场经济理论认为价格是促进资源优化配置与供需矛盾平衡的起点和终点，也是市场调节作用发挥的强力信号。但与普通产品具有灵敏的价格信号不同，高校学科专业动态调整中，市场调节信号并不直接通过价格波动表现出来，而是通过学科专业的排名、就业率和用人单位满意度等多重指标间接表现出来。

（一）作为市场调节信号的学科专业排名

排名具有强烈的导向性，是推动学科专业动态调整的基础性市场信号，各方主体会根据排名进行决策与行动，学生会根据学科专业排名填报志愿，政府和高校则会根据学科专业排名调整资源分配。在"双一流"建设提出"强化绩效，动态支持"的背景下，学科专业排名作为市场调节工具的功能更是得到进一步强化。诸多高校为提升学科专业排名，尤其关注各类机构的评估，甚至成立专门的研究机构对影响排名的关键指标进行精细化分析，并根据分析结果精准提升学科专业的指标表现水平，甚至还会据此撤销部分低水平的学科专业。

尽管西蒙·马金森（Simon Marginson）等认为，任何排名都是受目的驱动的，建立在比较和测量基础上的假设和价值塑造了排名结果，因此任

[①]　韩梦洁、张德祥：《美国高等教育结构变迁的市场机制》，《教育研究》2014 年第 1 期。

何排名都是不完整的。① 但被排名绑架的市场化资源配置力量已然成为主导，并且在高校学科专业动态调整过程中发挥着越来越重要的作用。事实上，如今，高校发展的理念正在发生重大转变，如果说以前高校追求的是学科专业门类齐全，那么现阶段则追求的是优势特色发展，因此诸多高校为集中资源发展优势特色的学科专业而撤销了一大批低水平的学科专业。

对于高校而言，排名的影响无处不在。排名在一定程度上决定学科专业的受重视程度以及获取办学资源的能力。为了获取好的排名，高校逐步建立起了一整套以排名指标为依据的绩效考核体系。从市场现状看，排名的机构和种类非常复杂，有国外机构进行的全球性学科排名（如 ESI），也有国内机构进行的各种排名。依据不同的指标体系，学科专业的排名顺序往往存在一定的差异。这种差异在客观上造成了市场调节信号的不准确。

用人单位在人力资源市场招聘时，除了会考虑高校的整体排名，还会关注具体的学科专业排名。排名靠前的学科专业在人力资源市场的受认可度往往较高，促使高校依据排名进行学科专业结构规模的调整。在内涵式发展理念的指导下，排名对于高校学科专业动态调整的市场导向作用越来越显著。为了集中资源发展优势学科专业，高校往往选择缩小排名靠后的学科专业招生规模或者直接撤销排名靠后的学科专业。由此可见，排名在学科专业动态调整过程中具有鲜明的导向性，依据排名所形成的基于资源配置的市场化机制的影响不可避免。

（二）作为市场调节信号的学科专业就业

布鲁贝克认为，高校不是职业技能培训所，而是研究高深学问的场所，② 就业作为一种自然结果不应该成为高校过度关注的问题。但在市场化改革浪潮下，就业在高校学科专业人才培养的信号性作用不仅愈加明显而且日趋重要。有研究机构甚至根据就业率将学科专业进行排名，划分出

---

① Simon Marginson, and M. Van Der Wende, "To Rank or To Be Ranked: The Impact of Global Rankings in Higher Education," *Journal of Studies in International Education* 11 (2007): 306-329.

② 〔美〕布鲁贝克：《高等教育哲学》，王承绪、郑继伟、张维平、徐辉、张民选译，浙江教育出版社，2001，第 13 页。

"红牌"专业、"绿牌"专业和"黄牌"专业等。事实上，就业是学科专业动态调整中联结市场供给侧和需求侧的中介和桥梁。就业率不仅能够反映高校学科专业人才的供给质量、规模和结构，也能体现企业、事业单位、政府和社团组织等各方用人单位对学科专业人才的需求质量、规模和结构。

高校会根据就业率指标自发调节各级各类学科专业人才的培养质量、规模和结构，以适应企业、事业单位、政府和社团组织等各方用人单位的学科专业人才需求；学生、家长等也会根据高校学科专业的历年就业率来衡量其学科专业发展水平和实力，以决定学科专业的报考选择。当某一学科专业的就业率表现较差时，学生、家长、用人单位等就会"用脚投票"，释放出市场调节信号，迫使高校自发地进行学科专业动态调整。自走出象牙塔以来，就业问题就成了高校始终无法回避的现实性问题。无论对于高校自身，还是对于政府和社会，就业问题的解决都具有特别突出的价值和意义。

从高校自身看，某一学科专业的就业情况将直接影响到其未来的招生情况，进而影响到学科专业结构的调整，被连续划归为"红牌"的学科专业往往会成为减招甚至裁撤的对象；从政府看，毕业生能否得到妥当安置将直接影响到社会的和谐稳定与经济的可持续发展，学科专业就业率是政府进行学科专业动态监测的核心指标；从社会看，不同学科专业的就业问题直接反映了市场的人才需求导向和变化，某一个学科专业就业率偏低可能是因为市场的学科专业人才需求变动，也可能是因为高校学科专业人才培养能力较低以及反应能力滞后。因此，从就业的角度看，进行学科专业动态调整既是高校自身发展的要求，也是政府和社会的要求。当就业成为高校、政府和社会各方主体所关注的核心问题时，以就业为调节信号的市场机制便开始形成，并且随着关注程度的提升而发挥愈来愈重要的作用。

（三）作为市场调节信号的用人单位满意度

用人单位满意度是人力资源市场对高校学科专业人才培养质量的一种具体反馈。经济领域中，"顾客优先""顾客就是上帝"等市场化理念已经成为生产服务的基本准则，被贯彻落实在广泛的决策和行动过程之中。高等教育领域虽然与经济领域差异巨大，但随着学科专业与人力资源市场联系的日趋紧密，作为顾客的用人单位的满意度已经越来越成为市场释放出的检验学科专业人才培养质量的突出而强烈的信号。

从人力资源市场的角度看，高校的首要职能在于提供学科专业人才培养服务，为用人单位输送高质的学科专业人才。在此意义上讲，用人单位与高校是密不可分的统一体，离开用人单位讨论学科专业人才培养会显得尤其不合时宜。从实践操作看，用人单位满意度已经愈来愈成为高校改进学科专业人才服务的信号和依据，并且因其对学科专业排名和就业率产生的日趋重要的影响而得到进一步强化。

事实上，各类高校学科专业排行榜都已将用人单位满意度作为重要指标纳入评估考核。从某种程度上讲，用人单位满意度是高校学科专业人才培养质量的反映，为了提升用人单位满意度，高校往往需要紧跟用人单位需求及时调整学科专业人才培养的方式和规格。

在人力资源市场中，高校的职能在于提供人力资源服务，而人力资源服务具体体现为学科人才的培养，用人单位则是人力资源服务的购买方或者消费者，高校的服务质量直接决定了用人单位的满意度。当学科专业人才培养的质量无法满足用人单位需要时，高校即需要改进学科专业人才培养的模式，优化学科专业人才培养的结构，进而推动学科专业动态调整。由于用人单位的人才需求始终处于动态发展的变化之中，为了适应这种动态变化，高校的学科专业人才培养实际上也一直处在动态变化的过程中，因此从市场的角度看，学科专业动态调整其实是一种常态化存在。

以用人单位满意度作为市场调节信号也就意味着高校学科专业人才培养处于一种被动适应的状态，有可能完全沦为市场的工具。随着高校与用人单位联系的强化，学科专业人才培养与社会生产实践的联系也将愈来愈密切。为了满足用人单位的需要，越来越多的高校推出了所谓的订单式培养、一体化培养，建立了越来越多的学习实践基地，并且根据用人单位的需求变动灵活调整学科专业的设置与招生规模。

三 市场调节机制：学科专业动态调整的"无形之手"

从特征看，市场被亚当·斯密喻为"无形之手"。市场调节作用的发挥是自发的，市场主体能够根据市场信号自发地进行生产和消费、供给与需求调节。在伯顿·克拉克看来，高等教育市场由劳动力市场、消费者市场和院校市场等构成。[①] 也有学者将高等教育市场分为内部市场和外部市场。[②] 事实上，无论按照什么样的标准划分，不同市场之间总是存在着一定联系并相互影响。

学科专业人才市场不是单纯的劳动力市场，也不是单纯的外部市场。随着高等教育自身发展理念的变化以及外部力量介入程度的变化，市场调节的作用机制也在发生着变化。高等教育的特殊职能和使命决定了学科专业人才市场与纯粹的商品交换市场之间存在着巨大的差异性。从市场的理解框架看，高校学科专业动态调整实质上是对办学资源和人力资源的配置。与其他资源配置相比，市场调节具有自身独特的价值和意义。

一方面，市场调节是一种与计划管控相对应的自发性资源配置方式，应充分发挥市场调节在资源配置过程中的基础性作用。从经济领域看，市场调节机制在资源配置中的基础性作用越来越受到认可，并且随着市场经济的改革而产生着越来越显著的影响。改革开放40多年的历程实际上就是一个市场化与行政化改革的历程，这个历程最显著的特征便是改善政府的计划管理、激发市场主体活力，特别是在1992年党的十四大确立社会主义市场经济以后。

在高等教育领域，市场化改革的理念虽然存在诸多分歧和争议，但也在产生潜移默化的深刻影响。[③] 在计划经济时代，高校的学科专业自主权被行政权力严重压缩，推动学科专业动态调整更多地成为一种行政化任务。1998年8月通过的《中华人民共和国高等教育法》明确规定"国家按照社会主义现代化建设和发展社会主义市场经济的需要，根据不同类型、不同层次高等学校的实际，推进高等教育体制改革和高等教育教学改革，

---

① 〔美〕伯顿·克拉克：《高等教育系统：学术组织的跨国研究》，王承绪、徐辉、殷企平、蒋恒译，杭州大学出版社，1994，第178~181页。

② 杨明：《论高等教育中的市场失灵及其矫正》，《浙江大学学报》（人文社会科学版）2004年第4期。

③ G. Grotkowska, L. Wincenciak, and T. Gajderowicz, "Ivory-Tower or Market-Oriented Enterprise: The Role of Higher Education Institutions in Shaping Graduate Employability in the Domain of Science," *Higher Education Research & Development* 34 (2015): 1–14.

优化高等教育结构和资源配置"，"高等学校应当面向社会，依法自主办学，实行民主管理"，从法律上首次确立了我国高校的办学自主权，在一定程度上为市场力量的介入奠定了法制基础。

激发主体活力、引入竞争机制是市场发挥资源优化配置作用的客观要求。长期以来，由于高等教育管理集权制下的高校往往处于被动的依附地位，其主体能动性并没有得到充分发挥。为此，在简政放权、管办评分离与放管服结合的理念指导下，教育部等部门先后制定出台了《关于深入推进教育管办评分离　促进政府职能转变的若干意见》《关于深化高等教育领域简政放权放管结合优化服务改革的若干意见》等一系列政策文件，给扩大和落实高校办学自主权提供了充分的政策保障。

截至 2018 年，我国已有 20 所高校具有学位授权自主审核权限（见表2-2）。某种程度上讲，办学自主权的扩大和落实能够激发高校的主体能动性和办学活力。为了进一步促进市场竞争，《统筹推进世界一流大学和一流学科建设实施办法（暂行）》提出要"打破身份固化，建立建设高校及建设学科有进有出动态调整机制"。由此可见，有效发挥市场调节机制的优势始终是改革开放以来我国高等教育改革的趋势和走向，学科专业动态调整将不可避免地受到这种趋势和走向的深刻影响。事实上，诸多省份和高校已经出台了相关的政策文件，要求建立基于学科专业排名、就业、市场满意度等竞争性指标的学科专业滚动支持机制，从而推动资源的最优化配置。

表 2-2　具有学位授权自主审核权限的高校名单

代码	学校名称	代码	学校名称	代码	学校名称
10001	北京大学	10056	天津大学	10335	浙江大学
10002	中国人民大学	10183	吉林大学	10358	中国科学技术大学
10003	清华大学	10213	哈尔滨工业大学	10384	厦门大学
10006	北京航空航天大学	10246	复旦大学	10486	武汉大学
10019	中国农业大学	10247	同济大学	10698	西安交通大学
10027	北京师范大学	10248	上海交通大学	14430	中国科学院大学
10055	南开大学	10284	南京大学		

另一方面，市场调节在学科专业动态调整过程中具有自身的内在局限性。市场调节缘起于经济领域的新自由主义，是一种基于充分市场竞争的

自发调整方式。但从本质上看，市场调节具有自身的内在局限性，那就是前提预设的完全竞争在实然的时空状态下显得过于理想化。① 当其前提预设无法满足时，市场调节促进资源优化配置和供需结构平衡的有效性就会面临合法性危机，即会出现各方利益主体所不希望看到的市场调节失灵现象。更为重要的是，与经济领域的私人商品交换不同，学科专业内在具有的知识生成性和公共产品属性决定了其供需解决不可能完全依照市场调节逻辑。

也就是说，高校学科专业动态调整既要尽可能地满足前提预设，减少政府行政管理，促进不同学科专业和高校间的充分竞争，也要关照学科专业的内在知识生成性和公共产品属性，建立满足社会公众高等教育需求的公共教育财政制度和支持服务体系。而这本身就成了高校学科专业动态调整的矛盾和挑战，限制了市场调节机制作用的发挥。诚如德里克·博克（Derek Bok）所言："大学并没有一个常规商业意义上的自由市场机制，所以依靠市场力量所做的努力经常被证明是徒劳的。"②

事实上，学科专业人才培养具有明显的滞后性，是一个长期的综合作用过程。当前，我国的本科生学制一般为四年，硕士和博士研究生学制一般为三年至四年。在学科专业人才培养从招生入校到毕业进入劳动力市场这个周期里，市场需求本身是在动态变化的，特别是在当今这样一个知识更新换代加速的时代。即使市场能够根据就业率、用人单位满意度等释放信号进行自发调节，也会存在三年到四年的调节错位。更重要的是高校学科专业动态调整的市场调节信号并不像经济领域的商品交换一样直接通过具有高度敏感性的价格表现出来，其调节信号所依据的就业率、用人单位满意度等本身就具有不确定性且易出现信息失真或者不对称。故而，学科专业动态调整常常出现滞后性和盲目性，导致高校"一窝蜂"式设置某些学科专业，进一步加剧学科专业人才市场的供需结构失衡和结构性失业。

---

① J. Jungblut, and M. Vukasovic, "Not All Markets Are Created Equal: Re-Conceptualizing Market Elements in Higher Education," *Higher Education* 75 (2018): 855–870.
② 〔美〕德里克·博克：《走出象牙塔——现代大学的社会责任》，徐小洲、陈军译，浙江教育出版社，2001，第 347 页。

第三节　行政管理机制

行政管理存在于政府与高校复杂的互动关系之中，不同历史阶段和国家，行政管理机制在学科专业动态调整过程所发挥的作用有所差异。通常认为，在高等教育集权制的国家，政府往往更强势，对学科专业动态调整的行政管理力度较大；在高等教育分权制的国家，高校则相对具有较强的独立性和学术自治性，政府对学科专业动态调整的行政管理力度较小。从价值取向看，行政管理力度的大与小、强与弱并不存在明确的对与错，而是取决于干预是否合适，是否利于当下矛盾的解决。由于学科专业动态调整所面临的矛盾是随着政府与高校以及市场的关系变化而动态变化的，因此，即使是同一国家，在不同的矛盾发展阶段其行政管理的力度也会有所不同。自上而下的权力结构构成行政管理的合法性基础。从国家治理和社会统治的角度看，高校是整个权力控制系统的一个组成部分，推进学科专业动态调整不仅仅是一项学术自治活动，而且与政治高度相关。从某种程度上讲，高校与政府的关系体现在学科专业动态调整的过程中。

为了维持政府与高校的某种关系的稳定性，相应的行政管理是必不可少的。从政策现实看，学科专业的设置、招生规模、学位授予权的调整等都在一定程度上受到行政管理机制的影响。第二次世界大战后，由于高等教育在国家安全和国际竞争中的地位上升，在美国政府的强力干预和支持下，斯坦福大学、麻省理工学院等诸多高校的学科专业即在满足政府多元需求的过程中得到了迅猛发展。[①] 在我国，干预高校学科专业动态调整的行政机构众多，主要包括国务院学位委员会、省级学位委员会、高等教育司、教育部发展与规划司、学位管理与研究生教育司等。从学界已有研究看，近年来有关减少行政管理、促进高校办学自主和学术自治的呼声高涨。事实上，这些呼声也正在深刻地影响和塑造着我国高校学科专业动态调整的行政管理机制。

---

① C. Kerr, "Expanding Access and Changing Missions: The Federal Role in US Higher Education," *Educational Record* 75 (1994): 27-31.

一　从行政管理看学科专业动态调整

行政管理逻辑是指采用自上而下的科层制管理来推进高校学科专业建设的一种思维方式和方法论原则。在行政管理主义者看来，高校学科专业建设应当按照特定目的、由政府自上而下、自外而内统一进行规范和管理。与知识演化和市场调节不同，行政管理的核心在权力和控制。权力与控制无处不在，是一种矛盾的关系性存在。根据马克斯·韦伯（Max Weber）的观点，任何组织都必须以某种形式的权力作为基础，没有权力，任何组织都不能达到自己的目标，行政管理机制就是这样一种以控制为目的、以权力驱动为核心的自上而下式的政府中心模式。学科专业动态调整实际上是一个由政府主导的各方权力主体所代表的不同控制方向的力量相互博弈的复杂过程，每一次的学科专业调整都代表了一次权力关系的解构和重构。掌握主导权的政府为了达成自身的控制目的往往会通过各种带有强制性的行政工具干预学科专业的调整。

（一）行政管理的理论基础

基于不同的理论基础，政府在学科专业动态调整过程中的职能角色有所差异，行政管理的方式和程度也有所差异。从国内外学术研究史的梳理看，行政管理的理论基础演变主要经历了老公共行政、新公共管理和新公共服务等不同阶段，并且在不同阶段呈现出差异化特征（见表2-3）。

表 2-3　老公共行政、新公共管理与新公共服务之差异比较

	老公共行政	新公共管理	新公共服务
主要理论基础与认识论基础	政治理论，早期社会科学提出的社会和政治评论	经济理论，基于实证社会科学的更精致的对话	民主理论，包括实证方法、解释方法和批判方法在内的各种认识方法
普遍理性与相关的人类行为模式	概要理性，"行政人"	技术和经济理性，"经济人"	战略理性或形式理性，对政治、经济和组织的多重检验
公共利益的概念	从政治上加以界定并且由法律来表述	公共利益代表着个人利益的聚合	公共利益是就共同价值观进行对话的结果

续表

	老公共行政	新公共管理	新公共服务
公务员的回应对象	当事人和选民	顾客	公民
政府的角色	"划桨",设计和执行政策,这些政策集中关注的是在政治上加以界定的单一目标	"掌舵",充当释放市场力量的催化剂	服务,对公民和社区团体之间的利益进行协商,进而创建共同的价值观
实现政策目标的机制	通过现存的政府机构来实施项目	通过私人机构或非营利机构来实现政策目标	建立公共机构、非营利机构和私人机构的联盟
负责任的方法	等级制,行政官员对民主选举产生的政治领导负责	市场驱动,自身利益的积累将会导致广大公民团体所希望的后果	多方面的,公务员必须关注法律、社区价值观、政治规范以及公民利益
行政裁量权	允许行政官员有有限的裁量权	有广泛的自由去满足具有企业家精神的目标	有所需要的裁量权,但裁量权应受限制并要负责任
采取的组织结构	官僚组织	分权的公共组织	合作性结构
行政官员和公务员的假定动机基础	薪金和收益,文官制度的保护	企业家精神,缩小政府规模的理念愿望	公共服务,为社会做贡献的愿望

资料来源:珍妮特·V.登哈特、罗伯特·B.登哈特《新公共服务:服务,而不是掌舵》,丁煌译,中国人民大学出版社,2016,第20页。

首先是老公共行政理论,也称传统公共行政理论。从认识论基础看,老公共行政主要以政治学为指导,以"行政人"假设为前提基础,更加强调政府主导和控制。在老公共行政理论视域下,政府处于绝对的中心和主导地位,高校是政府权力控制的构成部分,教育则被视为权力控制的工具,学科专业动态调整需要服务于国家权力控制和管理的需要。因此,行政管理在学科专业动态调整过程中的方式就更直接,力度也就更强。

其次是新公共管理理论。20世纪70年代以后,传统公共行政理论遭受越来越多的质疑和批判,以胡德(C. Hood)为代表的学者开始基于公共选择理论、新制度经济学、委托-代理理论等提出一种不同于传统公共行政理论的新公共管理理论①，并于 20 世纪 80 年代推动新公共管理运动的兴起②。新公共管理追求的是"3E"，即效益（effectiveness）、效率（efficiency）与经济（economy）。③"经济人"假设、市场导向、民主协商、多中心参与是新公共管理的突出特征。④ 在新公共管理理论视域下，政府不再是绝对的中心和主导者，高等教育与经济社会被密切地联系在了一起，更加强调学科专业动态调整与经济产业结构演变的联动性和匹配性，行政管理的力度相比于传统公共管理而言有所弱化。

最后是新公共服务理论。新公共服务理论缘起于 20 世纪末 21 世纪初学界对于新公共管理理论的反思和批判，由美国亚利桑那州立大学的登哈特夫妇（Robert B. Denhardt and Janet V. Denhardt）率先提出，并且在后续的理论深化中逐渐显现出其独特的价值。⑤ 其核心主张在于维护基于民主理论的公共利益，认为公共利益是共同价值观进行对话的结果。在新公共服务理论视域下，公共管理者应该重视帮助公民表达和实现他们的公共利益，而非试图在新的方向上控制和驾驭社会，重视的是人而不是效益或效率。⑥ 在新公共服务模式下行政管理强制性特征明显弱化，成为服务于教育发展的一种方式。高校学科专业动态调整的本体论价值在新公共服务理论中得以彰显。

（二）学科专业建设中的行政管理

作为一种机制，行政管理的突出特征在于强制性执行和统一化管理。行政管理力度在本质上体现的是政府与高校关系张力的弹性程度，这种张力自身并不存在优劣性，但当其作用于特定对象和具体情境时就会表现出

---

① C. Hood, "A Public Management for All Seasons," *Public Administration* 69 (1991): 3-19.

② T. Virtanen, "Changing Competences of Public Managers: Tensions in Commitment," *International Journal of Public Sector Management* 13 (2000): 333-341.

③ 何颖、李思然：《新公共管理理论方法论评析》，《中国行政管理》2014 年第 11 期。

④ N. Manning, "The Legacy of New Public Management in Developing Countries," *International Review of Administrative Sciences* 67 (2001): 297-312.

⑤ 周晓丽：《新公共管理：反思、批判与超越——兼评新公共服务理论》，《公共管理学报》2005 年第 1 期。

⑥ 〔美〕珍妮特·V. 登哈特、罗伯特·B. 登哈特：《新公共服务：服务，而不是掌舵》，丁煌译，中国人民大学出版社，2004，第 20 页。

一定的不适性和破坏性。高校学科专业动态调整过程中，合理限度内的行政管理有利于整体性的统筹规划、集中优势资源发展优势学科专业，能够减少恶性竞争带来的低水平重复性建设，缩小强者越强、弱者愈弱式马太效应带来的鸿沟。但行政管理作为一种动态调整模式，其自身存在线性思维的内在局限性，而且作为行政管理主体的政府在高校学科专业动态调整中的职责权限是有限度的。过度行政管理会破坏高校作为事业单位法人独立行使权利、履行义务的合法性基础，导致学科专业动态调整因受外部权力管控而缺乏内在的灵活性，引发不同类型高校学科专业优势特色丧失、"千校一面"等问题。

不同高等教育体制与历史发展阶段下，行政管理机制在高校学科专业调整中发挥作用的强度有所差异，呈现不同的特点。在高等教育集权制国家，行政管理在学科专业动态调整中的权力渗透性较强，政府教育管理部门往往更加强势，这虽然有利于进行学科专业的整体性规划和标准化建设，但却易造成资源使用低效、优势特色丧失等问题，因此诸多学者认为应尽可能减少政府行政管理，尊重高校办学自主。我国改革开放之前的高等教育计划管理体制便具有典型的行政管理模式特征，高校学科专业设置、招生、管理、就业都严格按照政府计划进行。改革开放以后，高校与政府在学科专业建设中的权力关系被重新调整，行政管理的力度有所减弱，高校自身的学科专业动态调整自主权日趋扩大，集权逐步走向分权和放权。

（三）基于行政管理的学科专业建设

德国的"卓越大学计划"、韩国的"BK21 工程"、日本的"全球顶级大学计划"、俄罗斯的"5-100 计划"以及我国的"211"工程、"985"工程、"双一流"建设等都带有明显的政府规划印记，是行政管理在高等教育发展过程中发挥作用的具体体现。2018 年 2 月，为了推进教师教育学科建设，教育部、国家发展和改革委员会、财政部、人力资源和社会保障部、中央编办联合制定发布的《教师教育振兴行动计划（2018—2022年）》明确提出，"建立健全教师教育本专科和研究生培养的学科专业体系"，"鼓励支持有条件的高校自主设置'教师教育学'二级学科，国家定期公布高校在教育学一级学科设立'教师教育学'二级学科情况"。由此可见，无论是国内还是国外，以行政管理方式推进学科专业建设、提升国家高等教育国际竞争力是各国政府普遍采取的做法。

从实践运行看，高校学科专业动态调整中的行政管理主要体现在学科专业设置权限、学位点授予权限、招生指标权限等三个方面。从学科专业设置权限看，我国高校学科专业设置的主导权主要在国务院学位委员会，新增学科专业需经过层层审批程序，部分高校虽然有自设专业，但却受到严格的条件限制；从学位点授予权限看，与大学学位制度不同，我国实行的是国家学位制度，高校只是作为国家的学位授予点代表国家进行学位授予，而且需要经过代表国家的教育行政部门的审批，在本质上是一种行政授权；从招生指标权限看，我国高校学科专业的招生指标分配权在教育部发展规划司，高校自身并不能完全决定自身的招生结构、规模，硕士和博士研究生的招生指标更是受到教育部发展规划司的严格限制。综合来看，我国高校学科专业动态调整更多实行自上而下式的规范化管理，带有显著的政府主导式特征。

二　行政管理怎样介入学科专业动态调整

在知识演化加速的背景下，既有的学科专业组织结构变革往往的滞后性更加明显，可能在一定程度上阻碍知识的生产创新。[1] 行政管理是推进学科专业建设的必要手段，也是政府履行高等教育职能、义务和责任的具体体现。明晰的权力划分是行政管理的制度基础，也是推动高校学科专业动态调整走向科学合理的有效保障。从发生作用看，权力主要包括破坏权力、生产权力和整合权力三种类型；从表现形态看，权力的三种维度为明确使用权力、依托无形力量和形成行政自觉；从构成基础看，权力通常来源于制度资源、物质资源、社会资源和知识资源等（见表2-4）。高校学科专业动态调整过程中，行政管理的方式和手段日趋多元，日益体现出不同的权力形态和秩序。

---

[1]　D. Rich, "Academic Leadership and the Restructuring of Higher Education," *New Directions for Higher Education* 134 (2006): 37-48.

表 2-4　权力划分及其内容

权力划分	内容
三种类型	破坏权力、生产权力、整合权力
三种维度	明确使用权力、依托无形力量、形成行政自觉
三种来源	制度资源、物质资源、社会资源、知识资源

（一）从政府所运用的资源看行政管理的工具

资源是权力形成的基础，而政策是对公共资源的协调和分配，是实现行政管理的手段。在美国著名学者胡德看来，信息、权威、财力和组织是构成政府权力的四大核心"治理资源"，[①] 从政府所运用的资源来看，可将政策工具分为四类：一是信息型工具，主要包括建议、训练、报告和教育等，其突出特征在于劝导和引导，执行过程相对温和；二是权威型工具，主要包括执照、使用费和监管等，其突出特征在于强制，执行效率相对较高；三是财政型工具，主要包括贷款、资助和补贴等，其突出特征在于激发诱导，实施程序相对简洁；四是组织型工具，主要包括人事调动、组织变革等，其突出特征在于制度变革，实施过程相对复杂（见表 2-5）。从理论上看，这四种政策工具相互独立、各具特征，但在实践中，某份文件中常常会融合使用其中的几种或者全部政策工具，以便产生更好的效果，促进政策目标的实现。

表 2-5　基于资源运用的政策工具划分

	信息型工具	建议、训练、报告、教育等
胡德（C. Hood）	权威型工具	执照、使用费、监管等
	财政型工具	贷款、资助、补贴等
	组织型工具	人事调动、组织变革等

学科专业动态调整的高度复杂性和系统性决定了行政管理所选择的政策工具的复杂性和多元性。提高学科专业动态调整的科学性和合理性需要

---

① 陈庆云：《公共政策分析》，北京大学出版社，2011，第 82 页。

相关主体协同掌握信息、权威、财政和组织等多方的资源，并通过多种策略组合充分发挥各种政策工具的优势。从传统的高等教育管理看，权威型工具的使用频率较高，政府习惯于采用自上而下的强制力推进政策目标的达成，学科专业动态调整过程中的行政管理力度较强，带有显著的行政主义特征。但随着新公共管理和新公共服务理念影响的逐步深入，传统高等教育管理中的政府职能发生了重大转变，政府通过权威型工具或者组织型工具直接干预高校办学和学科专业发展的情况越来越少，开始越来越多地使用信息型工具和财政型工具。从根本上看，不同类型的政策工具并没有优劣之分，选择什么样的政策工具与高等教育管理的体制和学科专业发展的现实需要高度相关。

（二）从政府介入强弱程度看行政管理的工具

行政管理程度实际上反映的是政府介入某项公共事务程度的强弱，依据政府介入程度的强弱，政策工具可以划分为不同的类型。从公共政策的已有研究来看，目前通常采取的分类主要有两种。

一是霍利特（M. Howlett）和拉梅什（M. Ramesh）的"三分法"，即自愿性工具（voluntary instruments）、强制性工具（compulsory instruments）和混合性工具（mixed instruments）。[①] 自愿性工具的价值主要通过家庭与社区、志愿者组织、市场等来实现，政府基本不进行直接的行政管理，充分尊重主体自身的自主性；强制性工具的价值主要通过管制、公共企业、直接提供等来实现，政府主要通过自上而下的行政权力进行直接干预，高校自身的主体性被严重弱化；混合性工具的价值主要通过信息、劝诫、税收、产权拍卖、使用者付费等来实现，允许政府对其他主体进行不同程度的行政管理，介于强制性与尊重自主性之间（见表2-6）。不同类型工具具有各自的优势和劣势，教育领域中这三种类型的工具都被经常使用。实践过程中，不同高等教育管理体制惯于选择的工具类型有所差异。

---

① M. Howlett, and M. Ramesh, *Studying Public Policy: Policy Cycles and Policy Subsystems* (London: Oxford University Press, 1995), pp. 80-89.

表 2-6　基于政府介入强弱的政策工具"三分法"

霍利特 （M. Howlett） 拉梅什 （M. Ramesh）	自愿性工具	家庭与社区、志愿者组织、市场
	强制性工具	管制、公共企业、直接提供
	混合性工具	信息、劝诫、税收、产权拍卖、使用者付费

　　二是麦克唐奈（L. M. McDonnell）与艾莫尔（R. F. Elmore）的"五分法"，即命令性工具（mandates）、激励性工具（inducements）、能力建设工具（capacity building）、系统变迁工具（systemic changes）和劝告诱导工具（suasion）。[①] 命令性工具主要通过约束个体和机构行动的强制规则来实现价值，基本为直接的行政管理；激励性工具主要通过货币、服务或用于交换货币的物品来实现价值，直接的行政管理较少；能力建设工具主要通过人、财、物的长期投入所达到的长期效果来实现价值，行政管理方式比较灵活；系统变迁工具主要通过推进机制和制度变革重组权力关系来实现价值，存在直接的行政管理；劝告诱导工具主要通过运用象征手段，诉诸价值导向并鼓励公民自觉依据价值约束自身行为，行政管理的力度比较微弱（见表 2-7）。教育政策工具就是政府赖以推行政策的方法或手段，在达成政策目标的过程中，政府要选择合适的方法或手段。[②] 这五种类型的政策工具的行政管理程度存在差异，各有自身的实用性和适用性。

表 2-7　基于政府介入强弱的政策工具"五分法"

麦克唐奈 （L. M. McDonnell） 艾莫尔 （R. F. Elmore）	命令性工具	约束个体和机构行动的强制规则
	激励性工具	货币、服务或用于交换货币的物品
	能力建设工具	人、财、物的长期投入所达到的长期效果
	系统变迁工具	推进机制和制度变革重组权力关系
	劝告诱导工具	运用象征手段，诉诸价值导向并鼓励公民自觉依据价值约束自身行为

　　高校学科专业动态调整过程中行政管理力度的强弱主要受高等教育管

---

① 〔美〕弗朗西斯·福勒：《教育政策学导论》（第二版），许庆豫译，江苏教育出版社，2007，第 230~235 页。
② 黄忠敬：《教育政策工具的分类与选择策略》，《国家教育行政学院学报》2008 年第 8 期。

理体制的影响。集权型的高等教育管理体制背景下，政府往往习惯于选择带有强制性的政策工具，直接的行政管理较多，学科专业动态调整往往更多地受到行政管理逻辑的影响；分权型的高等教育管理体制背景下，政府往往习惯于选择自愿性的政策工具，以间接的行政管理为主，学科专业动态调整往往更多地受到市场需求逻辑和学术自治逻辑的影响。不同历史时期，高校学科专业动态调整面临的矛盾和问题所有差异，进行行政管理的政策工具类型也有所不同。随着新公共管理理论和新公共服务理论影响的持续深化，政府在高等教育管理中的职能也在发生着显著的变化，直接的行政管理将会越来越少，而基于尊重主体自由的多元参与和协同共治将成为未来学科专业动态调整的主要趋势。也就是说，学科专业动态调整不仅仅是高校自身的责任，更离不开政府和市场的协同参与，而行政管理的科学性和合理性也将在各方力量的复杂博弈中逐步得到提升。

三　行政管理机制：学科专业动态调整的"有形之手"

正如哈特曼（Eduard Von Hartmann）所言，"政府，不是人类生存的目的，只是人类生存的手段"[①]。行政管理的正当性应以市场失灵为基础，每当出现市场失灵或即将出现市场失灵的时候，政府就有必要进行行政管理。从这个意义上看，行政管理并不具有天然的合法性。与此同时，高等教育领域不同于完全的私人领域，其具有公共性和外部性效应。毫无疑问，政府在高等教育发展过程中负有一定的义务和责任，承担一定的教育职能。在法国，高校由研究与高等教育部（Ministry for Research and Higher Education）直接负责，其管理分别委托给高等教育与研究总理事会（DGESR）、高等教育理事会（DESUP）、高等教育教员理事会（DPES）、管理与预算服务理事会（SAF）和研究理事会（DR）；在德国，联邦政府与州政府都对高等教育负有责任，前者负责制定高等教育总纲，拥有50%的决策权，后者负责制定本州的高等教育法，自行进行财务预算、岗位设

---

① 〔美〕维托·坦茨：《政府与市场：变革中的政府职能》，王宇等译，商务印书馆，2016，第2~3页。

置和教授聘用等。① 无论在实践操作层面，还是在学术研究层面，政府的高等教育职能都是客观存在的，而且不可推卸。

行政管理也被称为"有形之手"，与市场调节的"无形之手"相对应。政府履行高等教育职能、义务和责任的过程实际上就是管理高等教育的过程，在此意义上讲，政府的高等教育职能、义务和责任构成其行政管理的合法性基础。为了推动政府科学履行高等教育职能、义务和责任，教育行政学、教育政策学、教育政治学、教育法学等相关交叉学科应运而生，分别从不同的侧面对政府应该在何种程度上干预高等教育进行了诸多理论阐释。这些理论阐释为高校学科专业动态调整中的行政管理提供了坚实的理论基础。行政管理力度的强与弱则取决于政府与高校关系的互动方式。行政管理模式下，政府在高校学科专业动态调整过程中往往处于主导地位，学科专业建设有明显的权力规划倾向。从推动学科专业发展的角度看，单纯依靠高校或市场的力量显然是不够的，必要的行政管理能够有效提升建设效率。在我国的学科专业建设过程中，行政管理的影子无处不在，在此可以"人工智能"相关学科专业建设为例。为了迎接人工智能发展的未来机遇和挑战，国务院于 2017 年 7 月印发了《新一代人工智能发展规划》，明确指出要"建设人工智能学科"，而且从学科布局、专业建设、教材建设和人才培养等方面提出了具体要求（见表 2-8）。

表 2-8　推动"人工智能"学科专业建设的政策支持

重点举措	具体内容构成
学科布局	1. 加强人工智能与计算机等相关学科的交叉融合； 2. 推进人工智能领域一级学科建设； 3. 完善数据分析与机器学习、智能系统等相关方向建设； 4. 加大对人工智能领域相关学科的投入
专业建设	1. 鼓励对计算机专业类的智能科学与技术、数据科学与大数据技术等专业进行调整和整合，对照国家和区域产业需求布点人工智能相关专业； 2. 加快实施"卓越工程师教育培养计划"（2.0 版），探索"人工智能+X"的"新工科"研究与实践

---

① 〔英〕玛丽·亨克尔、布瑞达·里特：《国家、高等教育与市场》，谷贤林等译，教育科学出版社，2005，第 36~37 页。

续表

重点举措	具体内容构成
教材建设	1. 加快人工智能领域科技成果和资源向教育教学转化； 2. 推动人工智能重要方向的教材和在线开放课程建设； 3. 将人工智能纳入大学计算机基础教学内容
人才培养	1. 支持建立人工智能领域"新工科"建设产学研联盟； 2. 积极搭建人工智能领域挂职锻炼等工程能力训练平台； 3. 鼓励有条件的高校建立人工智能学院、人工智能研究院等； 4. 引导高校通过增量支持和存量调整，稳步增加相关学科专业招生规模、合理确定层次结构

　　国家干预主义理论认为，由于市场失灵的存在，政府干预经济并履行经济职能成了必然，其能够在某种程度上调节市场运行、弥补市场缺陷，但与市场一样，政府也有自身的局限性，其在教育领域更是如此。[①] 事实上，学科专业动态调整除了受到行政管理逻辑和市场调节逻辑的影响外，还受到学术自治逻辑的影响，但这三重逻辑之间具有对立统一性，实践运行需要有效平衡行政、市场和学术之间的关系。在推动学科专业动态调整的过程中，行政管理失灵通常有以下两种表现：一是行政管理过度，将学科专业动态调整视为单纯的行政管理活动，完全按照行政管理逻辑推进学科专业建设，忽视市场需求和知识演化，陷入工具理性的陷阱；二是行政管理缺位，政府自身的高等教育职能没有得到充分履行，出现政府逃避、推卸责任或者不作为的问题，造成高校市场主义的功利化倾向或陷入与市场需求脱节的自我封闭境地。从本质上看，行政管理不是目的，而是手段。手段的有效性往往取决于目的的达成程度。高校学科专业动态调整离不开必要的行政管理，行政管理并非万能的，并不能有效解决市场调节和学术自治过程中出现的所有问题。因此，行政管理的方式和合理限度是推进高校学科专业动态调整必须关注的根本性问题。

---

① 张学敏：《论教育供给中的政府失灵》，《高等教育研究》2003 年第 1 期。

第三章　研究型高校学科专业动态调整机制考察

　　自现代高等教育诞生以来，其功能和职责始终随着历史时代变迁而不断演化和拓展，承载高等教育的高校类型也愈来愈多元。不同类型高校往往在办学定位上呈现出显著的差异性。显然，这种差异性会影响高校发展的导向和方向，进而影响到学科专业动态调整的方式和效果。根据 1997 年联合国教科文组织修订的《国际教育标准分类法》（ISCED），高等教育可以分为 5A 和 5B 两个级别，其中 5A 更加强调理论性和学术性，目的在于使学生开展高级研究或从事高技术专业，5B 则集中在为进入劳务市场做准备的具体职业技能上，主要面向实际中的具体职业和专业。目前国际上的诸多高校排名和评估也进行了研究型与非研究型的划分。

　　从国内看，官方对于高校分类仍然沿用的是 20 世纪 50 年代的行业领域分类法，包括综合类、理工类、文科类、医药类、农林类、师范类等不同类型。但从学界研究看，研究型高校与应用型高校的分类愈来愈受到认可，基于研究型高校与应用型高校的对比分类研究也愈来愈多。实践中，《上海高等教育布局结构与发展规划（2015—2030 年）》基于人才培养主体功能和承担科学研究类型明确将高校分为"学术研究、应用研究、应用技术和应用技能"四种类型。而且，愈来愈多的高校也开始将"研究型"作为自身的发展定位写入章程，提出要建设研究型大学。

　　事实上，研究型的概念早已有之。通常来讲，研究是指"探求事物的真相、性质、规律等"。19 世纪初，德国著名教育家洪堡提出了教学与研究相统一的"洪堡理念"，将研究在高校中的重要性提升到前所未有的位置，他认为大学最主要的原则是尊重自由的学术研究。根据顾明远先生主编的《教育大辞典》，研究型大学的概念最早由克尔于 1973 年提出，是卡内基高等学校分类法中的一个具体类别。① 在美国，划归至此类高校至少要满足四方面的条件：一是具有博士研究生教育的资质；二是每年至少授予 50 个博士学位；三是每年获得规定数额的研究经费资助；四是优先考虑科学研究工作的安排。在国内，研究型高校并没有非常明确的标准，但衡量指标通常包含研究生与本科生的比例、博士点的数量和招生规模、专业学位研究生比例、基础性科研投入占比、师资结构特点和人才培养目标定位等方面的指标。② 作为具有独特属性的研究型高校，其学科专业动态调整也具有不同的特征和方式。鉴于此，本研究以两所高水平研究型大学为例，通过文本、访谈和数据分析等手段，从实践层面系统考察研究型高校学科专业调整的方法措施、运行逻辑、问题困境及其深层原因等。

第一节　彰显研究型责任与使命的
实然机制及其特征

为优化学科专业结构、促进资源优化配置，H 校和 B 校均制定了相关的规章制度、采取了相应的实践举措。章程是根据《中华人民共和国高等教育法》《高等学校章程制定暂行办法》制定的高校内部治理的根本性规章制度；发展规划则是在章程的规则体系下制定的，主要涉及高校未来改革发展的方向和路径。二者对高校学科专业动态调整的方法方式有着非常重要的影响。故而本研究选择以 H 校和 B 校的章程和"十三五""十四五"发展规划的文本作为分析对象，对其学科专业动态调整的规则与方法进行总结梳理，并进一步考察两所高校 2016 年、2017 年学科专业学位授权点的动态变化情况。

一　基于 H 校和 B 校章程的文本考察

章程是高校内部治理走向法治的基本保障，③ 规范学科专业设置是高校章程的重要内容。H 校和 B 校的章程均经教育部高等学校章程核准委员

---

① 顾明远主编《教育大辞典》（增订合编本），上海出版社，1998，第 4410 页。
② 杜瑛：《高校分类体系构建的依据、框架与应用》，《中国高等教育》2016 年第 Z2 期。
③ 张建初：《论高等学校章程》，《教育研究》2009 年第 2 期。

会评议，分别于 2014 年 6 月 17 日教育部第 18 次部务会议和 2014 年 7 月 29 日教育部第 24 次部务会议审议通过（此前均已有章程，经学校教职工代表大会讨论、校长办公会议审议、学校党委会审定后由校长签发，在教育部备案）。基于两所高校章程的文本分析发现，H 校和 B 校章程中有关学科专业动态调整的相关规定具有高度的相似性，在一定程度上体现了知识生产、市场调节和行政管理共同作用的复杂性特征。

从 H 校的章程看，涉及学科专业动态调整的相关规定主要分布在第二章和第四章（见表 3-1）。第二章的第十三条规定了学科专业招生方案应当符合社会需求、学校发展和国家要求，体现了社会、学校和政府共同决定学科专业招生的特征；第十四条则进一步对学科专业的设置和调整进行了具体而明确的规定，一是学科专业设置和调整要符合综合性研究型大学的基本定位和配置；二是发扬传统教师教育和教育研究的学科专业优势；三是根据社会经济发展需求增设新的学科专业。第四章的第三十六条从学校内部治理的角度提出学科建设的要求，指出设置学院应以一级学科（群）为依据，同时可根据学科发展需要设置单科性的特色学院和独立系；第三十七条则从学校二级学院的角度提出，二级学院根据学校的授权和规定可制定自身的发展规划和年度学科专业招生计划。

表 3-1　H 校章程中有关学科专业动态调整的相关规定

章程条目		相关规定
第二章	第十三条	学校根据社会需要、办学条件和国家核定的办学规模，自主制定招生方案
	第十四条	学校依法自主设置和调整学科、专业，在确保综合性研究型大学的学科专业基本配置和发扬教师教育、教育研究等传统优势的同时，根据学科发展趋势和经济社会发展需求，设立新的学科和专业
第四章	第三十六条	学校以一级学科（群）为依据设置学院，根据需要也可设置单科性特色学院和独立系，并根据学科建设和发展的需要适时调整
	第三十七条	学院（系）根据学校的规定制定、实施学院（系）发展规划，拟订学院（系）年度学科专业招生计划

从 B 校的章程看，涉及学科专业动态调整的相关规定也主要分布在第二章和第四章（见表 3-2）。第二章的第十四条从三方面规定了学科专业建设的问题，一是学校有权制定自身的发展战略规划并付诸实施，这里面包含了学科专业的发展规划；二是制定学科专业招生方案要根据社会需求、国家规定和学校实际来进行；三是高校作为独立法人，有权进行学科专业的自主设置和调整。第四章第三节的第四十二条从二级学院管理的角度指出可按学科专业领域在学院设置学术分委员会或者委托基本学术机构处理相关学术事务，体现了学术自治的特征；第四十三条从学校的角度指出学校层面应按照学科领域设置学位评定分委员会，体现了基于学科领域的分类管理特征。

表 3-2　B 校章程中有关学科专业动态调整的相关规定

章程条目		相关规定
第二章	第十四条	1. 制定并实施学校发展战略规划； 2. 根据社会需求、国家政策规定和学校办学实际情况，制定招生方案； 3. 自主设置和调整学科、专业
第四章 第三节	第四十二条	根据需要，在学院（部、系）设置或者按照学科领域设置学术分委员会，也可以委托基层学术组织承担相应职责
	第四十三条	学校按照学科领域设置学位评定分委员会

综合来看，两所研究型高校的章程对于学科专业动态调整的相关规定体现了学术、行政和市场的复杂关系，存在三方面的共同之处：一是都规定了高校在设置和调整学科专业方面的自主性和合法性，充分肯定高校自身的学科专业动态调整权限；二是都规定了高校的学科专业设置和调整应当充分考虑社会需求、国家规定和自身实际，体现了政府、高校和市场的多元参与和共治；三是都从学校管理角度规定了二级学院在学科专业规划和招生的权限，说明了二级学院在学科专业建设中的重要性。

二　基于 H 校和 B 校发展规划的文本考察

发展规划为学校发展提供支持，是学校不断探索发展策略，持续改进教育教学质量而进行的管理行动。① H 校和 B 校均于 2017 年正式发布了"十三五"发展规划，于 2022 年正式发布了"十四五"发展规划。从两校发展规划的具体文本内容看，学科专业建设均是其不可或缺的重要内容，推进学科专业动态调整在"十四五"期间面临着巨大的机遇和挑战。事实上，2015 年国务院正式发布《统筹推进世界一流大学和一流学科建设总体方案》后，学科专业动态调整的热潮便再次被掀起，各大高校均将学科专业建设作为发展的突破口，放在发展规划的突出位置。落实和推动"双一流"建设是两校"十三五"和"十四五"期间工作的重中之重。

H 校的"十三五"和"十四五"发展规划将推进学科交叉融合作为学校的三大战略之一，明确提出了"若干学科进入世界一流前列""完成综合性研究型战略转型"的目标。从具体内容看，"十三五""十四五"发展规划中，涉及学科专业动态调整的相关内容主要包括五个方面（见表 3-3）：一是从顶层设计上对学科专业进行统筹规划，如明确主建单位、建立跨单位的学科统筹协调机制、优化学科空间布局、推进学部制和大部制改革等；二是针对学科专业的特点进行分类指导，具体涉及学科专业资源投入的分类配额、传统优势学科与新兴培育学科的分类支持等；三是通过放权和激励引导学科自我发展，发挥基层学术组织和平台在学科专业发展过程的支撑作用，推动学术委员会发挥监督和指导职能等；四是通过学术委员会强化学科绩效考核，并根据评估结果动态调整学科资源的分配额度，探索参照国际通用标准的第三方同行评估；五是以学科交叉融合催生新的学科专业增长点，具体包括营造有利于学科专业交叉融合、资源共享的制度环境，建立多层次、多领域的跨学科协同创新平台等。

表 3-3　H 校学科专业动态调整的主要方法措施

主要方法措施	具体内容
强化学科顶层设计	1. 以一级学科为主线，明确主建单位等； 2. 建立跨单位的学科统筹协调机制； 3. 优化学科空间布局； 4. 理顺学校与二级学院的学科建设责任； 5. 推进学部制和大部制改革

---

① 楚江亭：《学校发展规划：内涵、特征及模式转变》，《教育研究》2008 年第 2 期。

续表

主要方法措施	具体内容
实施学科分类指导	1. 分类确定各学科建设资金投入额度； 2. 巩固传统优势学科，培育新兴学科增长点
引导学科自我发展	1. 将科研基地与平台建设纳入学科的统一规划； 2. 强化教学实体单位学科建设的主体地位； 3. 发挥重点研究基地和平台的学科支撑作用； 4. 发挥学术委员会的学科指导和监督作用
强化学科绩效考核	1. 通过学术委员会对学科建设绩效进行考核； 2. 根据评估结果动态调整学科资源投入； 3. 完善学科分类评价体系，引入第三方评价； 4. 探索全球同行评估，借鉴国际通用标准
推进学科交叉融合	1. 营造跨学科资源共享的制度环境； 2. 推进学科内部的交叉融合制度建立，不断催生新的学科增长点； 3. 培育多层次、多领域的跨学科协同创新平台

B 校的"十三五"和"十四五"发展规划，提出了深入落实"双轮驱动"学科发展战略，从单位和团队两方面指出要"建立健全跨单位的学科协调机制和学科交叉团队运行管理机制"。从发展规划的具体内容来看，涉及学科专业动态调整的相关规定主要包括五大方面（见表3-4）：一是通过学部制改革整合学科专业资源，打造具有竞争优势的学科群，从而推动学科专业的动态调整；二是以一级学科建设为导向推动院系的撤销与合并，优化学科与院系的关系，统筹分散的学科专业力量；三是促进学科专业资源配置机制的优化，主要包括坚持任务导向和绩效导向，设立学科交叉项目，开展跨学科、跨院系的合作，提供特区科研平台的特殊支持等；四是实施第三方评估，完善学科专业的评估机制，为学科专业的动态调整提供科学的依据；五是通过大类招生改革整合解决学科专业划分过细的问题。

表 3-4 　B 校学科专业动态调整的主要方法措施

主要方法措施	具体内容
深化学部制改革	1. 共建规模较大的学科或学科群； 2. 优化资源配置，试点学部制改革； 3. 建立人才培养和科学研究的开放平台

主要方法措施	具体内容
进行院系调整	1. 以一级学科建设为导向，统筹分散的学科力量； 2. 优化和理顺学科和院系行政建制的关系
健全学科资源配置机制	1. 以学科建设任务和绩效为主导； 2. 实施学科交叉建设项目； 3. 跨学科、跨院系从事人才培养与科学研究； 4. 探索建立高端科研平台的特区支持机制
构建第三方评估机制	聘请国内外知名专家或委托高水平教育评价机构、社会中介机构，开展学科、专业、课程等质量评估
实施大类招生	1. 依据学科总体结构和类型，实施教育、人文、社会、基础理学、应用理学与工学，以及艺术和体育学科大类招生； 2. 基于大类招生，建立学生管理、分流与培养的新模式和新机制

综合来看，两所研究型高校都将学科专业的交叉与融合作为"十三五"和"十四五"时期发展的重要方向和战略。从深层次看，学科专业的交叉与融合实际上是知识体系的交叉与融合，促进学科专业交叉与融合必将推动知识生成和生产方式的变革。在具体举措方面，两校均采用了多种政策工具进行学科专业动态调整的干预，以应对来自内外部学科专业发展的多重挑战。其中，推动学部制改革、建立学科专业协同新机制等体现了麦克唐奈（L. M. McDonnell）和艾莫尔（R. F. Elmore）所言的系统变迁工具特征，根据评估结果动态调整学科资源投入等体现了激励性工具的特征，分类管理、实施大类招生等体现了能力建设工具的特征。同时，两校发展规划还提出要结合国家战略和社会经济发展需要，培育新兴学科研究领域和学科专业增长点，体现了学科专业动态调整兼顾市场需求的特征。

三　H校与Y校学科专业的动态调整状况呈现

改革开放以来，我国高校学科专业结构、数量和层次都发生了重大改变。整体而言，结构布局愈来愈精细、数量规模有所扩增、层次类型逐步升级。从政策文件看，国务院学位委员会已于2015年11月制定了《博士、硕士学位授权学科和专业学位授权类别动态调整办法》，明确了"学位授予单位自主调整""省级学位委员会统筹调整""国务院学位委员会批准与复核"的动态调整机制，正式开启了学位点动态调整常态化序幕。依据此文件，国务院学位委员会于 2016 年 9 月发布了《关于下达 2016 年动态调整撤销和增列的学位授权点名单的通知》，撤销了 25 个省份 175 所高校的 576 个学位点，增列了 25 个省份 178 所高校的 366 个学位点；于 2018 年 3 月发布了《关于下达 2017 年动态调整撤销和增列的学位授权点名单的通知》，撤销了 25 个省份 129 所高校的 340 个学位点，增列了 23 个省份 86 所高校的 184 个学位点（见表 3-5）。

表 3-5　2016 年和 2017 年学科专业授权点动态调整情况

单位：个

年份	调整总数		硕士学位点					博士学位点		
			增加		撤销			增加	撤销	
	增加总数	撤销总数	一级学科	专业学位	一级学科	二级学科	专业学位	一级学科	一级学科	二级学科
2016	366	576	170	164	200	222	103	32	27	24
2017	184	340	110	56	78	182	62	18	7	11
合计	550	916	280	220	278	404	165	50	34	35

资料来源：根据国务院学位委员会公布的学位授权点调整通知数据整理。

鉴于内外部因素的综合作用和未来学科专业发展面临的挑战，H 校与 B 校近年来也强化了学科专业的动态整合，撤销了相对薄弱的学科专业，增设了具有优势特色的新兴学科专业。截至 2018 年 6 月，H 校共有本科专业 83 个，硕士学位点一级学科 37 个、二级学科 170 个，博士学位点一级学科 30 个、二级学科 122 个；B 校共有本科专业 69 个，硕士学位点一级学科 36 个、二级学科 144 个，博士学位点一级学科 24 个、二级学科 109 个（见表 3-6）。

表 3-6　H 校和 B 校学科专业点的分布

单位：个

类别	H 校	B 校
本科专业	83	69

续表

类别		H 校	B 校
硕士学位点	一级学科	37	36
	二级学科	170	144
博士学位点	一级学科	30	24
	二级学科	122	109

资料来源：根据 H 校和 B 校本科生和研究生招生简章整理。

从本科专业的动态调整看，H 校和 B 校专业变化幅度都相对较小，存在共同之处，也存在差异。根据普通高等学校本科专业备案和审批结果，2016 年，H 校新增了 1 个本科专业，B 校新增了 2 个本科专业[①]；2017 年，H 校新增了 3 个本科专业，B 校新增了 4 个本科专业（见表3-7）[②]。通过比较分析发现，H 校和 B 校在 2017 年新增的本科专业均多于 2016 年，其中数据科学与大数据技术为两校共同增设的新兴专业。

表 3-7　2016 年与 2017 年 H 校和 B 校新增本科招生专业

单位：个

年份	H 校	B 校
2016	音乐表演	社会学 药学
2017	数据科学与大数据技术 光电信息科学与工程 材料科学与工程	环境生态工程 生态学 数据科学与大数据技术 政治学、经济学与哲学

从研究生学位点的动态调整看，H 校和 B 校在《博士、硕士学位授权学科和专业学位授权类别动态调整办法》颁布以后均结合学校实际情况、国家战略需求和社会发展需要制定了硕士和博士学位点撤销或增加的具体管理办法。从 H 校看，2016 年，该校增设了法学硕士学位授权一级学科，

[①] 《教育部关于公布 2016 年度普通高等学校本科专业备案和审批结果的通知》，http://jwc. hebeinu. edu. cn/upload/file/20170706/1499330973581230. pdf。

[②] 《教育部关于公布 2017 年度普通高等学校本科专业备案和审批结果的通知》，http://www. moe. gov. cn/srcsite/A08/moe_1034/s4930/201803/t20180321_330874. html。

撤销了系统科学、科学技术史和生物医学工程等 3 个硕士学位授权一级学科及系统科学博士学位授权一级学科；2017 年，根据《关于下达 2017 年动态调整撤销和增列的学位授权点名单的通知》，该校并没有撤销或者增设相应的硕士和博士学位授权点，但从国务院学位委员会于 2018 年 3 月发布的《关于下达 2017 年审核增列的博士、硕士学位授权点名单的通知》中可以发现，该校新增了信息与通信工程博士学位授权一级学科（不再保留通信与信息系统博士学位二级学科授权点），美术学博士学位授权一级学科、会计硕士专业学位授权点。比较来看，撤销和增加的学位点数量保持平衡，其中，2016 年撤销的学位点数较多，2017 年增加的学位点较多（见表 3-8）。

表 3-8　H 校 2016 年和 2017 年研究生学位点动态调整情况

单位：个

年份	调整总数		硕士学位点					博士学位点		
			增加		撤销			增加	撤销	
	增加总数	撤销总数	一级学科	专业学位	一级学科	二级学科	专业学位	一级学科	一级学科	二级学科
2016	1	4	1	0	3	0	0	0	1	0
2017	3	1	0	1	0	0	0	2	0	1
合计	4	5	1	1	3	0	0	2	1	1

资料来源：根据国务院学位委员会公布的学位授权点调整通知数据整理。

从 B 校看，2016 年，该校增设了社会学、测绘科学与技术、安全科学与工程等 3 个硕士学位授权一级学科，撤销了科学技术史和管理科学与工程等 2 个硕士学位授权一级学科，控制理论与控制工程、系统工程、模式识别与智能系统等 6 个硕士学位授权二级学科；2017 年，该校增设了天文学和信息与通信工程硕士学位授权一级学科，撤销了中药学硕士学位一级学科和水土保持与荒漠化防治硕士学位授权二级学科，另外，根据国务院学位委员会于 2018 年 3 月发布的《关于下达 2017 年审核增列的博士、硕士学位授权点名单的通知》，该校的民俗学博士学位授权二级学科不再保留而新增社会学博士学位授权一级学科，天体物理、天体测量与天体力学博士学位授权二级学科不再保留而新增天文学博士学位授权一级学科，核技术与应用博士学位授权二级学科不再保留而新增核科学与技术博士学位授权一级学科，同时新增法学博士学位授权一级学科。从 2016 年和 2017 年调整总数看，撤销的学位点数比增加的学位点数多（见表 3-9）。

表 3-9　B 校 2016 年和 2017 年研究生学位点动态调整情况

单位：个

年份	调整总数		硕士学位点					博士学位点		
	增加总数	撤销总数	增加		撤销			增加	撤销	
			一级学科	专业学位	一级学科	二级学科	专业学位	一级学科	一级学科	二级学科
2016	3	8	3	0	2	6	0	0	0	0
2017	6	6	2	0	1	1	0	4	0	4
合计	9	14	5	0	3	7	0	4	0	4

资料来源：根据国务院学位委员会公布的学位授权点调整通知数据整理。

综合而言，H 校和 B 校学科专业动态调整情况是两校章程和发展规划中有关学科专业建设的具体要求，体现了学校发展的实际、国家重大战略的方向和社会经济发展的需求。从特征看，本科专业调整呈现出显著的市场导向特征，反映了社会经济发展的未来趋势和需求，例如数据科学与大数据技术专业的设立；硕士、博士学位点调整不同于以往的"以增加为主"，2016 年、2017 年两所高校均撤销了部分学位点，甚至包括博士学位授予一级学科点，其中既有主动撤销的，也有被动撤销的，反映出高校学科专业动态调整日趋理性。

第二节　研究型高校学科专业动态调整的机制失灵及其表现

随着现代高校职能的逐步拓展，学科专业动态调整的方法手段、影响因素等诸多机制问题也变得愈来愈复杂。研究型高校有着自身特殊的职能和使命，在知识生产创新和研究型人才培养中具有不可替代的地位。实践过程中，由于各种内外部因素的综合影响，学科专业动态调整出现目标偏移、效果不佳等诸多问题。事实上，高校学科专业动态调整并不存在一个适合于所有国家的完美模式，无论是行政管理模式，还是市场调节或者学术自治模式都具有各自的优劣性和适切性，相互之间存在一定的互补性。而且，这三种模式常常是复杂交织、密切联系的矛盾综合体，共同对高校学科专业动态调整产生不同程度的综合性影响。故而，导致学科专业动态调整出现问题的原因也常常是多维因素共同作用的结果。本研究基于"学术-市场-行政"的分析框架，通过历史梳理、文本分析和具体访谈等方式深入考察研究型高校的学科专业动态调整机制，以期发现其中的深层次问题，为研究型高校学科专业动态调整机制的优化完善奠定基础。

一 过度干预中的行政化

长期以来，我国高等教育体制被认为是集权型体制，带有显著的行政管理特征。尽管《中华人民共和国高等教育法》第四章第三十三条明确规定"高等学校依法自主设置和调整学科、专业"，但高校在学科专业动态调整实践过程中的这种自主权限却得不到有效保障。诚如洪堡所言："大学的生存条件是宁静与自由，自由是必须的，宁静是有益的，大学全部的外在组织即以这二点为依据。"[1] 行政力量的过度介入致使学科专业与知识生产的联系产生了一定程度的脱离，导致学科专业动态调整成为应对和解决社会经济问题的一种手段和工具。因此，学界出现了诸多批评之声，诸多学者开始呼吁扩大和落实高校办学自主权，[2] 以激发高校作为学科专业建设的主体能动性，发挥高校在学科专业动态调整过程中的学术自治作用。

重点学科制度便是行政力量干预学科专业动态调整的最直接体现。[3]早在1987年，国家教育委员会就制定出台了《关于做好评选高等学校重点学科申报工作的通知》，提出要以五年为周期重点扶持和规划建设一批

---

[1] 陈洪捷：《德国古典大学观及其对中国大学的影响》，北京大学出版社，2002，第39页。

[2] 祁占勇：《落实与扩大高校办学自主权的三维坐标——高校与政府、社会关系的重塑及内部治理结构的完善》，《高等教育研究》2013年第5期。

[3] 2014年2月15日，中国政府网发布了《关于取消和下放一批行政审批项目的决定》（国发〔2014〕5号），国务院正式发文取消教育部的国家重点学科审批。

重点学科，要求重点学科的门类要比较齐全，科类结构比例和布局应力求合理，构建国家、地方和所在单位三级建设与管理体系。2006 年，教育部制定出台《关于加强国家重点学科建设的意见》，进一步提出"促进了高等学校学科结构的调整和优化"，"明确国家、地方（部门）和所在单位的责任、权利、义务，逐步增加地方教育行政部门在国家重点学科建设和管理上的统筹力度"。同年，教育部又发布了《国家重点学科建设与管理暂行办法》，规定"教育部在对国家重点学科考核的基础上，对符合条件的将重新确定为国家重点学科；对建设成效差、经整改后仍不符合要求的予以淘汰"。截至 2007 年，教育部组织实施了三次国家重点学科的评选工作，第一次评选出 416 个国家重点学科，时间是 1986~1987 年；第二次评选出 964 个国家重点学科，时间是 2001~2002 年；第三次评选出 217 个国家重点学科（包括培育），时间是 2006 年。

不可否认，国家重点学科制度将学科建设与国家发展密切联系起来，显著提升了我国高等教育学科专业水平。但随着国家教育体制机制改革的深入和社会发展矛盾的变化，这种带有较强行政规划烙印的学科专业管理制度开始逐步成为学科专业发展的束缚，致使学科专业结构调整僵化，愈来愈无法满足知识生产创新的要求（见 E04）。从知识生成逻辑看，知识生成是不能被规划和设计的，管理决策者的根本职责不是生成知识，而是为知识生成创设良好的外部服务环境。任何"越俎代庖"、以外部力量强制干预学科专业动态调整过程的行为都是违背知识生成逻辑的。但按照工程化的思维逻辑，学科专业建设其实是管理决策者在既定目标和组织约定下统一推进的标准化过程，其建设成效取决于管理决策者所设置的外在显性评估指标和外部资源占有的丰富程度。事实上，现代社会中权力对知识生成的介入或规划已经形成了一个明显的制度链条。从科研规划、项目招标到论文发表、著作出版、成果评价，权力规划的影子无处不在。国家重点学科制度原本是特定时期的权宜之计，但由于行政权力的深度介入以及制度安排本身所固有的路径依赖，其最终成了我国大学学科建设的根本制度。①

---

① 王建华、朱青：《对我国大学重点学科建设制度的反思》，《中国高教研究》2013 年第 12 期。

国家重点学科制度带有浓厚的计划主义色彩。学科专业是构成高校人才培养和教育教学的基本组织单位，政府应当为高校学科专业建设提供支持和服务，而不是以主导者的身份进行直接干预。从根本上看，学科专业动态调整是一项为学术生产创新服务的管理活动。（E04）

现阶段，这种类似于国家重点学科制度的行政规划思维仍然在学科专业动态调整过程中发挥着重要影响。2015年，中央全面深化改革领导小组会议审议通过《统筹推进世界一流大学和一流学科建设总体方案》，提出："到2020年，若干所大学和一批学科进入世界一流行列，若干学科进入世界一流学科前列；到2030年，更多的大学和学科进入世界一流行列，若干所大学进入世界一流大学前列，一批学科进入世界一流学科前列，高等教育整体实力显著提升；到本世纪中叶，一流大学和一流学科的数量和实力进入世界前列，基本建成高等教育强国。"2017年1月教育部、财政部、国家发展和改革委员会联合发布了《统筹推进世界一流大学和一流学科建设实施办法（暂行）》，明确提出要"打破身份固化，建立建设高校及建设学科有进有出动态调整机制。建设过程中，对于出现重大问题、不再具备建设条件且经警示整改仍无改善的高校及建设学科，调整出建设范围"。

另外，高校内部行政化的问题一直也是学界关注的焦点，诸多学者提出了内部去行政化的思路和方法，但内部行政化的问题却始终得不到有效解决，始终深刻地影响着高校学科专业的动态调整机制，如担任行政职务的教授利用手中分配学术资源的权力在项目、课题申报评审等方面向自己所在的学科专业倾斜。行政管理活动是高校学科专业动态管理过程中的一项基本活动，从性质上讲，它是为学术研究活动服务的派生性活动，当行政管理主义思维渗透到学科专业动态管理过程中时，相关的行政化问题便会出现。

二　被动适应的市场主义

随着高校与市场联系的日趋紧密，学科专业动态调整出现愈来愈强的市场化倾向。对于研究型高校而言，基于知识生产创新的学术研究至关重要，但通常情况下，学术研究具有高度的不确定性，其价值的体现具有严重的滞后性，尤其是基础性研究。而市场则具有明显的逐利性，高校为了多出成果、快出成果可能会选择急功近利的手段。事实上，高校学科专业人才培养已经受到了市场化的干扰（见 SR01）。以就业为例，就业情况能够在一定程度上反映学科专业的市场需求，就业情况好，说明该类学科专业市场仍有扩充空间，可以进一步扩大该类学科专业招生规模；就业情况不好，说明该类学科专业市场已经趋于饱和，应当逐步减少该类学科专业。正是这种就业的市场化导向导致高校学科专业动态调整在一定程度上脱离了其所依托的内在知识生产内核，使得哲学、数学等基础性学科专业面临生源危机，在动态调整过程中处于被动的不利地位。也有研究显示：人文学科、艺术学科、社会学科和教育学科往往处于弱势地位，面临着较高的被撤销风险。①

> 每个专业的就业情况会影响到它的招生情况。近些年，财经类专业比较火爆，报考人数越来越多，录取分数线越来越高，所以很多学校都纷纷成立了财经类院系，设置了财经类专业，并且扩大了财经类专业的招生规模和人数。这其实在很大程度上影响到了学校的专业设置结构和国家学科专业结构的整体布局。（SR01）

现阶段，诸多省份已经开始叫停就业表现不佳的学科专业设置，例如2018 年 1 月，辽宁省撤销重复设置严重、就业率过低的硕士学位授权点 45个、本科专业 33 个；江西省为解决高校专业设置没有与市场有效对接的问题，主动砍掉 200 多个市场需求不高的专业点。另外，浙江省在《浙江省教育厅办公室关于做好 2018 年普通高校本科专业设置工作的通知》明确提出了"严格控制增设限制类专业"，并且将社会需求不大、就业前景不好的专业纳入了严格控制增设限制类专业的范围，严格限制就业排名后十位的专业（见表 3-10）。对于这种以就业为指标的学科专业动态调整，有学者指出影响就业的因素是多方面的，学科专业的就业情况是多方面因素共同作用的结果，抛开这些背后的复杂原因，单纯以就业率指标进行动态调整的局限性是

---

① S. Brint, M. Riddle, L. Turk-Bicakci, and C. S. Levy, "From the Liberal to the Practical Arts in American Colleges and Universities: Organizational Analysis and Curricular Change," *The Journal of Higher Education* 76 (2005): 180-251.

非常明显的。① 这种现象的出现实际是市场化作用的结果，但市场具有滞后性，短期内的就业率并不能真实反映学科专业的存在价值。过度依赖就业率来动态调整学科专业是急功近利的表现，访谈过程中发现有高校教师明确提出反对将学科专业动态调整与就业率直接挂钩（见 TR01）。

表 3-10　浙江省 2014~2016 届本科毕业生专业就业排名后十位

就业率排序	2014 届专业名称	2015 届专业名称	2016 届专业名称
1	传播学	海洋技术	功能材料
2	水产养殖学	土地资源管理	法学
3	物理学	海洋渔业科学与技术	非织造材料与工程
4	法学	农业资源与环境	知识产权
5	表演	法语	船舶与海洋工程
6	美术学	光电子技术科学	地理信息系统
7	植物保护	法学	海洋技术
8	农业资源与环境	应用心理学	医学信息工程
9	录音艺术	地理信息系统	建筑电气与智能化
10	安全工程	园艺	应用物理学

　　现在的大学越来越不像大学了，大学不是职业技能培训学校，是研究高深学问的地方。现在的学生还没有进校，就开始担忧找工作的问题，根本就没有把心思放在学习上。是否有利于就业成为学生选择课程、评判教学的核心标准。但就业实际上是一个自然而然的过程。对于学生来说，知识技能学好了，工作自然就不用愁了；对于大学来说，教育质量提升了，就业率自然就会提升了。学科专业的动态调整不应该过度与就业挂钩。（TR01）

　　学科专业水平被认为是高校办学实力的综合体现。当前，各类围绕学科专业水平的排名层出不穷，并且成了高校学科专业动态调整的"风向标"。

---

　　① 彭正霞、陆根书、李丽洁：《大学毕业生就业质量的影响因素及路径分析》，《中国高教研究》2020 年第 1 期。

不可否认，学科专业水平评估对于促进学科专业建设具有重要价值和意义，但评估不是目的，评估是为了促进学科专业更好的发展。当学科专业建设被评估"绑架"时，评估带来的急功近利问题就会增多，最终将事与愿违、阻碍学科专业发展。诚如吕叔湘所言："教育是农业，而不是工业。"推进高校学科专业建设需要一个缓慢的生长过程和周期，而不能像工业产品一样按照既定规格进行批量化、标准化生产。"双一流"建设背景下，高校需全面认识和理解"硬指标"可能带来的学科专业建设与知识生成转化关系断裂问题。

"硬指标"是指参照一系列量化指标来推进高校学科专业动态调整的一种标准化评估手段和思维方法，如高层次人才指标、论文指标、国际化指标、生源指标、就业指标等。可以说，"当今高等教育迎来了一个评估时代，评估范围之广、形式之多、内容之丰，都是空前的"[①]。

三　偏离知识演化的泡沫化

正如前文所述，学科专业是知识生产积累到一定阶段的制度化表现形式，推动学科专业动态调整应当以必要的知识积累和条件保障为支撑，尤其是对于研究型高校而言。以近两年非常火爆的人工智能专业为例，据教育部统计，截至 2017 年 12 月，全国共有 71 所高校围绕人工智能领域设置 86 个二级学科或交叉学科。表面看，人工智能相关学科专业的设置能够解决我国人工智能领域人才不足的问题，但细思之会发现，人工智能相关学科专业的设置只是在制度化的形式上进行的学科专业动态调整，这种调整的真实性价值其实是有待深入探讨的。作为新兴研究领域，人工智能相关学科专业的发展并不成熟，各高校相关的课程设置、教师配置、教学水平等参差不齐，三年或四年后很多学生可能会获得这些学科专业的毕业证书和学位证书，但并不表明这些学生真正具备人工智能相关学科专业所应掌握的知识技能（见SR08）。

---

① 刘振天：《从象征性评估走向真实性评估——高等教育评估制度的反思与重建》，《高等教育研究》2014 年第 2 期。

　　现在很多学校设置学科专业存在跟风问题，很多专业就是炒概念，火爆短暂的一段时间。有些专业虽然是新设的，但教师没有变、教学内容没有变，都还是原来的那些内容，换汤不换药。这是一种严重的泡沫化问题，会造成资源浪费。（SR08）

　　事实上，有些高校并没有做好人工智能相关学科专业设置的知识准备、课程准备、教学准备和教师准备，匆忙上马人工智能相关学科专业更多的是一种跟风的权宜之计。从这个角度看，推动学科专业动态调整更重要的是要有支持学科专业发展的内在知识保障条件，否则就是名不副实或有名无实的学术泡沫，丧失其存在的本源性价值。从已有研究看，国内学者在讨论学科专业动态调整时更多的是从政府和高校的管理角度展开，并没有深入学科专业自身所蕴含的知识生成价值。制度化的学科专业需要深入研究，但基于知识生成的学科专业研究同样不可忽视。事实上，当前这种名不副实的学科专业设置已经遭到诸多批评，其会进一步加剧学术研究的浮躁之风和学术泡沫化。已经有被访谈者提及学科专业动态调整要有名有实，尊重学术研究和发展的内在规律，不能置具体的实际情况于不顾而盲目跟风或者依靠行政力量强制推进（见TA02）。

　　学科专业的设置不能脱离知识、课程、教学、教师，否则就是名不副实或有名无实的"空壳"。学科专业动态调整实际上是课程的调整、教学内容的调整、学术研究领域的调整。从高校的角度看，学科专业动态调整属于学术自治的范畴，应以有利于学术研究开展、促进知识生产创新为根本目的。当前，由于政府与高校、行政与学术之间的关系并没有理顺，导致学科专业调整更多是依赖行政力量，真正的学术力量在其中发挥的作用比较小。（TA02）

　　从深层次看，不同学科专业名称代表了不同的知识学习、生产和应用领域，推进学科专业动态调整意味着知识学习、生产和应用领域的改变。但从现实情况看，学科专业的名称却成了知识学习、生产和应用领域的纯粹的外在标签。为了吸引眼球、达到某些外在的目的，高校会响应市场需求的变动，改变学科专业的原有名称，赋予其新的"时髦"称谓。从工具理性的角度看，这种改变有其象征性价值和市场化价值，但从知识生成的角度看毫无意义。据统计，2018 年全国普通本科高校拟新增专业 2542 个，调整学位授予门类和修业年限专业 40 个，拟撤销专业426 个。① 这些专业的增加或者撤销的原因是多方面的，有些可能缘于学术研究创新的需求，有些可能缘于市场和规划的需要。但撤销并不意味着原有学科专业所蕴含的知识领域的消失，增加也不意味着新的学科专业所蕴含的知识领域的出现。从内在目的看，学科专业动态调整应当是一个顺其自然的自发性过程，外部力量的介入所能改变的只是其外在的形式化价值。故而，有被访谈者表示，学科专业的称谓并不重要，重要的是学科专业所蕴含的内在知识素养和思维（见 SA04）。

> 不管学科专业的名称怎么变，我更关注的是具体学到了什么样的知识，以及这些知识对于我今后的职业发展是否有好处。从根本上看，学科专业叫什么并不重要，重要的是通过学科专业的训练形成具有竞争力的知识素养和思维。学校在设置学科专业时应当充分考虑学生的需求，在课程开设、教学内容方面及时进行知识更新。（SA04）

另外，现在有一种过度强调期刊论文发表的学科专业建设倾向。在各类学科专业排行榜中，发表论文越多即被认为学科专业水平越高，发表论文越少则被认为学科专业水平越低。学科专业水平是影响高校学科专业动态调整的重要变量，发表论文少、排名低的学科专业面临着更大的被撤销风险，而发表论文多、排名高的学科专业则更有可能得到充足的资源支持并在招生指标等方面占据优势。理论上讲，论文是知识生产创新的载体，论文发表越多表示学校在该学科专业所做的知识增值贡献越大。但理论与实际总是存在着差距，在现行的学术评价体系下论文发表所蕴含的知识增值贡献正遭受越来越多的质疑。中国科学技术信息研究所发布的报告显

---

① 《教育部关于公布 2017 年度普通高等学校本科专业备案和审批结果的通知》，http：//www.moe.gov.cn/srcsite/A08/moe_1034/s4930/201803/t20180321_330874.html。

示，2007～2017 年，我国论文发表数量已经稳居世界第二，远超第三名的英国（见表 3-11）。但这并不能说明我国高校学科专业的整体研究水平已经位居世界第二，而且从 ESI 的学科排名可以看出我国高校排名前 1% 的学科专业仍然很少。从另外一个角度看，这能在一定程度上说明很多论文发表其实是在制造学术泡沫，造成了学科专业发展的虚假繁荣。故而，以学科专业排名推动学科专业动态调整可能是不合理的，排名高并不能说明知识贡献高。

表 3-11　2007～2017 年世界各国论文发表数量、被引用次数与篇均被引次数

国家	论文数量		被引用次数		篇均被引次数	
	篇数（篇）	排名	次数（次）	排名	次数（次）	排名
美国	3804470	1	66447423	1	17.47	1
中国	2058212	2	19349987	2	9.40	15
英国	1061626	3	18375664	3	17.31	4
德国	1005277	4	16237514	4	16.15	6
法国	704949	5	10867562	5	15.42	8

资料来源：中国科学技术信息研究所 2017 年发布的《中国科技论文统计结果》。

第三节　造成研究型高校学科专业动态
调整机制失灵的实践逻辑

通过考察研究发现，行政化、市场化与泡沫化是研究型高校学科专业动态调整机制运行过程中的三大基本问题，深刻影响着学科专业动态调整的方向和效果。从根本上看，导致这三大问题产生的内在原因具有高度的一致性，即学术、行政和市场的矛盾关系失衡。学术、行政和市场的关系处理是高校学科专业动态调整需要面对的共性问题，但在研究型高校中，它们之间的关系却又呈现出一定的个性化特征。学术是研究型高校区别于其他高校的最突出特征，也是研究型高校存在的独特价值底色。如何在学科专业动态调整机制的设计中彰显学术底色是研究型高校需要科学合理应对的常规性问题。以学术为底色不是否定市场和行政在研究型高校学科专业动态调整过程中的作用，学术与市场、行政是对立统一的矛盾关体，研究型高校的学科专业动态调整要充分发挥学术力量的根本性作用，让行政和市场更好地为学术研究服务、为知识生产创新服务。当行政和市场的力量过大，并且高度介入学科专业动态调整的过程中时，研究型高校所蕴含的学术使命和存在价值就有可能遭受挑战，产生诸多的行政化、市场化和泡沫化问题。为此，本部分基于"学术－市场－行政"的基本分析框架，分析导致研究型高校学科专业动态调整机制问题产生的具体原因。

一　责任与使命的办学定位不清

责任和使命决定了研究型高校存在的独特性价值，决定了研究型高校开展各项活动的独特行动逻辑。自研究型高校的概念提出以来，学界对于其责任和使命的探讨便从未停止。有学者从国家角度提出建设高等教育强国是大学的责任和使命[1]；有学者从知识经济角度提出把握科技教育发展方向、建立合理有效的知识运作机制是大学的责任与使命[2]；有学者从一流大学建设角度提出坚持追求真理、坚持立德树人、坚持原创研究是大学的责任和使命[3]。基于不同的立场和视角，对研究型高校责任和使命的认识和理解往往有所差异。在实践过程中，国内外知名的研究型高校均将责任与使命放在了特色办学和卓越发展的显著位置。英国剑桥大学自 1209 年成立之日起确立了"此地乃启蒙之所和智慧之源"（from this place, we gain enlightenment and precious knowledge）的校训[4]，明确了社会启蒙和智慧创造的责任和使命；美国斯坦福大学自 1891 年成立之日起确立了"自由之风劲吹"（the wind of freedom blows）的校训[5]，明确了鼓励和保证师生教与学的自由，并且为追求自由而努力的责任和使命。国内高校也都有自己的校训，很多高校将校训写进了学校章程，但所能发挥的实际作用并不明

---

① 眭依凡：《高等教育强国：大学的使命与责任》，《教育发展研究》2009 年第 23 期。
② 程晓舫、袁新荣、刘景平：《知识经济时代大学的地位、责任与使命》，《中国高教研究》2006 年第 11 期。
③ 陈骏：《一流大学的责任与担当》，《中国高教研究》2017 年第 12 期。
④ University of Cambridge, About the Logo, https：//www. cam. ac. uk/brand-resources/about-the-logo/the-coat-of-arms.
⑤ Stanford University, A History of Stanford, https：//www. stanford. edu/about/history/.

显（见 TA03）。

　　　　国内很多高校虽然也有校训，也提倡大学精神，但口号化比较严重，并没有真正地融入到学校的实际发展过程中。很多教师和学生根本不知道自己学校的校训和精神。（TA03）

　　学科专业的设置和发展是体现研究型高校履行责任和使命的重要载体，推动学科专业动态调整应当以高校的责任和使命为导向，坚持和维护自身办学定位的特色和优势。但当前，诸多高校对自身的办学定位缺乏清晰认识和理解，在学科专业建设过程中盲目跟进，造成"平原多"（学科专业布面广点多）、"高峰少"（特色优势学科专业点少）① 的问题。有学者以 83 所重点大学为例，以 144 项变量为指标，对我国高校的同质化问题进行了分析，结果发现我国高水平大学的同质化程度已经达到了非常高的水平，突出地表现在机构设置雷同、校训雷同、学科专业设置雷同等。② 也有学者运用 Simpson 指数法，对大众化进程中我国高等教育的多样化和同质化问题进行了分析，结果同样发现高等教育大众化进程中我国的高校越来越同质化，多样化则显得不足。③ 从已有文献来看，近五年来，国内有关高校同化的研究越来越多，该问题正在受到越来越广泛的关注。这说明，同质化确实已经成为高校发展过程中的一个重要问题。

　　另外，通过访谈也发现，我国高校的同质化问题确实较为严重，为了迎合市场的需求，部分师范大学新增了很多新兴的热门专业，减少或砍掉了大量师范专业的招生（见 TR04）。透过同质化的现象，深入分析可以发现，其深层次的原因在于高校自身的办学定位不清，而导致高校自身办学定位不清的原因又是多方面的。有学者分析认为高校办学自主权的

---

① 韩筠：《调整优化高等教育学科专业和人才培养类型结构》，《中国高等教育》2017 年第 12 期。
② 袁东、李爱民、张忠元：《我国高水平大学同质化问题的复杂网络分析》，《高等教育研究》2013 年第 4 期。
③ Q. Zha, "Diversification or Homogenization: How Governments and Markets Have Combined to (Re) shape Chinese Higher Education in Its Recent Massification Process," *Higher Education* 58 (2009): 41–58.

长期缺失以及由此形成的惯性和依赖性是高校同质化现象加剧的主要诱因[1]；也有学者认为造成同质化的原因在于我国高等教育发展过快，忽略了内涵建设，很多高校为了获取经济效益而扩大学科专业招生规模，不顾社会需求重复设置学科专业[2]。对此，有学者进一步指出，未来应当对高校进行分类管理，促进高校在不同层次的合理定位，以更好地彰显自身特色、打造竞争优势。[3]

> 现在的大学越来越没有特色，越来越没有定力。师范大学的师范专业越来越少，其他方面的学科专业优势又没有建立起来。跟综合性大学相比，师范大学原有的师范办学优势在不断下降。学校为了提升排名，往往喜欢重点发展那些能够快速提升排名的学科。（TR04）

从因果关系的角度看，学科专业动态调整机制不健全是造成高校同质化发展的重要原因，而高校追求"高、大、全"的趋同性发展思维又是影响学科专业动态调整机制构成的重要因素，正是在二者的相互作用中形成了我国当前的学科专业动态调整机制，使高校发展具有同质化倾向。学科专业设置对高校多样化发展和特色化发展有着极其重要的影响。不同类型高校往往在办学定位上呈现出显著的差异性，显然，这种差异性会影响到学科专业动态调整的方式和效果。以上海高校的"二维"分类为例，按照承担人才培养主体功能的差异性，其将高校划分为"研究型、应用研究型、应用技术型和技能型"四种类型；按照主干学科设置分布情况，其又将高校划分为"综合性、多科性、特色性"三个类别，而每一种类型与类别的交叉都将构成一种不同类型高校的办学定位。对于偏向应用技术型和技能型的高校而言，强调以就业为导向的市场调节是尊重其办学定位的表

---

[1] 袁东、李爱民：《高校自主权缺失与同质化发展关联性分析》，《湖南师范大学教育科学学报》2011年第5期。

[2] 宋争辉：《高校专业设置同质化的消极影响及应对策略》，《中国高等教育》2011年第24期。

[3] 王俊恒：《从同质化到多样化：高等教育发展的应然走向》，《内蒙古师范大学学报》（教育科学版）2012年第9期。

现，但对于研究型、应用研究型高校而言，过于强调以就业为导向的市场
调节则会阻碍基础性科学研究事业的推进、违背其办学定位中的学术研究
逻辑，造成办学定位"漂移"，市场调节失灵。

二　知识与学术的内在追求迷失

作为以知识为联结中心的高校，其学科专业动态调整不可能脱离知识
和学术的内在追求，尤其是对研究型高校而言。当学科专业动态调整作为
一种手段而非目的时，其工具性价值将会被凸显。按照行政管理逻辑和市
场需求逻辑，学科专业动态调整就是工具，就是指标，知识则成为行政管
理和市场需求的外在产物，纽曼所言的"知识本身即目的"则被排斥在
外。此时，学科专业动态调整与知识生成转化的内在一致性即被割裂。从
历史发展看，新中国成立后，为适应计划经济条件下国家对高校办学资源
进行计划性调控的需要，我国施行的是"计划供给"的学科专业管理体
制，此时行政管理逻辑居于主导地位，学科专业动态调整更多的是一种行
政管理活动。"知识不仅仅是达到它后面的某种东西的手段或者是它自然
会消失于其中的某些技术的准备，知识就是一种目的。"[①] 追求知识自由和
知识创造是高校得以存在并保持生命力的基础，学科专业动态调整在本质
上是一种基于知识生成的学术活动，而学术自治是知识自由和知识创造的
文化制度基础。

事实上，学科专业代表的是知识生成和积累，持续的知识生成是高校
学科专业动态调整的根本所在，离开了知识生成的市场调节更多的是一种
市场化的符号游戏。动态调整后，代表学科专业的外在符号虽然发生了改
变，但其内在知识基础却并没有改变，而这也将导致市场调节沦为形式化
和虚无化的"市场化游戏"，催生更多的学术泡沫。事实上，诸多高校在
强调学科专业动态调整时更多看到的是符号层面的学科专业本身，而没有
关注到学科专业所代表的深层知识生成基础，从而使得学科专业人才供给
与需求看似平衡，但实则失衡。知识生产创新本是一个充满创造性的复杂

---

① 〔英〕约翰·亨利·纽曼：《大学的理想》，徐辉、顾建新、何曙荣译，浙江教育出版社，
　　2001，第92页。

过程，是高校学科专业动态调整之根本所在。知识生成逻辑视域下，所有的行政管理活动与市场需求活动都应当围绕知识的生成和创新展开。

但在 GDP 主义绩效观的影响下，学科专业动态调整的知识生成属性被严重异化为外在的、被行政权力和市场需求主导的客体化存在，其创造性空间被严重挤压。正如托尼·比彻和保罗·特罗勒尔所描述的那样，"学者们已经没有选择的余地，无论他们情愿与否，市场和政府已经通过各种各样的方式侵入到他们的工作和生活中"①。在这样一种生态背景下，高校学科专业动态调整无疑成为与知识生成无关的外在性活动。显然，扭转这种知识生成客体化的局面需要从根本上变革当前这样一种 GDP 主义倾向的绩效观、摆脱学科专业动态调整完全被行政管理逻辑和市场需求逻辑操控的尴尬现实。有被访谈者对当前学科专业建设过程中过度强调论文发表和项目申请的问题进行了批判，认为很多论文是为了发表而发表的无病呻吟（SR03）。

> 在科研绩效的学术量化评价背景下，大家往往忙着论文发表和项目申请。普通人见面，问"你吃了吗"，大学老师见面都是问"最近在研究什么""发表了几篇论文""申请的项目中了没"……。为了完成考核任务、评高级职称，很多人都是为了发表而发表……。（SR03）

GDP 主义早期是经济领域的一种发展观问题，主要指一切都以 GDP 增长为目的的发展评价方式。从本质看，GDP 主义是工具理性思维主导下的客观产物，带有浓厚的功利化色彩。现阶段，GDP 主义发展观的影响无处不在，教育领域的 GDP 主义也很常见，如唯分数、唯就业率、唯升学率、唯论文数量等，影响恶劣。有学者指出："当下的现实是，社会首先是经济增长，领导首先是政绩增长，家长首先是分数增长，学校首先是升学增长，教育的追求与现实的取向已经产生了严重的冲突。"② 学科专业动

---

① 〔英〕托尼·比彻、保罗·特罗勒尔：《学术部落及其领地：知识探索与学科文化》，唐跃勤译，北京大学出版社，2015，第 184 页。
② 陈立群：《行政化、政绩观与应试教育》，《人民教育》2015 年第 23 期。

态调整中，政府追求投资少、周期短、见效快的"工程化"政绩，高校追求学科专业排名的"硬指标"提升，教师、学生追求期刊论文发表和课题项目申请。有学者曾描述部分管理决策者，"他们只重当前，不顾长远；只重速度，忽视质量；只重片面，不计全面"，"他们今天一个规划、明天一个思路，大搞教育'形象工程''政绩工程'，甚至欺上瞒下，制造虚假教育'政绩'"①。诚然，此种描述略显刻薄，但确实在一定程度上反映了高校 GDP 主义学科专业动态调整观所引发的深层次问题。

从深层原因看，学术行政化和市场化是学术自治缺位的集中体现，正在深刻地影响知识生成和创造，影响着高校学科专业动态调整的方式和效果。一方面，我国是一个典型教育集权制国家，存在着较强的外部行政化和内部行政化倾向。从外部行政化看，政府掌控人、财、物等办学资源，长期处在外控式管理模式之下的高校对政府形成了习惯性依赖，在进行学科专业调整决策时往往更加倾向于顺从和迎合政府意志，以获取更多的外部资源支持；从内部行政化看，高校内部存在严重的科层制管理和官僚化作风，学术权力的科学合理运行缺乏必要的机制保障，导致学术问题行政化，破坏了学术自由和学术自治基础。另一方面，市场化改革带来一系列的负面效应，功利主义思想文化盛行，导致高校学科专业动态调整因被利益绑架而沦为以利益为争夺核心的市场化游戏，实际上并没有带来实质性的知识增值，进一步加剧了学术泡沫化。

三　权力与利益的关系博弈失衡

伯恩斯坦（B. Bernstein）指出，学科分类及其框架制定从本质上反映了权力关系，权力原则与社会控制原则通过学科制度实现，并通过这些制度进入人们的意识。② 高校是一个复杂的关系场域，政治权力、民主权力、行政权力和学术权力混杂其中，存在着多重利益关系的交织博弈，学科专业动态调整不可避免地受到这些权力利益关系博弈的影响。当政治权力、民主权力或者行政权力过度膨胀时，学术权力自然就会趋于弱化，以知识

---

① 郑生勇：《教育政绩观的偏误与匡正》，《教育研究与实验》2015 年第 2 期。

② B. Bernstein, "On the Classification and Framing of Educational Knowledge," in M. F. D. Young , ed., *Knowledge and Control* (London：Collier Macmillan, 1971), p. 54.

生成为核心的学术自治自然就会被其他外在力量所控制，导致高校丧失自治的基础，沦为外在力量达成某种特定目的的工具。尽管《中华人民共和国高等教育法》明确规定"高等学校自成立之日起取得法人资格"，各高校也制定了自主办学的章程，成立了学术委员会或者教授委员会等，但实际取得的效果却不尽如人意。曾有研究对浙江 14 所高校学术委员会运行进行调查，结果显示：52.6% 的被调查者认为学术委员会只是附属和依附于行政权力的工具而已。① 当这些权力与利益的关系博弈出现失衡时，高校学科专业动态调整中的市场化、行政化或者泡沫化问题便会出现。

从国家这一宏观层次看，不同高等教育体制与历史发展阶段下，行政权力和市场力量在高校学科专业调整中发挥作用的强度有所差异，呈现出不同的方式和特点，这些差异意味着不同的权力和利益分配关系。在高等教育集权制国家，行政管理在学科专业动态调整中的权力渗透性较强，政府教育管理部门往往更加强势，这虽然有利于进行学科专业的整体性规划和标准化建设，但却易引起成资源使用低效、优势特色丧失等问题，因此有学者认为应尽可能减少政府行政干预，尊重高校办学自主权。② 我国改革开放之前的高等教育计划管理体制便具有典型的行政管理模式特征，学科专业从设置、招生到管理、就业都严格按照政府计划进行统一的规范和分配。改革开放之后，为促进社会主义市场经济发展，国家开始转变学科专业管理方式，"市场匹配"的学科专业管理方式开始占据主导地位，市场需求成为学科专业调整的基本依据，学科专业被无奈卷入市场逻辑。但学科专业建设不是简单的行政管理活动或是单纯的市场供需活动，其在根本上是一种知识生成转化活动。"计划供给"与"市场匹配"有助于推进学科专业建设，但它们仅仅是方法手段，不可成为学科专业建设的主导和目的。

从高校的中观层次看，学科专业建设和发展是一个长期的过程，需要投入大量的人力、物力和财力。但对于高校而言，办学资源在一定时期内

---

① 魏小琳：《高校学术委员会制度的现实困境及其建设——基于对浙江省高校的调查》，《中国高教研究》2014 年第 7 期。
② 刘振天、杨雅文：《进一步扩大高校办学自主权　深化学科专业管理体制改革》，《现代大学教育》2002 年第 5 期。

总是有限的，将资源重点和优先投向某些学科专业，也就意味着其他学科专业资源的减少、发展机会的减少。为了获取更多的办学资源和优先发展的机会，高校与高校之间往往会产生权力与利益博弈，高校内部的学科专业之间也会产生权力与利益的博弈。从外部看，高校与高校之间的竞争归根结底是学科专业发展水平的竞争。影响学科专业发展水平的因素是多方面的，对于研究型高校而言，学科专业的学术产出成果无疑是构成竞争力的关键因素。但学科专业竞争力的建立需要大量人力、物力和财力等资源的投入，为了获取更多的资源支持，高校与高校之间往往会产生一定的竞争，并且与政府、企业等资源供给方构成复杂的权力与利益关系格局。从内部看，高校内部的院系之间、学科专业之间也会因办学资源的稀缺性而展开不同程度的竞争。高校重点建设的学科专业往往具有更强的资源获取能力，在办学资源争夺过程中更具有话语权，而弱势学科专业则可能存在严重的办学资源不足问题，面临着被撤销的风险。

从教师和学生的微观层次看，学科专业动态调整可能意味着课程教学考核方案的变动，意味着论文发表和课题项目申请的变动，意味着既有权力与利益关系格局的打破和重组。2016 年 7 月，兰州大学撤销教育学院及其内设机构，重新组建高等教育研究所，本科专业停止招生，部分教师和学生分流，就曾引起过很大的争议。有教育学院学生反映"学校没有说明撤销原因，感觉自己像是被学校抛弃"，"撤销可能对保研的同学影响比较大"等。[1] 而且，教师并入新的院系将面临新的学科专业环境和挑战，这实际上会对当事学生和教师的合法权益产生很大影响。不同的学科专业有不同的考察方式和评估导向。对于教师而言，学科专业的知识积累是其立身之基，加入新的学科专业院系需要投入新的精力以适应新的规则体系；对于学生而言，选择了学科专业就意味着可能选择了今后的职业发展方向，而且不同学科专业在人力资源市场中的需求有所差异，将会直接关系到学生普遍关心的就业问题，访谈过程中，就有学生反映了此类问题（见SR01）。

---

① 李志强：《兰州大学撤销教育学院引争议》，《新京报》2016 年 8 月 27 日。

我们专业是属于新兴的交叉专业，有的学校授予管理学学位，有的学校授予教育学学位。我进来的时候按规定是授予管理学学位，但从 2019 年起系里通知按教育学招生，并且授予教育学学位……。很多同学其实不想拿教育学的学位，觉得管理学的学位更好，以后就业领域更广，所以也有人在跟领导反映这个问题。（SR01）

第四章　应用型高校学科专业
动态调整机制考察

应用型高校的诞生缘于高等教育社会服务职能的拓展。19 世纪末，以"洪堡理念"为基础的研究型高校受到越来越多的批判，其所培养的学生越来越不能满足社会经济发展的需要，而基于实用主义哲学思想的应用型高等教育办学思想应运而生。20 世纪初的"威斯康星理念"便是实用主义高等教育哲学思想的直接产物。随着经济社会发展与学科专业人才培养联系的日趋密切，高校愈来愈无法回避人力资源市场的束缚和影响，学界对于"走出象牙塔"的呼声也愈来愈高涨，要求学科专业人才培养服务于经济社会发展的市场化改革思潮在高等教育中的影响愈来愈深刻。20 世纪 80 年代，美国国家教育统计中心（NCES）建立的学科专业分类系统（CIP）就已将学科专业按照方向定位划分出学术型学位和专业型学位。学术型学位重点强调科学研究能力，专业型学位则重点强调实践应用能力。从职能分工来看，如果说研究型高校将科学研究放在第一位，以培养研究型人才为主的话，那么应用型高校则将社会服务放在第一位，以培养应用型人才为主。

现阶段，以文理学院和社区学院为代表的应用型高校已经成为美国高等教育体系不可或缺的组成部分。为了适应市场需求，美国高校在学科专业布局上经历了从文理到实用的转型发展过程。[①] 我国近年来也加强了应用型高校的建设，一方面，大力发展高等职业教育，以产教融合、校企合作的方式推动高等职业教育办学水平和质量的提升。2014 年 8 月，教育部

---

① S. Brint, M. Riddle, L. Turk-Bicakci, and C. S. Levy, "From the Liberal to the Practical Arts in American Colleges and Universities: Organizational Analysis and Curricular Change," *The Journal of Higher Education* 76 (2005): 151-180.

颁布的《关于开展现代学徒制试点工作的意见》要求："各地要积极开展招生即招工、入校即入厂、校企联合培养的现代学徒制试点。"2015 年 7月，教育部颁布的《关于深入推进职业教育集团化办学的意见》也明确提出要"以提高技术技能人才培养质量为核心，以深化产教融合、校企合作，创新技术技能人才系统培养机制为重点"。另一方面，推动 20 世纪以后新升格高校的发展转型，着力发展应用型本科，打通专业学位贯通体系，以更好地服务于地方经济社会发展。2015 年 10 月，教育部、国家发展和改革委员会、财政部颁布的《关于引导部分地方普通本科高校向应用型转变的指导意见》明确提出："推动转型发展高校把办学思路真正转到服务地方经济社会发展上来，转到产教融合校企合作上来，转到培养应用型技术技能型人才上来，转到增强学生就业创业能力上来。"

从特征属性看，相比于研究型高校，应用型高校更强调职业技术和应用实践型人才的培养，与社会经济发展的联系更为直接，其学科专业动态调整往往具有更强的市场性。正如有学者所认为的那样，学科专业是院校办学特色的核心，推动应用型高校发展应当将焦点放在应用型学科专业的突破上，重心放在区域社会经济发展的现实需求上，但其难点在于打破高校学科专业既有的利益关系与格局。[1] 应用型高校学科专业动态调整机制在某种程度上就有关既有利益关系与格局的解构与重构。为系统分析应用型高校学科专业动态调整机制的特征、问题及其原因等，本研究选择以 C 校和 Y 校为例，通过政策文本分析、访谈等方法进行具体考察，以期找到应用型高校与研究型高校学科专业动态调整的异同之处。C 校和Y 校均将自身定位为特色鲜明的应用型高校，其章程中均明确提出着力培养高素质应用型技术技能人才的目标，以它们为案例具有一定的典型性和代表性，能够为各界深入理解应用型高校学科专业动态调整机制的具体状况提供有益借鉴。

---

① 徐军伟：《地方本科院校转型要聚焦应用型学科建设》，《教育发展研究》2017 年第 1 期。

第一节　践行应用型责任与使命的
实然机制及其特征

传统高等教育往往具有浓厚的精英主义气质。随着高等教育规模的扩大，尤其是大众化和普及化高等教育时代的到来，整个高等教育从学术型和研究型转向应用型已是大势所趋。[①] 20 世纪 90 年代以后，亨利·埃茨科威兹（Henry Etzkowitz）和罗伊特·雷德斯多夫（Loet Leydesdorff）基于政府、产业与高校间的关系提出了影响深远的"三螺旋理论"，将高校学科专业与产业经济发展的关系提到了前所未有的高度。为了适应产业经济发展的多元化动态需求，应用型高校往往将学科专业动态调整放在特别显著的位置，因此，就业情况也就成了应用型高校学科专业动态调整的重要依据。从章程和发展规划看，诸多高校将学科专业动态调整与经济产业人才需求密切联系起来，制定相关的具体规章制度。本研究以两所应用型高校（C 校和 Y 校）为案例进行系统考察，以期深入理解应用型高校学科专业动态调整的规则与表现。

一　基于 C 校和 Y 校章程的考察

章程是促进高校内部运行法治化的基本规则体系。C 校章程（修订版）经学校党委会审定，由学校教职工代表大会审议通过，并经省人民政府教育行政主管部门核准后报教育部备案，于 2015 年 12 月 25 日正式发布；Y 校章程（修订版）则经学校教职工代表大会讨论、校长办公会议审议、学校党委全委会审定后，报市教育委员会核准后报教育部备案，于 2016 年 9 月 28 日正式发布。学科专业是两校章程中的重要内容，体现在章程中的多个章节。就具体内容规定而言，C 校章程和 Y 校章程中有关学科专业动态调整的相关规定存在诸多的相似之处，充分彰显了应用型高校的"应用"特征。

从 C 校章程看，涉及学科专业动态调整的相关规定主要分布在第一章

---

① 王建华：《高等教育的应用性》，《教育研究》2013 年第 4 期。

的总则、第二章的举办者与学校、第三章的学校功能和第四章的学校内部治理体系中（见表4-1）。第一章的第十条提出了学科专业动态调整的相关标准和依据，要求学科专业动态调整应当符合三个条件：一是根据国家和地方经济、社会发展需求及学校自身办学实际；二是要遵守国家相关的政策法规；三是要不断提升学科专业对于产业发展的贡献度。第二章的第十五条规定了该校学科专业动态调整中的管理权限，指出该校可自主调节系科招生比例，依法自主设置和调整学科专业。第三章从三个方面规定了该校在学科专业动态调整中的功能，其中，第十九条提出学校应根据自身的应用型的办学定位制定学科专业的招生方案；第二十三条提出学校要制定学科专业建设标准；第三十条提出学校应充分利用学科专业优势和深厚的行业背景，积极推进产教融合、校企合作。第四章则从校长、学校理事会、学术委员会和二级学院四个方面规定了该校在学科专业动态调整中的内部治理体系，其中，第四十一条指出了校长在学科专业动态调整中的职责；第四十三条指出了学校理事会在学科专业动态调整中的职责；第四十九条指出了学术委员会在学科专业动态调整中的职责；第五十九条指出了二级学院在学科专业动态调整中的职责。

表4-1　C校章程中有关学科专业动态调整的相关规定

章程条目		相关规定
第一章 总则	第十条	根据国家和地方经济、社会发展需要及自身办学实际，依法适时设置和调整学科专业，不断提升学科专业对产业的贡献度
第二章 举办者与 学校	第十五条	1. 根据社会需求、办学条件和国家核定的办学规模，制定招生方案，自主调节系科招生比例； 2. 依法自主设置和调整学科专业
第三章 学校功能	第十九条	依据社会需求、学校发展定位、办学条件等制定招生方案
	第二十三条	学校制定学科专业建设标准
	第三十条	学校充分利用学科专业优势和深厚的行业背景，积极推进产教融合、校企合作

续表

章程条目		相关规定
第四章 学校内部 治理体系	第四十一条	组织拟定和实施学校发展规划等（校长）
	第四十三条	就学校发展目标、战略规划、学科建设、专业设置等重大问题进行咨询或审议（学校理事会）
	第四十九条	审议学科建设、专业设置（学术委员会）
	第五十九条	发展学科、专业和建设师资队伍（二级学院）

从 Y 校章程看，涉及学科专业动态的相关规定主要分布在第五章的学科专业设置、第六章的管理体制和第七章的学校权利与义务（见表4-2）。第五章直接以"学科专业设置"作为标题（单独作为一章可见该校对于学科专业设置的重视程度），从两个方面进行了具体规定：一是指出了该校学科专业设置的门类和范围；二是要求学科专业动态调整应符合经济建设和社会发展需求，应推动应用型高校办学定位和人才培养定位的学科专业体系的构建。第六章从三个方面规定了该校学科专业动态调整的管理体制，其中，第二十一条指出了学术委员会在学科专业动态调整中的职责；第二十二条指出了二级学院在学科专业动态调整中的职责；第二十四条指出各院系可根据学科专业发展需要设置教学科研机构和教学指导分委员会、学术分委员会等。第七章则从两个方面规定了学校在学科专业动态调整中的权利与义务，一是学校在遵守国家规定、符合社会需求和办学实际的基础上可自主设置和调整学科专业；二是学校在遵守国家规定、符合社会需求和办学实际的基础上可自主制定学科专业的招生方案，自主调节学科专业招生比例。

表4-2 Y 校章程中有关学科专业动态调整的相关规定

章程条目		相关规定
第五章 学科专业 设置	第十三条	1. 学校专业设置涵盖经济学、法学、教育学、文学、理学、工学、农学、医学、管理学、艺术学等学科门类； 2. 根据经济建设和社会发展需要，积极调整学科专业结构，构建体现应用型高校办学定位和人才培养定位的学科专业体系

续表

章程条目		相关规定
第六章 管理体制	第二十一条	审议学校学科专业设置和学术梯队建设方案（学术委员会）
	第二十二条	组织开展本院系的教学、科学研究、学科建设、专业建设（二级学院）
	第二十四条	各院系根据需要可设置与学科专业相适应的教学科研机构以及教学指导分委员会、学术分委员会、学位分委员会
第七章 学校权利 和义务	第二十七条	1. 根据社会需要和办学条件，依照国家有关规定设置和调整学科专业； 2. 根据社会需求、办学条件和国家有关规定，制定招生方案，调节学科专业招生比例，招收学生

综合来看，C 校和 Y 校章程中有关学科专业动态调整的相关规定在章节分布上存在很大的差异，但在内容方面却呈现高度的相似性，其中，Y 校将"学科专业设置"作为章程中的独立一章并在两个方面展开。从内容看，C 校和 Y 校在学科专业动态调整的相关规定中凸显了应用型的办学定位，具体包括三个方面：一是根据地方和区域经济社会发展需要调整学科专业，强调学科专业动态调整中的市场调节作用，学科应符合地方和区域经济社会发展的市场需要；二是从政府、学校和二级学院等不同层面规定了学科专业动态调整的规则和程序，推动学科专业动态调整必须克服随意性，在清晰明确、公平公开的规则框架体系下展开；三是要制定学科专业动态调整的规划，尤其是招生计划，制定过程要体现教育行政部门、高校和二级学院等共同参与的要求。整体来看，与研究型高校相比，作为应用型高校的 C 校和 Y 校在学科专业动态调整中更加强调服务于地方和区域经济社会发展，带有更加鲜明的应用导向的市场化特征。

二 基于 C 校和 Y 校发展规划的考察

发展规划对高校的发展具有引领、动员、凝聚与规范等作用。[①] 推动

---

① 别敦荣：《高校发展战略规划的理论与实践》，《现代教育管理》2015 年第 5 期。

学科专业科学合理布局是高校制定发展规划的重要内容。C 校和 Y 校均协同学校多个部门共同制定了"十三五"和"十四五"发展规划,在发展基础、目标和任务等板块均提出了学科专业建设的要求和举措。通过比较分析可以发现,C 校和 Y 校同为应用型高校,在学科专业动态调整方面呈现出了高度的相似性,尤其注重学科专业布局与区域、产业和行业的互动关系,带有显著的市场调节特征。

C 校发展规划制定的重要依据之一是《关于引导部分地方普通本科高校向应用型转变的指导意见》,提出了学校学科专业建设与属地经济社会契合度明显提升的发展目标。从具体内容看,主要涉及五个方面。一是强调学科专业动态调整的应用型导向,要求深化专业链与产业链的对接,完善学科专业与产业行业的对接机制。二是从学科结构优化的角度提出打造具有行业和区域特色的应用型学科体系,强化错位发展与协同发展,巩固优势学科、培育新兴学科、改造传统工科。三是从专业结构优化的角度提出协调推进专业课程建设、专业认证和实践应用课程设置,以更好地促进产教融合和科教融合。四是使学科专业发展更好地服务于区域与行业发展,结合区域经济产业结果重点布局相关学科专业,并融入绿色发展理念。五是结合学校的学科专业优势、特色构建特色专业群共享共用的校内实验平台和校外实践教育基地,深化与区域内重点支柱产业和战略性新兴产业的合作(见表 4-3)。

表 4-3 C 校发展规划中有关学科专业动态调整的相关规定

相关规定	具体内容
强化应用型导向	牢固确立专业与产业对接的价值理念,深化专业链对接产业链,突出学科专业对产业的价值贡献
优化学科结构	1. 做优做强优势学科,着力夯实支撑学科,培育新兴交叉学科; 2. 凝练学科方向,强化错位发展、协同发展; 3. 推进传统工科省级改造,强化工科与新型工业化、城镇化和信息化的配套建设; 4. 打造具有行业和区域特色的应用学科体系
优化专业结构	1. 协调推进专业课程建设,建好专业建设项目库; 2. 积极推动专业认证,建成具有行业和地方影响力的特色专业群; 3. 加大实践课程的学分比例,凸显应用性; 4. 充分利用产教融合、科教融合的资源和平台

续表

相关规定	具体内容
服务区域 和行业发展	1. 结合学校特色优势，重点布局契合国家及地方新能源、新材料、生物医药、节能环保领域的学科专业； 2. 将绿色发展理念融入学校学科发展、专业建设
深入推进 产教融合	1. 构建大工程、全流程、虚实结合的石油与化工、冶金与材料、机械与电子、安全与环保等特色专业群共享共用的校内实验平台和校外实践教育基地； 2. 深化与石油冶金行业的合作，拓展与地方机械、电子信息、建筑节能、化工、医药等支柱产业和战略性新兴产业的合作

　　Y校"十三五"和"十四五"发展规划主要根据省教育事业发展规划、所在地级市国民经济和社会发展规划，围绕建设特色鲜明的应用型高校的发展目标制定。在"面临问题"部分，规划指出了该校"重点学科实力不强，急需打破学科、单位间的壁垒，推动新兴交叉学科专业的融合发展"，"专业建设和课程设置特色尚不明显，与社会发展需求的契合度还需进一步加强"等方面的不足。鉴于此，规划在"建设目标"中从学科建设和专业建设两方面提出了具体目标，并将"优化学科专业布局，凝练学科专业特色"作为主要任务，从六方面进行了具体展开：一是集中资源发展重点学科，打造学科专业优势，以提升学科支撑能力；二是凸显应用型导向，通过与其他高校联合培养等方式培育专业学位硕士点；三是建设各级各类学科平台；四是根据区域经济社会发展需求削减或增加专业设置和招生；五是优化专业结构；六是走差异化的学科专业发展道路，结合区域发展优势打造重点学科专业群，使学科专业群与产业链和创新链高度契合（见表4-4）。

表4-4　Y校发展规划中有关学科专业动态调整的相关规定

相关规定	具体内容
提升学科 支撑能力	1. 突出重点学科，集中优势资源，培育学科增长点； 2. 重点发展应用学科，凸显学科品牌和专业优势
培育专业 学位硕士点	1. 以优势学科为基础，以省、校级重点学科建设为依托，促进学科交叉与融合，凝练特色鲜明的应用型研究方向； 2. 培育应用型专业硕士学位学科建设点，争取专业硕士学位授权点； 3. 与其他高校合作开展硕士研究生联合培养

续表

相关规定	具体内容
打造学科平台	构建以省重点实验室、工程技术研究中心、工程实验室和省级人文社科基地为主体的学科发展平台
稳定专业规模	以区域经济社会发展对人才需求为导向建立专业招生机制
优化专业结构	1. 培育适应区域经济社会发展急需的新专业，削减社会需求不足的专业； 2. 凡应用型不太强、转型不太成功、就业率低、就业前景黯淡的专业，减少或停止招生； 3. 逐步恢复区域教育事业急需的基础性师范专业
培育专业特色	1. 走差异化发展道路，重点培育与生物、机械、电子等学科交叉性强的应用型新兴专业； 2. 重点建设信息技术类、管理服务类等六大专业集群，使专业群高度契合产业链和创新链

综合来看，C 校和 Y 校的"十三五"和"十四五"发展规划充分体现了两个鲜明的导向：一是鲜明的应用型导向，重点发展满足区域经济社会发展需求的应用型学科专业；二是鲜明的市场化导向，根据区域经济社会发展的人才需求变动灵活调整学科专业设置和招生。与研究型高校相比，作为应用型高校的 C 校和 Y 校在制定学科专业发展规划时，分别展开学科建设和专业建设，而且重点强调了专业建设。研究型高校在制定学科专业发展规划时更加强调学科建设和学术创新，而应用型高校在制定学科专业发展规划时更加强调专业建设和市场需求，这反映出应用型高校与研究型高校在学科专业动态调整过程中的两种不同倾向。事实上，无论是研究型高校还是应用型高校，在经济社会发展的过程中都有其独特的存在价值，学科专业动态调整不可能完全脱离社会需求而单纯开展基于学术研究的知识生产创新，也不可能完全以市场需求为导向忽视知识生产创新之于学科专业的价值。

三　C 校和 Y 校学科专业动态调整的状况呈现

随着产业经济结构的转型升级和供给与需求关系的变革，我国高等教育的结构性矛盾问题愈发突出，面临着高校毕业生"就业难"和企业"用工荒"的双重困境。为有效应对这些问题和困境，国家提出地方本科院校向应用型转变的高等教育发展思路，引导地方本科院校强化应用型学科建设和应用型专业人才培养，以提升服务地方经济社会发展的应用能力。基于此政策背景，C 校和 Y 校均提出了应用型高校的办学定位，并以校企合作和产教融合为途径加强应用型学科专业建设、推动学科专业结构布局调整，形成了一批各具特色和优势的学科专业集群，显著改善了地方人才供给和需求的结构性矛盾，有力提升了服务地方经济社会发展的服务能力。根据潘懋元先生的观点，应用型高校应以本科教育为主，可进行一定数量的研究生教育，也可进行适量的高职教育，而且可通过学科带动和促进专业的建设与发展，学科建设与发展要服务于专业的建设与发展。[①] C 校和 Y 校 10 余年来通过学科专业动态调整来集中资源打造优势特色的学科专业，逐步形成了学科专业结构布局与地方经济产业结构密切互动的一体化发展格局。

从办学进程看，C 校和 Y 校均由高等专科学校升格而来，其中 C 校于 2007 年被教育部批准成为学士学位授权单位，2018 年被教育部增列为硕士学位授权单位，成为工程硕士授权点，可直接开展硕士研究生招生、培养、学位授予工作；Y 校于 2004 年被教育部批准成为学士学位授予单位，且正在致力于专业硕士学位授权点的申报工作。自升格为本科院校以来，两校均取得了快速发展，学科专业的种类不断增多，招生规模不断扩增，办学层次也开始向专业硕士研究生培养延伸。综合来看，C 校和 Y 校的快速发展均得益于国家提出的向应用型人才培养转型的政策，均以校企合作和产教融合作为途径，以应用型学科专业建设为突破口，不断优化学科专业结构布局，打造学科专业优势和特色，继而更好地服务于当地经济社会的发展需要。

从发展现状看，C 校和 Y 校均形成了国家级特色专业、省级特色专业和省级重点学科的学科专业发展格局。其中，C 校"以工为主"，以石油与化工、冶金与材料、机械与电子、安全与环保为特色，形成理、工、经、管、法、文、艺多学科协调发展的格局；Y 校坚持"突出应用、集群发展、培育特色、提高质量"的专业建设指导思想，与企业共同实施"学

---

① 潘懋元、车如山：《略论应用型本科院校的定位》，《高等教育研究》2009 年第 5 期。

科专业改造提升计划"，形成产学研相结合，教学做一体化的格局。截至 2018 年，C 校在 57 个本科专业进行招生，有国家特色专业 2 个（石油工程、冶金工程）、省级特色学科专业群 2 个（冶金材料特色学科专业群、石油与天然气工程学科专业群）、省级重点学科 4 个（安全技术及工程学科、机械电子工程学科、控制科学与工程学科、石油与天然气工程学科）；Y 校在 51 个本科专业招生，有国家级特色专业 1 个（动画）、省级特色专业 4 个（软件工程、汽车服务工程、建筑学、音乐表演）、省级重点学科 5 个（控制理论与控制工程、结构工程、光学工程、应用数学、国际贸易学）。从两校国家级特色专业、省级特色专业和省级重点学科的布局可以看出，C 校的学科专业布局更集中，内在联系更紧密，基本都围绕工程相关领域，更容易形成集群优势，但 Y 校的学科专业布局则相对分散，领域范围更广，不利于优势和特色的形成（见表 4-5）。

表 4-5　C 校和 Y 校学科专业布局情况

学科专业布局	C 校	Y 校
本科招生专业	57 个	51 个
国家级特色专业	2 个（石油工程、冶金工程）	1 个（动画）
省级特色专业	2 个学科专业群（冶金材料特色学科专业群、石油与天然气工程学科专业群）	4 个（软件工程、汽车服务工程、建筑学、音乐表演）
省级重点学科	4 个（安全技术及工程学科、机械电子工程学科、控制科学与工程学科、石油与天然气工程学科）	5 个（控制理论与控制工程、结构工程、光学工程、应用数学、国际贸易学）

资料来源：根据 C 校和 Y 校的招生信息网站资料整理。

从布局调整看，C 校和 Y 校的学科专业结构和调整方向呈现出很大的差异性。为规范本科专业设置，优化学科专业结构，促进规模、结构、质量、效益的协调发展，C 校分别制定了《学科建设管理办法》和《本科专业设置管理办法》。《学科建设管理办法》提出要以统筹规划、适应需求、择优择重、突出应用、彰显特色、动态管理、全面提升为基本原则，以构建体现学校办学定位和特色的学科专业体系为基本目标，促进学科专业的合理布局，提升学科专业建设水平；《本科专业设置管理办法》则具体规定了学科专业动态调整的具体实施办法，重点从条件和程序两方面进行了规定，具体如下：

第五条 本科专业的设置和调整，应具备以下条件：

（一）符合学校发展规划，经论证具有五年以上的稳定人才需求及论证报告，初始招生规模一般在60人左右。

（二）有稳定的、便于组织教学的学科基础，有已设相关专业为依托。

（三）有专业建设规划、符合专业培养目标的培养方案、完善的课程体系、优秀的配套教材和其他开设专业必需的教学文件。

（四）能配备完成该专业教学计划所必需的教师队伍及教学辅助人员，一般应以已设相关专业为依托。拟设本科专业原则上由具有相应学科专业背景的教授作为专业负责人。

（五）具备该专业必需的开办经费和教学场地、图书资料、实验室及仪器设备、实习场所等办学基本条件（其中实验室建设、专业图书资料收集、实习场所等项目配套经费均需落实）。

（六）各学院（部）每年增设专业数，一般不超过1个，学校每年增设专业数一般不超过3个。各学院（部）应隔年申报。

（七）在原有专业基础上设置的专业方向或改新专业，应符合本科专业设置所需条件。

第六条 对建设效果不好的专业，学校视具体情况予以限制、通报批评、限期整改，并可中止该专业所在学院（部）申报新增专业权限。当年教学工作考核不合格的学院（部），次年不得申请新设本科专业。

第七条 本科专业设置和调整申报工作每年进行一次。按以下程序办理：

（一）各学院（部）在广泛征求意见和充分论证（须请企业、行业等参与，校外专家不低于三名）的基础上，经学院（部）学术委员会、教学指导委员会联席会议（联席会议由学术委员会主任主持）审议，于每年 4 月 30 日前向教务处提交设置本科专业的报告和相关材料。

（二）教务处组织或聘请校内外专家，根据学校新设专业评审标准进行答辩、评审，确定拟设置的本科专业推荐名单。

（三）学校本科教学指导委员会审议，必要时也可由学校学术委员会、本科教学指导委员会联席会议审议，提出学校拟设置新专业的建议名单。

（四）评审结果经校长办公会通过并向全校公示后，按要求报市教委、教育部。

据此，C 校在 2018 年进行了本科招生专业改革，在 57 个本科专业中的 23 个专业进行大类招生（见表 4-6）。另外，自 2004 年升格以来，Y 校的学科专业也经历了一系列的重大变革和调整（见表 4-7）。这种变革和调整主要表现在两方面。一是增设市场需求量比较大的新兴专业，15 年来 Y 校每年都有增设专业。以近三年为例，2016 年增设了金融工程、物联网工程、食品科学与工程，2017 年增设了自动化、数字媒体艺术，2018 年增设了网络与新媒体、护理学。二是撤销就业情况不理想的专业，例如撤销化学、电子科学与技术等专业。另外，部分专业先后经历增设、撤销和增设的复杂过程，例如思想政治教育设置于 2005 年，2013 年遭遇停招，2016 年则又复招；城乡规划设置于 2011 年，2014 年停招，2016 年则又复招。从原因看，这些专业遭遇停招和复招的反复过程反映了市场需求的变动，具体表现在就业情况和招生情况方面。通常情况下，就业表现不理想和招生不理想的专业往往面临停招的风险。

表 4-6 2018 年 C 校按大类进行招生的专业

序号	招生大类	大类所含专业
1	土木类	土木工程、道路桥梁与渡河工程、建筑环境与能源应用工程、给排水科学与工程
2	机械类	机械设计制造及其自动化、机械电子工程
3	管理科学与工程类	工程管理、工程造价

序号	招生大类	大类所含专业
4	工商管理类	会计学、市场营销、人力资源管理
5	材料类	无机非金属材料工程、金属材料工程、功能材料、焊接技术与工程、复合材料与工程
6	计算机类	物联网工程、软件工程
7	化学类	应用化学、化学
8	设计学类	视觉传达设计、环境设计、艺术与科技

资料来源：根据 C 校的招生信息网站资料整理。

表 4-7　Y 校本科专业动态调整一览

单位：个

年份	动态调整的专业分布	数量
2004	汉语言文学、数学与应用数学、化学（2015 年停招）、土木工程、电子科学与技术（2016 年停招）	5
2005	英语、思想政治教育（2013 年停招，2016 年复招）、工程管理、电子信息工程、计算机科学与技术、建筑学、体育教育	7
2006	会计学、市场营销、公共事业管理、信息与计算科学、教育技术学（2011 年停招）、动画、视觉传达设计、环境设计	8
2007	广播电视学（2018 年停招）、国际经济与贸易（2014 年停招）、旅游管理、电子商务、汽车服务工程、软件工程、园林、小学教育（2011 年停招）、音乐学	9
2008	汉语国际教育（2014 年停招）、应用化学、通信工程、社会体育指导与管理、美术学	5
2009	物理学（2012 年停招）、园艺（2011 年停招）、音乐表演	3
2010	劳动与社会保障（2018 年停招）、动物科学（2016 年停招）	2
2011	城乡规划（2014 年停招，2016 年复招）、播音与主持艺术、广播电视编导	3
2012	商务英语、新能源科学与工程、化学工程与工艺、网络工程（2014 年停招，2015 年复招）	4
2013	翻译、城市管理（2015 年停招）、统计学	3
2014	生物工程、工程造价	2
2015	制药工程、机械电子工程	2

年份	动态调整的专业分布	数量
2016	金融工程、物联网工程、食品科学与工程	3
2017	自动化、数字媒体艺术	2
2018	网络与新媒体、护理学	2

资料来源：根据 Y 校的教务处和招生信息网站资料整理。

第二节　应用型高校学科专业动态调整的机制失灵及其表现

应用型高校最鲜明的特征在于强烈的市场导向性，C 校和 Y 校的章程和发展规划中都有非常显著的体现。教育部、国家发展和改革委员会、财政部《关于引导部分地方普通本科高校向应用型转变的指导意见》确立了"需求导向、服务地方"的基本原则，提出了向应用型转型的定位和路径，即"以产教融合、校企合作为突破口，根据所服务区域、行业的发展需求，找准切入点、创新点、增长点，制定改革的时间表、路线图"。而这也充分体现了应用型高校学科专业设置应当满足市场需求，发挥市场调节作用的要求。长期以来，我国高校学科专业调整因带有显著的国家管制特征而遭受诸多批评，而代表自由主义的市场调节正是在这种国家管制遭受批评的话语空间中愈发得到推崇和伸张，"市场万能论"、"市场原教旨主义"和"唯市场化改革"① 等极端化思想也随之出现。

事实上，自 20 世纪 30 年代的经济危机起，以凯恩斯（John Maynard Keynes）为代表诸多学者就已经关注到了市场调节的局限性，认为市场调节具有滞后性、盲目性和自发性，并因垄断、公共产品、外部性或信息不对称而会出现市场调节失灵。随着社会主义市场经济的深入推进，市场调节在我国高等教育发展过程中发挥的作用越来越显著，并且深刻地影响着高校的学科专业动态调整机制。但与纯粹商品交换的私人属性不同，高等

---

① 程恩富：《完善双重调节体系：市场决定性作用与政府作用》，《中国高校社会科学》2014年第 6 期。

教育是一种准公共产品，具有一定的非竞争性和非排他性，其不仅关涉个体的成长发展，而且具有很强外部社会效应。① 因而，不能采用完全的市场机制来管理高等教育，推动学科专业动态调整。尽管应用型高校特别强调市场导向的应用型学科专业建设，但这并不意味着其学科专业动态调整过程中行政管理机制和知识生产机制不能或者不应该发挥作用。从"学术–市场–行政"的分析框架看，当前应用型高校的学科专业动态调整机制问题往往是由知识生产机制、市场调节机制和行政管理机制功能发挥失衡所导致，尤其表现在过度依赖市场调节机制而出现的盲目性、滞后性和形式化。

一　蜂拥而上的盲目性

盲目性是相对于决策过程中的目的性和精准性而言的，目的性强调方向战略，精准性强调手段举措，当实际的方向战略和手段举措与想要达成的目标发生偏移时，盲目性的问题便有可能出现。对于应用型高校而言，其学科专业动态调整无疑要发挥市场调节作用、满足地方经济社会发展的市场需求，市场调节是手段举措，满足地方经济社会发展的市场需求是方向战略。市场调节有效发挥作用的基础是掌握地方经济社会发展的市场需求，但对于作为个体的高校而言，精准把握地方经济社会发展的市场需求是很困难的，而且满足地方经济社会发展的市场需求单纯依靠市场调节也是不够的。在未充分掌握市场需求信息的情况下过度依赖市场调节手段必然会造成决策的盲目性，导致决策效果的偏离。正如前文所述，市场并不是万能的，盲目性便是市场调节失灵的突出表现之一。高校学科专业动态调整过程中，这种盲目性主要体现在两方面。

一方面，脱离地方实际和高校实际而盲目跟进所谓的"热门专业"或"好专业"，导致学科专业重复设置的"一窝蜂"现象。通常情况下，招生爆满、就业水平高的专门被称为"热门专业"或"好专业"。这些"热门专业"或"好专业"具有鲜明的市场导向，为了迎合考生心理需求，高校

---

① 孟明义：《市场调节不是实现高等教育资源合理配置的手段》，《江苏高教》1997 年第 3 期。

在推动学科专业动态调整时往往优先支持这些热门的学科专业。[①] 以 2018 年度普通高等学校本科专业申报名单为例，受到大数据、人工智能等热门概念的影响，共有 226 所高校申请设立数据科学与大数据技术，108 所学校申请设立机器人工程，100 所高校申请设立智能科学与技术（见表 4-8）。尽管这里不仅包括了应用型高校，还包括了研究型高校，但却能够在一定程度上反映出高校在设置学科专业方面的非理性冲动。

表 4-8　2018 年普通高等学校本科专业申报名单（拟新设数前 10）

单位：所

排序	专业名称	拟新设高校数
1	数据科学与大数据技术	226
2	机器人工程	108
3	智能科学与技术	100
4	智能制造工程	49
5	网络与新媒体	39
6	人工智能	38
7	学前教育	37
8	网络空间安全	36
9	数字媒体艺术	33
10	健康服务与管理	28

资料来源：根据教育部普通高等学校本科专业设置与服务平台公示信息整理。

毫无疑问，这些专业是 2018 年度的热门专业，但市场是否能够容纳如此巨大的人才规模，申请设立这些专业的高校能否担负起相应的人才培养责任有待商榷。对于诸多的地方应用型高校而言，热门专业往往能够吸引家长和考生报考，带来火爆的招生，但是否符合地方发展实际和高校自身的办学条件却处于次要的考虑因素。我们在访谈过程中发现，应用型高校在学科专业设置和招生方面更容易受到市场冲击，对于一线市场的敏感性高于研究型高校。早在 2011 年，就有学者以广东省为例，对学科专业的重

---

① S. Pavlin, "The Role of Higher Education in Supporting Graduates' Early Labour Market Careers," *International Journal of Manpower* 35 (2014): 576-590.

复设置问题进行了分析，结果发现：专业布点激增，新增专业相对集中，专业雷同现象严重，不仅造成专业教育资源配置的效率低下，而且严重影响了学生的就业。[①] 与之类似的是，早在 20 世纪 70 年代，美国文理学院所出现的学科专业设置"过剩"问题就已遭到诸多批判。[②]

另一方面，人力资源市场供需信息的不对称导致市场主体因无法掌握充足信息而做出错误的判断和决策。高校和用人单位分别构成人力资源市场的供给侧和需求侧。从应用型高校的办学逻辑看，需求侧决定了供给侧，即学科专业人才培养数量、质量和结构应当满足人力资源市场需求。当学科专业人才供给与需求出现数量、质量或者结构失衡时，市场会根据排名、就业率和用人单位满意度等做出自发性调节，以维护人力资源市场的持续健康运行。但排名、就业率和用人单位满意度等市场信号往往受到不同价值立场和测量方法影响而呈现出显著差异性，而且因时因地而变，导致供需信息失真或不对称，造成学科专业动态调整无法找到强有力的精准信息支撑（见 TA05）。

> 我们一直在强调专业设置要满足市场需要，但了解市场到底需要什么常常很难判断。就跟农民种地一样，去年大蒜价格上涨了，今天大家就都种大蒜，结果大蒜就卖不出了，赚不到钱了……那学校专业招生也是这样，前些年会计专业很火爆，结果其他学校也都开设会计专业，这就导致近几年我们学校会计专业招生和就业很不理想。（TA05）

与普通商品市场所具有的显著价格信号不同，人力资源市场并没有一个精准的、能够表示供需关系状态的显著价格信号，学科专业排名、就业率和用人单位满意度等尽管具有一定的市场信号功能，但却不能完整清晰地呈现人力资源市场的供需关系。只有当人力资源市场发育充分时，市场

---

① 陈小娟、陈武林：《对高校本科专业设置的思考——以广东省为例》，《教育发展研究》2011 年第 1 期。

② J. Huisman, C. C. Morphew, "Centralization and Diversity: Evaluating the Effects of Government Policies in U. S. A. and Dutch Higher Education," *Higher Education Policy* 11 (1998): 3-13.

机制才能将人力资源市场的供求矛盾有效地反映到教育市场，依靠竞争与价格机制调节教育供给与需求，引导教育资源的合理配置。[①] 但由于我国人力资源市场的主体意识、竞争规则和运行环境等都还不成熟，可能存在学科专业排名、就业率与用人单位满意度等与实际情况存在偏差的情况，导致市场调节往往受到多重的内部和外部束缚，而这无疑将进一步弱化市场信号本该具有的实际功能。

二　与生产实践脱节的滞后性

对于应用型高校而言，学科专业人才培养与人力资源市场需求具有非常直接的关联。学科专业人才培养是一个长期的系统的过程，学生从招生到进入人力资源市场需要一定的周期，推进学科专业动态调整必须考虑到这种系统性和周期性。另外，从供给侧与需求侧的关系角度看，高校往往处于满足人力资源市场需求的被动地位，只能通过不断进行学科专业动态调整来适应人力资源市场需求的变动。但事实上，高校和人力资源市场对于学科专业动态调整效果的反馈具有双向的滞后性，具体而言包括三个方面。

首先，高校学科专业动态调整的灵活性和自主性不够，过程复杂，需要经过重重审批，缺乏对市场反应的高度敏感性。对于应用型高校而言，学科专业动态调整需要坚持市场导向，满足市场需求，但推动学科专业动态调整并不是一种完全的市场行为。正如前文所述，学科专业动态调整过程实际上是一个由政府、高校和市场主体共同参与的、有关学术力量、行政力量和市场力量的复杂博弈过程。在高校办学自主权尚未达到理想状态的情形下，推动学科专业动态调整其实会受到各种外部力量的监督和控制。虽然这种监督和控制具有一定的合理性，但从应对市场需求的角度看，它可能会延迟学科专业设置和调整的速度，不利于高校对市场需求变动做出敏捷快速的反应。从深层次看，高校学科专业动态调整的灵活性和自主性不单单是高校自身的问题，更是政府和其他参与主体之间的机制问题。低效的运行机制会使高校对市场需求变动的反应速度变慢，继而降低

---

① 陈兰枝：《从"市场失灵"看市场调节教育供求的实效》，《教育科学》2003 年第 10 期。

学科专业动态调整的效果；高效的运行机制则会使高校对市场需求变动的反应速度加快，继而提升学科专业动态调整的效果。由此可见，学科专业动态调整的滞后性在一定程度上体现为机制运行低效所导致的市场反应迟钝。

其次，生产力和生产关系的加速变革导致社会经济发展需求的快速变动，进而引发人才资源市场需求的快速变动。当今时代是一个科技日新月异的时代，也是一个知识更新周期不断压缩的时代，这对于以市场为导向的应用型高校而言无疑是一个巨大的挑战。科技的发展和知识的更新不仅会带来市场需求规模的变动，还会带来市场需求结构、质量和种类的变化。人类社会发展至今，社会分工愈来愈精细化，专业化呈现愈来愈高，需求愈来愈多元，变化速度愈来愈快，尽管作为人力资源供给方的高校也在尽可能地调整学科专业以适应这种新要求，但存在的差距仍然是显而易见的。有研究显示：随着社会和市场人才需求的快速变化，学科专业设置的滞后性越来越显著。① 也就是说，高校学科专业动态调整的速度越来越跟不上市场需求的变动、科技发展的速度和知识更新的步伐。对于高校而言，学科专业人才培养是有明确周期的，但市场需求的变动、科技发展的速度和知识更新的步伐却是时刻在变动的。相对固定的周期和时刻的需求之间必然存在一定的矛盾，这种矛盾在学科专业动态过程中体现为高校人才培养的某种程度的滞后性（见 TA03）。

> 现在的本科学制是四年，四年前的需求和四年后的需求是不一样的。四年里，社会发生很大的变化。有的专业在学生刚入学的时候市场需求可能很大、就业很好，但等到毕业的时候就发生了变化。在调整学科专业时如果仅仅考虑现在的需求，那么四年后的毕业生可能就不能满足市场的需要了。（TA03）

最后，人力资源市场对于学科专业人才培养的反馈过于功利化，忽视了高等教育价值实现的滞后性，继而造成高校对于市场的误判。对于任何

---

① 张清雅：《高职院校专业设置滞后性之应对策略》，《江苏高教》2012 年第 5 期。

决策的判断都可以有两种层次，即长期和短期。从长期看，有些决策可能是符合利益需要的，但短期内却可能会遭受一定的利益损失。也就是说长期和短期的利益并不总是一致的，甚至可能是截然相反的。学科专业动态调整过程中其实也存在同类的问题，即短期内某些学科专业在人力资源市场的表现可能不尽如人意，但这并不表明这些学科专业在长期内没有存在的价值。但现阶段，高校在进行学科专业动态调整时习惯于将人力资源市场需求作为依据。就业率被认为是学科专业在人力资源市场的最直接的表现，通常情况下，高校在确定就业率时仅仅统计的是当年的就业率。也就是说，现在的就业率只能反映不同学科专业毕业生在毕业的那一年的就业率，长远的就业率和就业情况是无法得到充分反映的（见SA07）。这就反映出市场因其过度功利化而具有很大的局限性，正是这种局限性使得学科专业动态调整可能因市场误判而做出不够合理的决策。从根本上看，学科专业人才培养的价值实现是贯彻于学生终生的，但市场对于这种贯穿于终生的价值的反应却是滞后的。

> 在学校所学的东西能不能立马对就业有帮助、对工资水平有提高是很难说的……。但我觉得我学的这个专业对我还是有很多影响的，比如经济学喜欢讲成本收益，我现在做事情时也会不自然的考虑成本收益……。这种影响可能是一辈子的。所以，不能以短期的情况来决定未来的选择。（SA07）

三　偏离专业内涵的形式主义

高校学科专业的动态调整机制不仅关注形式，还要强调内容，但现实的问题在于内容常常为形式遮蔽，陷入本末倒置的形式主义。从本质上看，形式是展现事物及其发展的外在形态与方法，任何事物及其发展都需要借助形式来展现。不同发展阶段，高校学科专业动态调整的形式有所不同，表现出不同的方法和特征。形式化是指过度强调形式而忽略或导致内容边缘化的一种现象，通常表现为名不副实或有名无实，也称形式主义。形式是推动事物变化发展不可缺乏的一个方面，但形式化却会造成事物扭曲发展。长期以来，高等教育管理中的形式化问题饱受诟病，其表现和特征具有多样性，产生的原因具有复杂性，严重影响着高校教育教学的正常秩序。[①] 正如前文所述，机制是主体间的关系及其规则体系，学科专业动态调整机制是有关学科专业主体之间的关系及其规则体系。推动学科专业动态调整需要依赖主体之间的关系及其规则体系发挥作用。当主体之间的关系及其规则体系在学科专业动态调整过程中未能按照设定的预期运行时，这种关系及其规则体系就是一种多余的形式，即形式化。具体来看，高校学科专业动态调整过程中的形式化问题主要表现在两方面。

一方面，过于强调学科专业的称谓，偏离学科专业所蕴含的课程内容、教学理念和知识逻辑，对于学生的需要关注不够。学科专业是知识积累和分化到一定阶段的制度化产物，构建学科专业制度的根本目的在于更加便捷地进行知识传承、生产和管理。从本质上看，学科专业是基于知识传承、生产和管理需要的外在形式，不同学科专业代表了不同的知识基础及其相关课程教学体系，脱离这种知识基础及其相关课程教学体系的学科专业动态调整实际上就是形式化，即过度强调外在形式而忽略内在的关键内容。当学科专业只是作为一种象征的符号，而缺失真实的知识保障基础时，学科专业存在的价值便会受到挑战和质疑。当前的部分学科专业设置有名无实或者名不副实，学生选择的学科专业与其实际想要学习或者感兴趣的真实内容之间可能存在着一定差距（见 SA01）。当然，学科专业出现这种"空壳化"的原因是多方面的。一是学校在学科专业设置时盲目跟进，没有充分考量实际的教育教学能力；二是课程设置体系不健全，没有围绕学科专业的核心知识基础进行系统的课程设计；三是教师知识能力和专业素质不够，在教学过程中并没有充分关注到学生实际的知识需求。

> 感觉在课堂上学不到真正的东西，老师上课讲的都是理论，实际操作的机会很少。老师上课按部就班，没有真正从学生的需要出发……。学了这个专业并不代表就有了这个专业的能力，就能够从事

---

① 何沙、丁道军、国静：《多管齐下根治高校形式主义》，《广西社会科学》2014 年第 8 期。

这个专业方向的工作。（SA01）

另一方面，已经制定的规则体系得不到有效的贯彻落实，致使规则体系成为可有可无的虚体。促进学科专业动态调整的科学合理化离不开健全的规则体系，但有了规则体系却并不能够保证学科专业动态调整的科学合理，原因在于规则体系可能在实际的运行过程中得不到有效的贯彻落实。保障规则体系生命活力的关键在于贯彻落实，但学科专业动态调整关涉政府与高校、教师和学生等多方主体的切身利益，相关规则体系在具体执行过程中可能会因主体间的利益矛盾冲突而沦为利益获取的工具和手段，导致其内在生命力的丧失。尽管政府、高校和市场主体在学科专业动态调整过程具有某些方面的内在统一性，但也存在矛盾对立性。当过度依靠行政力量推进学科专业动态调整而没有相应知识生成创新主体的支持时，这种动态调整其实是没有实际内容价值的，更多的是一种基于外在目的的形式化的象征。在这种情形下制定的学科专业动态调整的规则体系可能并不能真正反映知识生产创新的内在需要，因此很难得到有效的贯彻落实。

第三节　导致应用型高校学科专业动态 调整机制失灵的实践逻辑

应用型高校与研究型高校的学科专业动态调整机制存在一定的共性基础，但也有各自的差异化特征。与研究型高校相比，应用型高校更加强调学科专业人才培养的市场化对接，因而其学科专业动态调整与经济社会产业结构也就具有更为直接的关联性，市场调节机制在其中发挥的作用往往也更加明显。正如前文所述，应用型高校强调应用型逻辑，通常情况下应用型逻辑与市场化逻辑具有高度的内在一致性，但市场并不是万能的，会存在市场调节失灵的问题，市场调节失灵受到多重复杂变量的综合影响，经济学理论通常将其原因归结为垄断、外部性和信息不对称等造成的非完全竞争性。[①] 学科专业动态调整中的市场调节失灵与经济领域存在一定的

---

① 张学敏、叶忠：《教育经济学》（第二版），高等教育出版社，2015，第65页。

共通性，但也有自身的特殊复杂性，既有市场调节机制自身的内在原因，也有规范体系不健全的外部原因，而且各种原因常常交织在一起相互影响。故而，本部分结合"学术-市场-行政"的分析框架，基于应用型高校学科专业人才培养的应用型逻辑，深入分析导致学科专业动态调整盲目性、滞后性和形式化的深层性机制原因。

一 经济产业升级发展的动态变化

在学科专业结构与经济产业结构联系日益紧密的今天，高校早已不是自我封闭的象牙塔，尤其是应用型高校。诸多研究表明：外部经济产业结构的变化会直接影响到高校学科专业结构的调整。有学者以四川省为例，对学科专业结构和经济产业结构变化的相关性进行了分析，结果发现：农学与第一产业存在强相关，理学和工学与第二产业分别存在中等程度相关和强相关，历史学、文学和哲学与第三产业呈弱相关、不相关甚或负相关。[①] 也有学者认为对于地方高校而言，区域产业结构决定了学科专业结构，应将学科专业结构调整纳入区域经济发展规划。[②] 但与此同时，也有研究发现：新常态背景下我国高校的学科专业结构调整滞后于产业结构优化升级的现实需要，且二者之间的适配度不够，这严重制约了相关产业的发展。[③] 事实上，学科专业结构与经济产业结构的联系并非从来就是如此紧密的，而是经历了从相互分割到有限联系再到主动适应和超前引领的复杂历史演变过程。[④] 由于学科专业结构与经济产业结构的联系日趋紧密，高校在学科专业动态调整方面面临着愈来愈严峻的挑战。

（一）经济产业升级发展带来学科专业人才需求种类的变化

整体来看，随着科学技术的发展和变革，经济产业的分工愈来愈精

① 王成端、王石薇：《区域高等教育学科结构与产业结构相关性分析：以四川省为例》，《高等教育研究》2017 年第 12 期。
② 李英、赵文报：《高校学科专业结构与产业结构的适应性研究》，《科技管理研究》2007 年第 9 期。
③ 杨林、陈书全、韩科技：《新常态下高等教育学科专业结构与产业结构优化的协调性分析》，《教育发展研究》2015 年第 21 期。
④ 李战国、谢仁业：《美国高校学科专业结构与产业结构的互动关系研究》，《中国高教研究》2011 年第 7 期。

细，岗位设置的需求种类也愈来愈多元，而这无疑会给应用型高校的学科专业动态调整带来新的挑战。人工智能技术的突破给人工智能相关经济产业带来了巨大的机遇，而人工智能相关经济产业的发展则创造产生了新的岗位需要，新的岗位需要则推动了高校人工智能相关学科专业的设置。但关键的问题在于经济产业始终处于动态变化的过程之中，而高校学科专业设置却具有一定的固定化程序和机制，学科专业人才培养需要满足一定的周期性要求。高校在试图通过学科专业动态调整来满足新的种类需求时，新的种类需求却有可能因经济产业的变化发展而发生新的变化。此时，学科专业动态调整的速度就有可能跟不上经济产业的发展速度，因为应用型高校在设置学科专业时更多的是依赖就业率等相对滞后性的市场信号，被动地适应经济产业的变化需要。事实上，由于经济产业的细分和发展，高校学科专业的种类也愈来愈多元。推动应用型高校的应用型人才培养的关键在于满足经济社会发展的实用需要，由于实用需要的种类越来越多，学科专业的种类自然也就越来越多。但随着新的实用需要的产生，原有的学科专业种类就有可能因没有及时调整而被淘汰。

（二）经济产业升级发展带来学科专业人才需求数量的变化

从适应经济产业发展的角度看，人才需求数量决定了学科专业人才供给的数量。但人才需求数量总是处在动态变化的过程之中，不同时期、不同地区的学科专业人才需求数量存在着巨大的差异，而且在一定时期和区域内，学科专业人才的需求是有限的。当高校学科专业人才供给量愈来愈大，而需求量却没有相应增长时，市场就会趋于饱和，进而造成某些学科专业人才供给的过剩（见 SA08）；当某些新兴产业因蓬勃发展而带来巨大的人才需求，而高校学科专业人才的供给量却无法及时补充时，市场就会追逐，进而造成某些学科专业人才供给的严重不足。近几年来，与大数据和人工智能相关的经济产业快速发展，对于相关学科专业人才的需求数量也在快速增长，但有能力培养相关学科专业人才的高校数量却非常有限，因此人力资源市场中大数据和人工智能相关的学科专业人被哄抢，就业率和工资水平远高于其他学科专业。另外，随着人工智能技术水平的提升，越来越多简单重复的工作会被机器人所取代，而这也会引起相关产业行业的衰落，进而带来相关学科专业人才需求量的下降。

> 前些年，跟其他专业（相比），我们专业的就业前景非常好，所以这几年很多学校都设置了这个专业。近几年随着毕业生规模越来越大，就业情况变得没有以前那么好了，人才市场饱和了。（SA08）

（三）经济产业升级发展带来学科专业人才需求素质的变化

创新驱动发展战略背景下，传统学科专业人才培养模式和标准已经愈来愈无法满足经济产业创新发展对人才素质的新要求。应用型高校到底能不能培养出适应经济产业结构和发展方式转变的学科专业人才是实现由中国制造到中国智造和中国创造的关键。推动学科专业动态调整需要根据经济产业升级发展的新要求及时变革培养目标、培养方式和培养过程，改变传统学科专业人才的素质结构，大力提升毕业生的学习力、适应力和创造力。具体实践中，这个过程是异常复杂和系统的，如何通过学科专业动态调整精准对接人力资源市场的人才素质需求是应用型高校现阶段面临的重大挑战（见 SA03）。

> 感觉学校里教的很多都过时了，而且很多专业知识在工作过程中很难用得到。现在社会发展变化很快，知识更新速度也很快，但学校里每年教的东西都差不多，有些老师上课的课件每年都是一样的。虽然学的专业是这个专业，但都很理论化，并不能满足实际的需要。（SA03）

二　缺乏整体性的宏观统筹和规划

统筹和规划政府履行高等教育职能的具体体现，科学合理的统筹和规划是推动学科专业结构优化调整的基础和保障，而充分有效的信息支持则是实现科学合理统筹和规划的基础和保障。但如何获取充分有效的信息支持却是统筹和规划过程中的重大难题。无论是从高等教育的公共性角度看还是基于信息本身的复杂性和系统性看，政府在其中都负有极其关键的责任。尽管政府每年都会出台诸多政策文件来规范学科专业动态调整，但从内容上看，这些政策文件更多的是指导性、方向性的。提供充分而有效的信息支持是政府发挥其在高校学科专业动态调整过程中的统筹和规划职能的客观要求和体现。而且，由于应用型高校与地方和区域经济社会发展联系更为紧密，推动学科专业动态调整时往往也更多的是基于学校和地方发展需要，但实际上学科专业人才是流动的，就业的区域范围也并不是封闭的。因此，为了避免学科专业的低水平重复性设置，政府需要基于宏观层面提供有效的信息支持和服务，以满足不同区域高校学科专业动态调整的需要。

（一）缺乏学科专业结构的动态监测机制

动态监测是推动学科专业动态调整科学化的必要支撑，也是实现学科专业动态调整现代化的必然要求，更是政府履行高等教育职能的重要体现。通过动态监测可以掌握学科专业的变化发展数据、发现设置调整过程中的问题，进而为推动学科专业的统筹和规划提供必要的信息支持和目标方向。受决策科学化理论、公共治理理论以及教育现代化的影响，建立科学的指标体系来监测评价教育改革和发展，并由此推动学校及政府有关部门履行职责已成为发达国家的普遍做法。[①] 有研究在参考世界治理指数等28 个国际国内治理指标体系的基础上，基于循证评价方法，对我国的教育治理现代化进行监测，结果发现其存在如下问题：教育法规建设数量不足质量不高，教育规划、计划实施随意性较强，信息公开不到位等。[②] 从高等教育层面看，这些问题是广泛存在的。事实上，我国现阶段并没有建立起科学合理的学科专业动态监测机制，学科专业的区域分布和结构特征并没有被纳入高等教育现代化的监测框架。故而，地方高校在推动学科专业动态调整时往往因缺乏必要的参考依据和信息支持出现随意性，进而导致决策的盲目性、滞后性和形式化。

---

① 李伟涛：《教育现代化监测评价研究：一个制度分析框架》，《教育发展研究》2015 年第1 期。
② 秦建平、邓森碧、张小慧：《全国教育治理现代化监测实证研究》，《中国教育学刊》2018 年第8 期。

（二） 缺乏学科专业需求的动态预测机制

应用型高校与经济社会发展关系的紧密性决定了统筹和规划学科专业动态调整必须做好人力资源市场需求变动的预测。从政府职能的角度看，学科专业需求的动态预测并不是一项简单的工作，其复杂性表现在三方面：一是学科专业人才培养具有周期性，从招生到向人力资源市场输出的过程中，学科专业需求可能会发生很大的变动；二是社会经济发展需求始终处在动态变化的过程之中，对学科专业需求的预测实际是对社会经济发展需求的预测；三是学科专业需求呈现多元化、层次性和区域性的特征，不同区域学科专业人才需求的类型和层次会存在差异，而且学科专业人才自身又是不断流动的。正是这种复杂性加剧了学科专业动态预测的难度，导致学科专业动态调整存在诸多方面的问题。实际上，学科专业动态预测是面向未来的活动，而未来本身又充满着不确定性，对于政府而言如何构建面向未来的学科专业需求动态预测机制始终是一个重大挑战。现阶段，尽管有诸多学者已经在开展学科专业需求预测的相关研究，但这些研究并没有转化为政府的决策行动和制度。

（三） 缺乏学科专业设置的动态引导机制

通过行政管理的方式引导高校学科专业的科学合理调整是政府进行宏观统筹与规划的重要内容，能够在一定程度上减少市场调节的盲目性和滞后性。正如前文所述，学科专业动态调整本身并不是目的，而是服务于学术、行政和市场的手段和工具。应用型高校更加强调学科专业人才培养与社会经济产业结构的对接和联系，因此市场调节机制在学科专业动态调整过程中往往发挥着更为基础性的作用。但市场调节的局限性是显而易见的，必要的行政管理能够有效地弥补市场调节的局限。现阶段，尽管政府以多种方式参与到学科专业动态调整的过程之中，但这种参与更多的是基于管理的需要，缺乏服务于市场需求的学科专业设置的动态引导机制。从深层次看，引导是一种间接的行政管理机制，但这种行政管理机制并不是基于政府立场，而是要服务于应用型高校的学科专业人才培养和人力资源市场需求。现实的问题在于，由于缺乏学科专业结构的动态监测机制和动态预测机制，政府在学科专业动态调整过程中的引导作用无法有效发挥正向的积极作用。

三　应用型办学特色未能充分彰显

学科专业结构既决定人才培养规格，也直接影响办学的特色与质量。[①] 对于应用型高校而言，其最显著的特征在于基于实用主义的应用性办学，这突出地表现在应用型学科专业建设方面，核心在于应用型学科专业人才培养。推动学科专业动态调整一方面要从学校的实际出发，打造优势学科专业群，进而形成自身的特色化竞争优势；另一方面要坚持服务地方经济社会发展的实际需要，做好人才培养与市场需求的有效对接。但在实践过程中，特色鲜明、优势明显的应用型高校和应用型学科专业少之又少。在整个国家的高等教育体系中，应用型高校无论在数量上还是学科专业招生规模上可能都远超研究型高校，如何明确应用型高校独特的存在价值和意义既是地方本科院校转型发展面临的重大难题，也是关涉高等教育分类发展的重大战略问题。之所以出现学科专业的"一窝蜂"现象，一定程度上是因为很多高校并没有确立自己的办学特色和内涵。从深层次看，导致这些问题出现的原因种多样，主要可归纳为以下两方面。

一方面，应用型高校过度依附或者模仿研究型高校，导致其学科专业人才培养的特色化优势无法建立。有学者通过分析比较指出当前我国的研究型高校与应用型高校的培养目标、培养要求、培养过程等存在高度的同质化，一方面造成学科专业人才的结构性失业，另一方面导致经济社会发展的应用型人才紧缺。[②] 究其原因，正如有学者所指出的那样："应用型高校由于经费、声誉、师资、科研、政策等方面的劣势，在我国高等教育系统中处于边缘地位，其发展依附于居于中心地位的研究型大学。"[③] 实践过

---

① 潘懋元、车如山：《略论应用型本科院校的定位》，《高等教育研究》2009 年第 5 期。
② 尤伟、颜晓红、陈鹤鸣：《我国应用型本科院校专业设置与调整机制变迁》，《江苏高教》2015 年第 5 期。
③ 陈星、张学敏：《依附中超越：应用型高校深化产教融合改革探索》，《清华大学教育研究》2017 年第 1 期。

程中常常有一个误区：只有科研成果才能体现高校的办学水平。① 事实上，科学研究是高校的众多职能之一，对于应用型高校而言，人才培养和社会服务才是更根本的。过度依附或者模仿研究型高校，必然会造成应用型高校自身办学特色的丧失。从满足需求的角度看，如果说研究型高校的学科专业动态调整更多需要基于长远的人类社会发展进行战略性考虑，那么应用型高校的学科专业动态调整则需要基于地方、行业和产业进行战术性考虑，二者之间并不存在孰重孰轻的问题。但实际的运行过程中，应用型高校往往处于相对弱势的地位，学科专业招生和就业无法得到充分有效的质量保障（见 TA03）。

> 我认为应用型高校就是要强调学生的实践能力和动手能力，不要跟清华、北大比发论文、做研究，因为就算再怎么努力也比不过他们。但现在很多地方学校还是在盲目强调发论文，其实这些论文的水平都很差，实际的意义并不大……。蓝翔技校就做得很好，应用型高校应该向它们学习。（TA03）

另一方面，应用型高校学科专业人才培养与地方经济产业结构演化存在脱节，未能确立其在服务地方经济社会发展的独特办学定位和核心竞争优势。学校教育与社会发展的脱节被认为是教育发展过程中的一个老问题，在诸多方面都有所体现。对于应用型高校而言，学科专业的动态调整必须要基于敏锐的市场洞察，以便更好地服务于地方经济社会的发展。但从现实的市场反馈看，应用型高校的毕业生就业情况与研究型高校存在着较大的差距，社会对于应用型高校毕业生的专业能力和综合能力的认可度还有待提高。无论是招生还是就业，应用型高校都处于相对被动的地位。究其原因，应用型高校的办学定位和核心竞争优势没有真正确立起来，导致学科专业人才培养的质量不高，无法满足用人单位对于高素质、专业化应用型人才的需要（见 E05）。

---

① 檀坤华：《科学定位 特色发展——我国地方高等院校的发展战略选择》，《国家教育行政学院学报》2008 年第 4 期。

　　不可能每所大学都能像清华、北大那样，地方高校辐射的范围是有限的，一定要有自己的优势和特色，要采用差异化的战略。一所地方学校能够很好地支撑本省或本市范围内社会经济发展的需要就已经很了不起了。但是现在很多学校跟地方企业的联系不紧密，一方面，企业觉得这些学校培养的人不行；另一方面，学校也没有跟企业主动进行对接。（E05）

第五章 两类高校学科专业动态调整的机制运行比较

随着高等教育职能和边界的不断拓展，高等学校的种类和形态也日趋多元，研究型高校与应用型高校的并存发展既是高等教育职能和边界不断拓展的结果，也是高等学校种类和形态日趋多元的具体体现。作为高等教育的构成部分，尽管研究型高校与应用型高校存在着诸多的共通之处，但个性差异也是显而易见的，而且，这种共通之处与个性差异也同样体现在学科专业动态调整机制的运行过程之中。从根本上看，高校的核心职能在于人才培养，研究型高校与应用型高校都是如此，但在科学研究与社会服务方面二者却呈现高度的差异性。学科专业动态调整表面上看调整的是制度化的学科专业，但实质上是学科专业人才培养种类、层次和规模的调整，是人力资源市场供给种类、层次和规模的调整，也是不同学科专业办学资源的再分配。对于研究型高校和应用型高校而言，学科专业动态调整机制不仅意味着办学定位的分野和职能使命的达成，也意味着社会经济发展与高等教育自身的某种关系的平衡。因此，促进学科专业动态调整机制的优化和改进对于研究型高校和应用型高校而言都是至关重要的。

从已有研究的角度看，比较研究型高校与应用型高校的学科专业动态调整机制可以有诸多的分析视角和框架。有学者基于分类管理的框架提出，应围绕目标建立不同类型高校之间协调发展、竞争发展的高等教育体系，促进高等教育学科专业结构的优化调整[①]；有学者基于国际比较的视野提出，研究型大学的学术组织应突破单一学科的讲座和院系结构，从而

---

① 赵庆年、祁晓：《高等学校分类管理：内涵与具体内容》，《教育研究》2013 年第 8 期。

发展出跨学科专业的研究机构，以更好地探索自然和社会的发展规律①；也有学者基于历史变迁的角度认为，应用型高校由国家统一管理、依靠刚性学科专业目录和课程大纲推进教育教学工作的政府指令模式导致了人才培养趋同、专业衍生机制阻滞等诸多问题，应逐步完善市场引导机制，提升高校与市场的协同度②。综合来看，这些研究的共通之处在于探究政府、市场和高校在学科专业动态调整过程中的关系。鉴于此，在结合研究型高校与应用型高校学科专业动态调整机制考察的基础上，本部分将基于围绕高校、市场、政府关系所形成的知识生成、市场调节、行政管理等分析维度，着力讨论两类高校学科专业动态调整机制运行的共通之处与差异之处。

第一节　知识演化机制运行的作用与影响比较

知识的生产创新推动了学科专业的生成和发展，学科专业的生成和发展促进了专业化、制度化的人才培养，进而推动了学科专业动态调整。从根本上看，知识是构成高校独特存在价值的内在根基，学科专业动态调整无法脱离知识生产这个高校赖以存在的内在根基。人才培养、社会服务、文化传承，都是以知识生产为基础的种种功能的延伸。随着高等教育治理体系和治理能力现代化的推进以及现代大学制度的逐步完善，知识生产机制在学科专业动态调整过程中所发挥的作用也在发生着微妙的变化。在研究型高校与应用型高校学科专业人才培养定位逐步走向分野的过程中，知识自身的生产方式和应用维度也变得越来越多元。到底以知识生产的前端研究为重心，还是以知识生成的后端应用为重心，成为研究型高校与应用型高校学科专业人才培养的两种不同价值取向选择。从理论上，前端研究与后端应用有着明确的分工差异，但实践过程中二者常常是紧密联系的统一体，无疑这将加大探究知识生产机制在研究型高校与应用型高校学科专

---

① 张红霞、高抒：《国际比较视野下中国研究型大学学科建设的全面反思》，《中国高教研究》2013 年第 4 期。

② 尤伟、颜晓红、陈鹤鸣：《我国应用型本科院校专业设置与调整机制变迁》，《江苏高教》2015 年第 5 期。

业动态调整过程中发挥作用的复杂度。基于此，本研究分别从实然层面和应然层面分析比较研究型高校与应用型高校学科专业动态调整在知识生产维度的具体情况。

一　应然层面机理的比较探讨

正如前文所强调的那样，制度化的学科专业必须以系统化的专业知识体系为基础，推动学科专业动态调整要凸显出知识生产创新的内在要求。无论是研究型高校还是应用型高校，都担负有人才培养、科学研究、社会服务和文化传承等职能，但由于办学定位的差异，二者的学科专业动态调整呈现出不同的价值导向和偏好。从知识生产维度看，研究型高校更加强调学术研究和学术自治，在学科专业动态调整过程中更加关注基于学术的知识生产创新；应用型高校则更加强调服务经济产业发展和市场需求，在学科专业动态调整过程中更加关注基于需求的应用技能型人才培养。但这并不能说明，知识生产机制在应用型高校发挥的作用无法与研究型高校相比，只是具体作用的呈现方式有所差异。

对于研究型高校而言，"研究"是其最核心的职能定位，也是其保持独特竞争力的关键所在，其人才培养、社会服务、文化传承等都具有显著的研究性特征。从西方的大学治理传统看，学术自由是研究型高校最鲜明的特征，学术自治则是保障学术自由的制度基础。英国著名高等教育研究专家罗纳德·巴尼特（Ronald Barnett）指出："所谓知识乃是按照参与者共同认可的生活方式惯例，通过批评与反批评的对话而议定的。"[①] 而这种基于知识的批评与反批评得以成立的前提便是学术自由和学术自治。学术自由与学术自治之于知识生产创新犹如空气与水之于人。这就从根本上决定了在研究型高校学科专业动态调整过程中知识生产机制所应该发挥的基础性、内在性作用。基础性强调知识生产机制在学科专业动态调整过程中的价值优先性，即其他机制作用的发挥必须要借助知识生产机制；内在性强调知识生产机制在学科专业动态调整过程中的目的导向性，即其他机制

---

① 〔英〕罗纳德·巴尼特：《高等教育理念》，蓝劲松译，北京大学出版社，2012，第177页。

设计和变革要服务于知识生产创新的需要。

学科专业产生于系统化的知识体系。从深层次看，学科专业动态调整应当是一个自然生成的结果，而不是一个依靠外力建构的过程。所谓的"推动学科专业动态调整"其实是知识生产机制发挥作用的结果。无论政府如何介入，市场如何影响，知识生产机制的作用都始终是客观存在的。政府与市场推动的学科专业动态调整更多具有的是一种制度化意义上的符号化价值，对于实际的知识生产创新可能会有助推作用，也可能会有阻碍作用。离开了知识生产机制，学科专业动态调整就可能出现前文所讲的"行政化"、"市场化"和"泡沫化"。因此，在研究型高校，知识生产创新被置于特别突出的地位，其他诸多教育教学活动和制度变革设计都主要围绕知识生产创新展开。纽曼所言的"知识本身即目的"其实更多的是基于研究型高校的立场提出的，对于研究型高校的学科专业动态调整具有重要的指导意义。从纽曼的这个角度看，学科专业动态调整除了知识自身的目的之外，别无其他的目的。

对于应用型高校而言，"应用"是其最核心的职能定位，也是其保持独特竞争力的关键所在，其人才培养、社会服务、文化传承等都具有显著的应用性特征。如果说研究型高校的职能和使命在于促进知识生产创新，那么应用型高校的职能和使命则在于促进知识实践应用。显然，应用不是一种单向度的活动，体现出的是一种工具性价值意蕴。只有将一种事物或者工具作用于另外一种事物或工具才能称之为应用。应用型高校的"应用"主要体现在两个方面：一是服务社会发展，将学科专业人才培养视为服务社会发展的需要，强调学科专业结构与经济产业结构的有效对接；二是满足个体需要，将技能提升和就业等视为满足个体发展的重要指标，强调学科专业设置与学生需求的充分互动。知识生产机制发挥作用的方式主要体现为应用已有的知识体系来促进学科专业人才培养，推动学科专业动态调整的目的在于更好地应用已有的知识体系。也就是说，知识生产机制在应用型高校的学科专业动态调整过程中主要体现在具体应用方面，遵循的内在逻辑是以应用来推动知识生产。

学科专业是知识实践应用的载体，主要通过人才培养实现其应用价值，但需要接受市场的检验。在应用型高校，校企合作和产教融合是最为核心的两个关键词之一。从深层次看，校企合作和产教融合都强调打通高校与市场、学科专业人才培养与人力资源市场需求之间的知识应用渠道。尽管知识生产创新在整个国民经济体系中具有更加基础性、本源性的作用，但这并不表明知识实践应用就应该被边缘化或者被置于次要位置。知识应用是知识创新价值实现的具体表现形式，没有知识创新就没有知识应用，但没有知识应用，知识创新的价值就无法得到充分的发挥和彰显。按照知识应用的逻辑，学科专业动态调整的目的在于更好地满足知识应用需要，促进知识创新价值的实现。促进应用型高校的学科专业动态调整必须将学科专业置于社会、经济、文化和科技的应用场景中，根据社会、经济、文化和科技的动态变化需要而及时地做出改变。从这个意义上看，学科专业的生命力维系是通过满足知识应用逻辑实现的。当旧的学科专业设置无法满足新的应用需要时，高校就应当做出及时的学科专业调整，以回应新的市场需求。能不能快速达到市场供需平衡、能不能快速满足个体就业需要是应用型高校学科专业动态调整的依据，也是检验应用型高校学科专业动态调整效果的重要指标。

综合来看，到底强调知识创新，还是强调知识应用是研究型高校与应用型高校对待知识生产的价值差异所在，而且这种价值差异会直接影响到学校与市场的关系紧密程度，影响到学科专业动态调整的方法和方式。从学科专业所蕴含的知识内在属性看，推动学科专业动态调整不可能摆脱知识生产机制的作用和影响，但由于价值取向的差异，知识生产机制在研究型高校与应用型高校的学科专业动态调整过程中所发挥的作用以及具体的表现方式是有差异的。从知识产业链的运行看，研究型高校处于促进知识生产创新链条的前端，对市场和外界的反应和影响可能并不是那么直接，其学科专业动态调整更多应当体现为尊重学术自由和学术自治；推动知识实践应用的应用型高校则处于链条的后端，对市场和外界的反应和影响更加紧密和直接，其学科专业动态调整更多应当体现为满足经济产业发展和个体就业需要。对于知识生产机制的态度反映了高校对于自身办学定位和职能的认知和理解。研究型高校过于强调知识应用而缺乏知识创新，抑或应用型高校过于强调知识创新而缺乏知识应用，都是不可取的。推动学科专业动态调整应当视办学定位和职能而定，避免因盲目跟进而造成"千校一面"的低水平重复性办学。

当然，强调知识生产机制在研究型高校与应用型高校学科专业动态调整过程中的作用差异并不是否认二者之间所具有的内在一致性。无论是研究型高校，还是应用型高校，都是培养学科专业人才的场所和机构，都需要遵循高等教育发展的内外部关系规律。正如潘懋元先生所指出的那样，教育不仅要遵循其自身的内部关系规律，即人的成长和发展规律，还要遵循其与社会经济发展的外部关系规律，即社会经济发展与教育的关系规律。研究型高校与应用型高校都是高等教育不可或缺的组成部分，推动学科专业动态调整不可能脱离这两重规律的限定，否则可能会导致教育自身发展的恶化以及社会经济发展的恶化。高校之所以能够区别于其他组织或机构而有自身独特的价值，核心在于其是以知识为联结中心的关系场域，且知识生产机制能够始终在其中发挥调节和规范作用。

二　实然层面运行的比较分析

尽管从理论上看，研究型高校与应用型高校的学科专业动态调整呈现明确的知识价值取向差异，但实践过程中这种差异的边界却趋于模糊，或者说知识生产创新与实践应用在学科专业动态调整的实践过程中常常是联系在一起的。事实上，知识生产创新与知识实践应用本身并不是严格对立的，研究型高校与应用型高校的学科专业动态调整都具有知识生产创新或知识实践应用的某些特征属性，只是侧重点可能会存在部分差异。从四所案例学校看，H 校和 B 校为研究型高校，设置有研究生院，研究生教育占很大比重；C 校和 Y 校为应用型高校，以本科生教育为主。正如前文所述，学科专业动态调整是政府、高校和市场所代表的行政力量、学术力量和市场力量相互博弈的复杂过程，受到具体管理机制和体制的束缚和影响。基于此，在考察四所案例学校章程的基础上，本研究主要从学校内部管理体制和机制的角度，探讨知识生产机制在研究型与应用型高校学科专业动态调整过程的具体运行状态。

就研究型高校而言，斯坦福大学前校长杰拉德·卡斯帕尔（Gerhard Casper）曾认为，其必须具备四大特征：一是对大学工作的不断反思，发展是为了学术的长期繁荣，而非主要出于经济目的；二是教学与研究是相互促进的，缺一不可；三是学术自由；四是大学自我管理和相互竞争的灵活结构。[①] 北京大学的李勇、闵维方也认为研究型大学应当坚持求是崇真的办学宗旨、践行以学术自由为核心的大学精神[②]，其他学者如徐维彬、李寿德、李垣、孙远雷等也都提出了类似看法[③]。由此可见，学界对于研究型高校精神理念和办学宗旨具有高度的共识。那么，实践过程中，这种达成共识的精神理念与办学宗旨得到怎么样的落实是影响学科专业动态调整的重要变量，更是影响知识生产创新的重要变量。H校和B校都是"211"和"985"工程院校，同时也是"双一流"建设A类高校，其研究生在校生人数都超过了本科生在校生人数。通常情况下，越是学术研究水平高的高校往往越是重视科学研究环境的营造和基础研究成果的产出，实践过程中具体表现为基于期刊论文发表和课题项目申请的各种绩效考核和奖励机制。也正是由于对知识生产创新的高度重视，部分高校出现了"重科研、轻教学"的发展趋向，造成了人才培养质量的下降，引发了社会各界的广泛思考。H校和B校都被定位为高水平的研究型大学，都将基于知识生产的科学研究创新置于特别突出的位置。

H校和B校的章程和发展规划文件中都特别强调了科学研究职能和学科专业建设。H校在章程第二章的"使命与愿景"中明确提出了"学校承担人文与社会科学研究和科技创新的重要职能，开展瞄准世界教育、科技、文化前沿的基础理论研究，开展面向国家战略和区域发展重大需求的应用研究"。B校在章程第一章第八条明确指出"学校实行教授治学，依法维护学术自由和学术自主，确保教授对教学科研等学术事务的主导地位"，第二章第十八条规定了学校的研究职能，即"学校开展基础研究和应用研究，推动学术进步、科技创新和成果转化"。由此可见，学术研究在H校和B校有着极其重要的地位。为了保障学术研究的顺利开展，更好地促进知识生产创新，两校还在章程中专门对相关的管理体制和机制进行

① 〔美〕杰拉德·卡斯帕尔：《成功的研究密集型大学必备的四种特性》，李延成译，《国家高级教育行政学院学报》2002年第5期。
② 李勇、闵维方：《论研究型大学的特征》，《教育研究》2004年第1期。
③ 徐维彬：《建立符合研究型大学特点的评估制度》，《中国教育报》2007年7月19日；李寿德、李垣：《研究型大学的特征分析》，《比较教育研究》1999年第1期；孙远雷：《研究型大学的内在特征分析》，《清华大学教育研究》2003年第5期。

了具体规定。从内容上看，H 校和 B 校在此方面表现出高度的相似性，都规定了学术委员会是学校的最高学术机构，统筹行使学术事务的决策、审议、评定和咨询等职权，都规定了学位委员会按照法律和有关规定行使与学位评定、授予和撤销有关的职权（见表 5-1）。由此可见，代表学术力量的学术机构在学科专业动态调整过程中扮演着非常重要的角色。

表 5-1 四所案例高校章程中有关知识生产机制运行的具体条款

高校类型	高校名称	高校章程中有关知识生产机制运行的具体条款
研究型高校	H 校	1. 学校实行教授治学，依法维护学术自由和学术自主，确保教授对教学科研等学术事务的主导地位（第一章第八条），学校开展基础研究和应用研究，推动学术进步、科技创新和成果转化（第二章第十八条）； 2. 校学术委员会是学校的最高学术机构，统筹行使学术事务的决策、审议、评定、咨询等职权，指导协调各专门委员会与学部、院（系）学术委员会的工作（第三章第二十八条）； 3. 学校学位委员会是学校学位事务的决策机构，依照法律和有关规定独立负责学位的评定与授予（第三章第三十条）
	B 校	1. 学校承担人文与社会科学研究和科技创新的重要职能，开展瞄准世界教育、科技、文化前沿的基础理论研究，开展面向国家战略和区域发展重大需求的应用研究（第二章第十条）； 2. 学术委员会是校内最高学术机构，统筹行使学术事务的决策、审议、评定和咨询等职权，学校根据需要，在学院（部、系）设置或者按照学科领域设置学术分委员会（第四章第四十二条）； 3. 学位委员会是学位评定、授予、撤销和争议处理的最高权力机构，学校按照学科领域设置学位评定分委员会（第四章第四十三条）
应用型高校	C 校	1. 学校坚定走应用型大学发展道路，努力建设高水平应用型特色科技大学（序言），培养"德优品正、业精致用、拓新笃行"的高层次应用型、复合型、创新型的技术技能人才（第一节第七条）； 2. 学校设立学术委员会，学术委员会是学校的最高学术机构，统筹行使学校学术事务的决策、审议、评定和咨询等职权（第四节第四十七条），审议学校学科建设、专业设置，教学、科学研究计划方案（第四节第四十九条）； 3. 学校根据发展阶段和实际情况，本着科学、精简、高效的原则，设立学校学位委员会、教学指导委员会、专业指导委员会、职称评定委员会等学术性质的委员会，作为学校专项工作的咨询、评定、审议和决策机构（第四节第五十条）

高校类型	高校名称	高校章程中有关知识生产机制运行的具体条款
应用型高校	Y 校	1. 努力创办特色鲜明的应用型本科高校，在办学特色定位上突出"地方性、国际化、开放式、应用型"，实施"产教融合、校企合作"（第一章第八条）； 2. 学术委员会是学校的最高学术决策、评议、审议与咨询机构，审议学校学科、专业设置和学术梯队建设方案（第六章第二十一条）； 3. 校学位委员会是学校决定授予或撤销学位、审议学校学位工作的机构（第六章第二十一条）

就应用型高校而言，潘懋元先生曾指出，其应具备四方面的特点：一是以培养应用型人才为主；二是以培养本科生为主；三是以教学为主；四是以面向地方为主。[①] 基于基础研究的知识生产创新在应用型高校并没有得到特别显著的强调，而这也表现在推动学科专业动态调整的过程之中。从本质上看，应用型逻辑在根本上是一种他者性逻辑，主要表现为满足某种外部诉求，学科专业动态调整的逻辑其实就是一种应用型逻辑。但在实践过程中，由于多元的外部诉求常常出现冲突和矛盾，学科专业动态调整在满足应用性需求方面也常出现诸多的冲突和矛盾。在应用型高校，学科专业动态调整以调整本科专业为主，侧重强调服务于地方市场需求。知识生产机制对学科专业动态调整的影响主要表现在校企合作和产教融合过程中对应用性知识的学习传授和实践应用。但这并不表明，应用型高校的学科专业动态调整就应当完全由市场应用型逻辑所主导而忽略知识生产创新的基础性价值。然而，现实的状况正如前文所述，学科专业动态调整常常沦为一种外在的制度化调整，其所蕴含的内在知识基础并没有随之改变，导致了种种"换汤不换药"式问题的出现。

C 校和 Y 校都是典型的应用型高校，其章程和发展规划中都特别强调了学科专业人才培养的应用型导向。C 校在章程序言中明确提出，学校坚定走应用型大学发展道路，努力建设高水平应用型特色科技大学，培养"德优品正、业精致用、拓新笃行"的高层次应用型、复合型、创新型的技术技能人才。Y 校第一章中也指出，努力创办特色鲜明的应用型本科高

[①] 潘懋元：《什么是应用型本科?》，《高教探索》2010 年第 1 期。

校，在办学特色定位上突出"地方性、国际化、开放式、应用型"，实施"产教融合、校企合作"。由此可见，应用型高校所遵循的知识应用逻辑在于培养应用型学科专业人才，前端的基于知识生产创新的学术研究在其中并没有得到充分的彰显。为了保障知识应用逻辑在学科专业动态调整过程中得到贯彻和落实，C 校和 Y 校也分别设立了学术委员会和学位委员会，其中，学术委员会是学校的最高学术机构，审议学校学科建设、专业设置、教学、科学研究计划方案等，学位委员会审议学位的授予、撤销等相关工作。这从组织机构上保障了学术组织在学科专业动态调整过程中的话语权，体现了学校对于学术的尊重，对于知识生产的尊重。

综合来看，知识生产机制在研究型高校与应用型高校的运行逻辑会直接影响到学科专业动态调整的方式和结果。就差异而言，研究型高校更加重视知识的生产创新，其学科专业动态调整主要以服务知识生产创新为导向；应用型高校则更加重视知识的实践应用，其学科专业动态调整主要以服务地方生产实践为导向。就共性而言，学科专业所蕴含的知识属性特征决定了知识生产机制是学科专业动态调整的基础性机制，无论是研究型高校还是应用型高校，其学科专业动态调整都不可能脱离知识生产而独立存在（见图 5-1）。

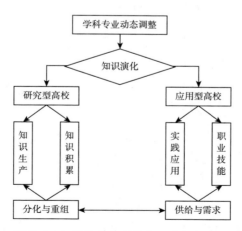

图 5-1 知识演化机制的作用发挥与影响

第二节　市场调节机制运行的作用与影响比较

　　高校与外部世界的联系是高等教育研究中的经典问题，决定了市场调节机制在学科专业动态调整过程中发挥作用的必然性和必要性。无论是研究型高校还是应用型高校，都必然会或多或少与外部世界发生种种联系，而学科专业人才的输出构成了这些联系发生的枢纽。从市场的角度看，学科专业动态调整的实质是供需关系的调整。供需关系具有高度的复杂性和系统性，表现为短期与长期的矛盾、直接和间接的矛盾、战略和战术的矛盾等，推动学科专业动态调整必须充分考量这种复杂性和系统性。有需求的地方就会有市场，市场是无形之手，它会以不同的手段和方式参与到研究型高校与应用型高校学科专业动态调整的过程之中，呈现出各种差异。从这个意义上看，市场对于学科专业动态调整的影响是客观存在的。但从另外一个角度看，高校对于市场的态度却是一个主观的价值选择过程，市场到底在多大程度上发挥作用是由高校决定的。就现实的实践而言，市场调节机制在研究型高校与应用型高校的学科专业动态调整过程中发挥作用的方式和程度呈现一定的差异性。

一　应然层面机理的比较探讨

　　市场调节机制在研究型高校与应用型高校的学科专业动态调整过程中到底应该发挥怎样的作用，到底应该怎样运行，这是关涉高校与外部世界之间关系的根本性问题，也是促进学科专业动态调整所必须解决的理论基础性问题。从已有研究看，学界关于市场调节机制在高等教育系统中的作用主要有两种认识：一是认为由于高等教育具有相对独立性和自身发展的公共性，因此，高等教育市场不是完全市场，高等教育资源配置也就不能采用完全的市场化模式；二是认为市场是实现高等教育资源最优化配置的有效方式，高等教育改革与发展应当尽可能减少政府的行政管理，充分发挥市场调节的基础性作用。基于这两种认识，学科专业动态调整也呈现出两种不同的价值取向，但从深层次上看，无论是研究型高校还是应用型高校，都不可能摆脱市场力量的羁绊和束缚。事实上，现阶段的高等教育与外部市场的联系正变得越来越密切，市场的人力资源调节作用也在发挥着越来越显著的影响，学科专业动态调整的市场驱动力也正变得越来越强。

研究型高校的传统形象是象牙塔，被认为是远离外部社会的"独立王国"，托尼·比彻和保罗·特罗勒尔就曾指出："远离世俗世界的隐居生活可以获得些许安逸和学术上的便利。"[①] 但随着高等教育职能的逐步扩展，有学者对此进行了批评，巴尼特（R. Barnett）就认为，"现今的高等教育不可避免地与其所处的社会密切相关"，任何一种假想出的隔离都会变得极不现实。[②] 在资源的配置过程中，那些贴近市场的专业和学科很容易受益，不贴近市场的专业和学科则有可能丧失资源份额，研究型高校会通过加强那些具有学术资本主义潜力的专业和学科来调动资源，以获得更好的发展支持。[③] 也就是说，研究型高校已经被转入了以资源配置为中心的学术资本主义市场中，知识生产创新已不仅仅局限在高校内部。早在 20 世纪90 年代中期，社会学家亨利·埃茨科威兹（Henry Etzkowitz）和罗伊特·雷德斯多夫（Loet Leydesdor）就在借鉴生物学"三螺旋"概念的基础上提出了基于政府、产业和高校的三螺旋理论，认为知识经济时代三者会根据市场要求而联结起来，形成三种力量交叉影响的新型产学研关系。在该理论中，高校只是作为知识经济时代推动社会发展的构成部分，通过与政府和产业的互动来满足市场的需求。由此可见，市场力量介入研究型高校已经是既定事实，并且正在以多种方式影响着高等教育的变革和发展。

学科专业动态调整过程中，如果说知识生产机制的作用发挥更为基础和内隐，那么市场调节机制的影响则是显而易见的。对于研究型高校而言，市场调节机制作用的发挥主要通过两种途径表现出来：一是学科专业的招生规模和质量；二是学科专业的就业表现。但正如前文所述，市场并

---

① 〔英〕托尼·比彻、保罗·特罗勒尔：《学术部落及其领地：知识探索与学科文化》，唐跃勤译，北京大学出版社，2015，第 183 页。

② R. Barnett, "Limits to Academic Freedom," in M. Tight, ed., *Academic Freedom and Responsibility* (Milton Keynes: Open University Press, 1988), p. 23.

③ 〔美〕希拉·斯劳特、拉里·莱斯利：《学术资本主义》，梁骁、黎丽译，北京大学出版社，2014，第 200~201 页。

不是万能的，市场调节的盲目性、滞后性和自发性会导致市场失灵问题的出现。从理论上看，市场失灵的存在是必然的，尤其是对于研究型高校的学科专业动态调整而言。究其原因，主要有两方面：一方面，研究型高校的学科专业人才更加偏重基础性和研究性，其质量、效益在短期内可能很难在人力资源市场中得到充分彰显；另一方面，高等教育不同于纯粹的私人商品，其公共性和公益性特征决定了学科专业人才市场不可能是一个完全竞争的市场。需要特别注意的是，市场调节局限性的存在并不能否定其在研究型高校学科专业动态调整过程中的必要性和必然性。从经济学的角度看，市场调节被认为是促进资源配置的最优化方式。学科专业动态调整在很大程度上是发展资源的调整，需要充分发挥市场调节机制的作用，以促进发展资源的优化配置。

应用型高校遵循的是基于实用主义高等教育思想的实践应用逻辑，相较于研究型高校，其与外部社会的联系更为紧密。无论是从理论研究还是从实践改革来看，应用型高校都被认为应当更加遵循市场需求逻辑，其学科专业人才培养应当更加关注直接的社会需求变动。刘献君教授认为应用型高校应当建设应用学科，而且要将学科建设与专业建设联系起来，优化学科专业结构需要着重考虑四大因素：一是新兴产业的要求；二是新技术发展的要求；三是现代服务业的要求；四是地方经济发展的要求。[1] 为了满足这些要求，高校需要进行学科专业的动态调整，而这无疑体现了市场调节机制在其中所发挥的重要作用。从特征属性上看，应用型高校与人力资源市场有着天然的联系，离开了人力资源市场，应用型高校之"应用"便会失去其存在的价值意义。在推动地方高校向应用型转型的过程中，政府和高校减少对其学科专业动态调整的行政管理，充分发挥市场调节机制在其中的资源优化配置作用，促进有限的学科专业资源得到最优化的配置、发挥最大的作用。

相对而言，学界对于应用型高校与市场之间的紧密联系批判较少，更加认同将学科专业动态调整与经济产业需要变动联系起来。在应用型逻辑的分析框架中，高校学科专业人才培养是经济产业结构发展演化的一部

---

① 刘献君：《应用型人才培养的观念与路径》，《中国高教研究》2018 年第 10 期。

分。随着经济发展转型和产业结构升级，高校学科专业人才培养也应当做出相应的市场化变革，以适应经济产业新的人力资源需要。在此过程中，市场调节机制作用的发挥突出表现在两方面：一是通过学科专业排名、就业率和用人单位满意度等市场调节信号推动学科专业招生的规模、结构和类型等的调整，以促进这些指标的改进和完善；二是促进人力资源市场的供需不平衡问题的解决，使得学科专业人才培养和需求得以充分有效对接。但正如前文所述，市场调节具有自身的局限性，这种局限性在应用型高校的学科专业动态调整过程中同样存在。对于应用型高校而言，推动学科专业动态调整需要充分发挥市场调节机制的资源优化配置作用，但不可完全依赖市场，避免陷入盲目性、自发性和滞后性的陷阱，应尽可能避免学科专业的低水平重复性设置及其与经济产业结构需求的不匹配。

综合来看，无论是研究型高校还是应用型高校，市场调节机制在学科专业动态调整过程中的影响和作用都是客观存在的，而且在社会主义市场经济体制确立以后逐渐得到强化。但相比于研究型高校，应用型高校与市场的联系更加紧密，市场调节机制在学科专业动态调整过程中的作用与影响更加显著。理论界普遍认为应用型高校应当更加注重发挥市场调节机制的作用，但对研究型高校与市场需求的联系过于紧密的问题却存在诸多分歧。

二　实然层面运行的比较分析

学科专业人才培养与社会实践需求脱节一直是高等教育发展过程中的突出问题，受到社会各界的广泛关注。特别是随着高等教育大众化和普及化时代的到来，学科专业供需的结构性矛盾日趋显著，已经成为研究型高校与应用型高校共同面临的现实性困境。有学者指出我国当前的学科专业人才培养呈现出金字塔形的结构特征，高层次创新人才的培养能力不足。[1]有学者进一步分析了其深层次的原因，认为经济高速发展、粗放式投入、人才培养同质化和优质教育资源不足是关键性问题。[2] 从政策层面看，早

---

[1]　刘丽：《高等教育与劳动力市场的供求关系分析》，《中国高等教育》2017 年第 24 期。
[2]　何慧星、张雅旋：《高等教育供给侧结构性改革的逻辑、依据、路径》，《现代教育管理》2017 年第 12 期。

在 2001 年，教育部制定出台的《关于做好普通高等学校本科学科专业结构调整工作的若干原则意见》明确指出要科学运用市场调节机制，合理调整和配置教育资源，以促进学科专业结构的优化布局。2015 年以后，在国家提出供给侧结构性改革的宏观背景下，各地开始围绕"供给什么""怎样供给"深入探讨高等教育中供给侧结构性改革，学科专业结构调整是其中的重要议题。从实践改革看，市场调节机制在学科专业动态调整过程中发挥着愈来愈重要的作用和影响，但其在研究型高校与应用型高校的具体表现方式却存在差异。

就应用型高校而言，市场对于学科专业动态调整的影响是显而易见的，并且在近些年不断得到强化。为了迎合市场需要、获取更多的办学资源，地方院校往往倾向于新增就业情况好、招生情况好的学科专业。尤其是 20 世纪 90 年代，社会主义市场经济体制确立以后，多元化的人力资源得到释放，各种新兴的学科专业开始大量涌现。在此过程中，人力资源市场里逐步出现了一大批相对热门的学科专业，诸多地方高校也纷纷开设，例如，酒店管理、市场营销、工商管理、企业管理等。从统计数据看，在地方高校中，经济学类相关专业和管理学类相关专业是所有学科专业中设置数量、招生数量和毕业数量最多的。社会主义市场经济体制确立的早期，这些新兴学科专业受到人力资源市场的热烈欢迎，部分院校甚至出现供不应求的局面。但随着市场需求的变动，就业问题开始成为地方院校面临的重要挑战，很多办学质量较差的学科专业又开始面临被撤销的风险（见 E01）。地方院校之间的学科专业设置出现高度的同质化，造成了同类学科专业之间的恶性竞争，导致了大量办学资源的浪费。由此可见，尽管市场调节机制增加了地方院校学科专业动态调整的活力，但由于过度依赖市场、缺乏必要的行政管理和规划，其也引发了诸多的次生性弊病，如功利主义。

> 积极培育和发展适应区域经济社会发展需求的新专业，削减社会需求不足的专业；凡应用型不太强、转型不太成功、就业率低、就业前景黯淡的专业，减少或停止招生。（E01）

　　C 校和 Y 校的学科专业在近 10 年也经历了重大的调整，带有鲜明的市场化特征，有些专业甚至出现了反复设置和撤销的问题，这也反映出市场调节机制在应用型高校的学科专业动态调整过程中存在的诸多局限性。C 校章程规定要主动适应和服务石油冶金行业、地区和安全领域，不断提升学科专业的产业贡献度；"十三五"发展规划也提出坚持市场导向，积极探索政产学研四轮驱动，主动适应"两业两域"（分别指石油和冶金行业、地区和安全领域）科技与经济发展需要；其《本科专业设置管理办法》中也明确规定要依据人才需求预测和就业信息，完善学校本科专业设置与调整机制。Y 校章程规定要坚持应用型的办学定位，构建应用型学科专业体系，满足地方经济和社会发展的需求；"十三五"发展规划提出要坚持需求导向，实现学科专业建设与社会需求的同频共振，提升服务区域经济能力；《专业建设工作条例》也明确规定要对接和服务地方支柱产业，加强专业的应用性建设（见表 5-2）。从两校的章程、发展规划和学科专业建设的相关管理办法中可以看到，应用型高校的学科专业建设尤其强调适应和服务地方经济社会发展，具有明显的市场导向。

表 5-2　四所案例高校相关文件中有关市场调节机制的具体条款

高校类型	高校名称	高校相关文件中有关市场调节机制的具体条款
研究型高校	H 校	1. 在确保综合性研究型大学的学科专业基本配置和发扬教师教育、教育研究等传统优势的同时，根据学科发展趋势和经济社会发展需求，设立新的学科和专业（来源于该校章程）； 2. 坚持面向国家重大需求、面向国际学术前沿、面向国民经济主战场，主动适应经济发展新常态、对接国家和上海发展战略，融入全球竞争合作（来源于该校"十三五"发展规划）
	B 校	1. 面向国家和区域发展需要，推进校企、校地合作和协同创新，搭建政产学研用的合作平台，通过人才联合培养、协同科研、合作办学等多种形式，服务国家以及地方和区域发展（来源于该校章程）； 2. 积极拓展与国内外知名科研院所、社会团体和企业的合作领域，完善合作模式，推进资源共享，实现互利共赢（来源于该校"十三五"发展规划）

高校类型	高校名称	高校相关文件中有关市场调节机制的具体条款
应用型高校	C 校	1. 主动适应和服务石油和冶金行业、地区和安全领域（简称"两业两域"），持续深化产教融合、科教融合，不断提升学科专业对产业的贡献价值（来源于该校章程）； 2. 坚持市场导向，积极探索政产学研四轮驱动，主动适应"两业两域"科技与经济发展需要（来源于该校"十三五"发展规划）； 3. 依据人才需求预测和就业信息，完善学校本科专业设置与调整机制，充分考虑招生就业的市场需求（来源于该校《本科专业设置管理办法》）
	Y 校	1. 根据经济建设和社会发展需要，积极调整学科专业结构，构建体现应用型办学定位和人才培养定位的学科专业体系（来源于该校章程）； 2. 在学科建设、专业设置、人才质量方面与社会需求同频共振，坚持需求导向，提升服务区域经济能力，建设具有鲜明特色的应用型学科专业体系（来源于该校"十三五"发展规划）； 3. 以地方经济社会发展需要为导向，对接和服务地方支柱产业，加强专业的应用性建设（来源于该校《专业建设工作条例》）

就研究型高校而言，受知识生产模式转变与学术资本主义思想的影响，市场力量开始越来越多地介入学科专业动态调整的实践过程之中，并且这种介入正在取得越来越多的理论合法性支持。正如前文所述，研究型高校已经不再是传统观念的象牙之塔，它正在与真实的市场发生着越来越密切的联系。尽管古典理论界认为研究型高校与应用型高校在办学逻辑和定位上存在诸多差异，倾向于支持研究型高校不宜过度强调基于就业的市场化导向，但从政策层面看，相关规定并没有对研究型高校与应用型的学科专业动态调整做出差异化的处理，而且在实践过程中，研究型高校仍然高度关注市场需求，体现出了一定的市场化逻辑。从近几年热门的人工智能、大数据等相关学科专业及其研究机构的设置可见一斑。另外，还有一个有意思的现象是，为了迎合市场化的学科专业排名、满足社会市场需求，研究型高校开始越来越多地整合资源，侧重支持能够快速提升排名和资源获取能力的学科专业。据不完全统计，42 所"双一流"建设高校中，

已有 32 所设立了医学院，比例高达 76%。① 从某种程度上讲，这也是市场调节机制发挥作用和影响的一种体现。

> 对建设效果不好的专业，学校视具体情况予以限制、通报批评、限期整改，并可中止该专业所在学院（部）申报新增专业权限。当年教学工作考核不合格的学院（部），次年不得申请新设本科专业。（C校本科专业设置规定）

相比于 C 校和 Y 校，H 校和 B 校在章程和发展规划中强调市场需求导向的力度要弱很多（文本中较少有关于市场因素的条款），更多的是基于知识生产创新角度提出的。C 校章程中规定要根据学科发展趋势和经济社会发展需求设立新的学科和专业，同时要确保综合性研究型大学学科专业的基本配置和传统优势；"十三五"发展规划中提出了"三个面向"，即面向国家重大需求、面向国际学术前沿、面向国民经济主战场，融入国际竞争与合作。从中可见，该校章程和"十三五"发展规划在强调国家需求的同时也强调了学科自身的发展趋势。Y 校章程中规定要推进校企、校地合作，服务于国家以及地方和区域发展；"十三五"发展规划中提出了积极拓展与国内外知名科研院所、社会团体和企业的合作领域，完善合作模式，推进资源共享，实现互利共赢。从中可见，该校章程和"十三五"发展规划中强调的需求不是简单的被动适应，而是基于知识生产创新的学术合作和引领。

综合来看，无论是研究型高校还是应用型高校，其学科专业动态调整的实践过程中都会受到市场调节机制的影响，但会存在一定的差异。研究型高校的学科专业动态调整更加体现出基于知识生产创新的社会服务，而非仅仅被动地满足市场需求，而应用型高校则更加强调其学科专业动态调整与市场需求的有效对接，鼓励提升学科专业的实践应用性，以便更好地满足市场需求，带有鲜明的市场化特征（见图 5-2）。

---

① 《双一流高校密集筹建医学院！全国顶尖医学院校优势学科都有啥》，http：//kaoyan. eol. cn/bao_kao/re_men/201806/t20180619_1610361_2. shtml。

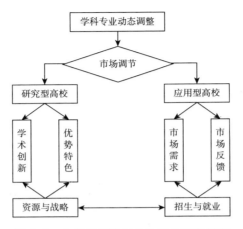

图 5-2　市场调节机制的作用发挥与影响

第三节　行政管理机制运用的作用与影响比较

　　过度行政化是学界对于高等教育批判、指责最多的问题之一，也是高校学科专业动态调整面临的突出问题。伦敦大学教育学知名教授罗纳德·巴尼特（Ronald Barnett）曾在《高等教育理念》一书中对行政权力过度介入高等教育系统进行了深刻批判，他指出"高等教育已经深陷漩涡之中，至少成为政府机构的边缘组织，且随着这种融合，知识已经被制度化和殖民化"①。从学理性上看，行政管理是高校管理过程中必然存在的一种方式和手段，必要的行政管理有利于促进高校学科专业的科学合理布局，但事实上，政府在履行自身职能时常常出现越位、错位和缺位的问题。实践改革的现实困境是，各界一方面呼吁政府能够扩大高校学科专业动态调整的自主权，另一方面高校自身又因为担心种种风险而无法充分使用这种自主权。从全球范围看，如何将行政管理控制在一个合理限度是世界各国高等教育面临的普遍性难题。不同历史时期，高等教育发展的矛盾有所差异，

---

　　① 〔英〕罗纳德·巴尼特：《高等教育理念》，蓝劲松译，北京大学出版社，2012，第103页。

有些国家采用完全市场化的模式，尽可能减少行政管理；有些国家则采用集权制的模式，强调政府的规划和监督职能。长期以来，我国的高等教育更多选择的是集权制管理模式，政府通过公共政策在高等教育发展过程中发挥重要的作用，而这也深刻地影响着学科专业动态调整的方式和结果。无论是研究型高校还是应用型高校，其学科专业动态调整都正在受到行政管理机制的影响，呈现诸多的共性与个性特征。

一　应然层面机理的比较探讨

学科专业人才培养的过程重在高校，但其影响范围远超高校，它不仅关系到经济社会发展所需人力资本的积累，更关系到国家综合国力和国际竞争力的提升。政府以直接或间接的方式干预学科专业动态调整在此意义上具有必然性和必要性。研究型高校与应用型高校同属国家高等教育体系的构成部分，分别担负着为国家培养研究型学科专业人才和应用型学科专业人才的使命和责任。从理论层面看，不同的高等教育管理体制下行政管理机制存在的价值和意义具有一定程度的差异性。在集权制国家，高校更多地被纳入教育行政管理的范畴，行政管理的价值和意义在于维护国家和集体利益；在分权制国家，高校自身的独立性更强，行政管理的价值和意义在于维护学术自治和学术自由，更多服务于高校学术自治和学术自由的需要。随着高等教育治理体系和治理能力现代化的推进，现代大学制度在我国逐渐受到认可并且得到进一步的践行，"去行政化"开始成为我国现代大学制度建设过程中的一项重要议题。正如有学者所言，"去行政化"不是"去行政管理"，也不是"去政治化"，关键是去"官僚化"。[①]

就研究型高校而言，捍卫学术自治和学术自由是其一切管理活动所必须遵循的基本价值标准。从内在逻辑看，没有学术自治和学术自由就没有知识生产创新，没有知识生产创新就没有学科专业的生成与发展，没有学科专业的生成与发展也就没有所谓的学科专业动态调整。政府可以干预知识生产的方式和制度，却无法进行直接的知识生产创新。行政管理机制在

---

① 丁福兴、李源：《名实与价值：大学"去行政化"研究中的若干论争评析》，《国家教育行政学院学报》2013年第5期。

学科专业动态调整过程中之所以能够发挥作用和影响，原因在于这里的"学科专业"是制度化意义上的学科专业，这种制度化赋予学科专业更多的政治、经济和文化内涵，而非简单的知识论层面的意义。研究型高校被认为是捍卫真理、追求真理、发现真理的崇高殿堂，在人类文明的进步和发展过程中有着极其特殊的意义。在此意义上讲，行政管理应当服务于研究型高校捍卫真理、追求真理、发现真理的需要，服务于人类文明的进步和发展。当行政管理成为一种谋取私人利益、团体利益的工具时，行政管理在学术自治和学术自由意义上的价值合法性就会遭受到质疑和挑战。当然，从根本上看，行政管理与学术自由、学术自治并不是完全对立的矛盾体。对于研究型高校而言，学术自由和学术自治的捍卫需要政府提供必要的行政管理保障，这种行政管理保障主要体现为服务和监督职能的履行。

从根本上看，学科专业动态调整首先应当遵循的是基于知识生产演化的学术自治逻辑，以行政方式干预学科专业动态调整应当建立在尊重知识生产演化的学术自治逻辑基础之上。作为一种外部调整方式，行政管理本身并无好坏之分，但在研究型高校的学科专业动态调整过程中却存在合理限度与非合理限度之别。当行政管理逻辑逐渐成为学科专业动态调整的主导逻辑之时，研究型高校基于知识生产演化的学术自治逻辑便会受到挑战，保障知识生产创新的学术自由便有可能遭到破坏。现代大学治理理论认为，政府应当尽可能地减少直接的行政管理，给予和尊重高校充分的办学自主权，包括学科专业动态调整的自主权。事实上，学界已经有非常多关于学术权力与行政权力规制方面的讨论，坚持行政为学术服务、行政权力与学术权力相分离是现代高等教育治理的基本共识和应有之义。在此意义上，行政管理机制发挥作用和影响的全部意义在于保障学科专业动态调整能够更加符合知识生产创新的学术自治逻辑，任何破坏知识生产创新的行政管理都是不必要的，而且是应当制止的。研究型高校是国家基础研究的关键力量，是支撑创新驱动发展的智力保障。[①] 从国家的角度看，通过制定科学合理的学科专业宏观规划和发展政策等行政管理方式引导学科专

---

① 何晋秋：《建设和发展研究型大学，统筹推进我国世界一流大学和一流学科建设》，《清华大学教育研究》2016 年第 4 期。

业动态调整有利于促进研究型高校学科专业的特色化发展和竞争优势的建立。

就应用型高校而言，遵循市场需求的应用逻辑是其根本特征。推动学科专业动态调整需要充分发挥市场调节的作用，但由于市场自身存在的盲目性、滞后性和功利性所导致的市场调节失灵问题，必要的行政管理被认为能够弥补市场调节机制的不足，是对市场调节机制的有益补充。事实上，对于高校而言，如何通过学科专业动态调整来适应不断变化的人力资源市场具有高度复杂性和系统性，离不开政府在宏观层面的规划统筹和信息服务。与研究型高校不同的是，应用型高校与市场的联系更为紧密，对于市场的反应非常敏感。当经济产业的发展需求出现变动时，遵循应用逻辑的高校会迅速做出反应，但由于信息掌握不充分，对于国家和区域层面的市场需求把握缺乏科学判断，学科专业动态调整常常出现趋同性和同质化问题，继而造成学科专业的低水平重复性设置。而且，随着应用型高校学科专业人才规模的不断扩增，其就业问题的严重性会日趋凸显，不仅关系到高校自身的招生和就业评估，还关系到国家和社会的发展稳定。在此意义上看，政府从政策引导层面做出学科专业发展的科学规划，提供高校科学决策的依据信息就显得尤为必要。

但问题在于行政管理与市场调节存在一定的冲突性。过度的行政管理会限制学科专业动态调整的灵活性，导致高校无法对于动态变化的人力资源市场做出快捷有效的反应，而矛盾就在于应用型高校的应用性特征恰恰要求其必须对人力资源市场的需求变动做出快速的反应。正如前文所述，学科专业体系发展到现阶段已经高度制度化，行政管理机制的作用对象主要是这种制度化意义的学科专业，而这就导致学科专业动态调整常常"有名无实"或者"名不副实"，原因在于学科专业所蕴含的知识体系并没有真正建立，而且在教育教学过程中没有得到有效的贯彻落实。从已有研究来看，学界普遍认为扩大和落实高校办学自主权能够调动高校的积极性、主动性和灵活性，便于其根据人力资源市场需求变动及时地调整学科专业规模、结构和类型。但扩大和落实办学自主权并不意味着政府对于高校学科专业动态调整以责任和义务为核心的行政管理机制的消失。推动地方本科院校向应用型高校转型实际上就是行政管理机制发挥作用的表现。换言之，促进应用型高校学科专业动态调整既离不开政府对于人力资源市场需求的预测，也离不开政府对于学科专业的统筹规划和引导。

综合来看，行政管理机制是高校学科专业动态调整的外部性机制，在研究型高校与应用型高校的学科专业动态调整过程中都会产生作用和影响，而且这种作用和影响具有一定的必要性和必然性。从差异方面看，对于研究型高校的学科专业动态调整而言，行政管理机制存在的意义在于维护和保障学术自由和学术自治，以更好地促进知识生产创新；对于应用型高校的学科专业动态调整而言，行政管理机制存在的意义在于通过科学合理的统筹规划和引导，弥补市场调节机制的不足，以更好地满足经济产业发展的动态需求。

二 实然层面运行的比较分析

从政府层面看，有关学科专业动态调整的相关文件并没有将研究型高校与应用型高校分开规定。实践过程中，无论是研究型高校还是应用型高校都会受到相应的行政管理机制影响，重点学科制度便是其中之一。早在1986年，国家教育委员会就启动了国家重点学科评选工作，并于1987制定发布了《关于做好评选高等学校重点学科申报工作的通知》，此后的2001~2002年以及2006年，教育部又分别进行了第二批和第三批国家重点学科遴选工作，且各省份和高校在参考国家重点学科建设的基础上分别遴选了省级重点学科和校级重点学科，形成了国家、省和高校三级重点学科建设制度。对于这些重点学科，相关政府部门会在经费投入、教师保障等方面给予重点资助和优先发展。另外，针对学科专业动态调整，教育部先后制定了《关于做好普通高等学校本科学科专业结构调整工作的若干原则意见》《普通高等学校本科专业设置管理规定》《博士、硕士学位授权学科和专业学位授权类别动态调整办法》等具体文件，并且在发展规划中将学科专业分为"一般控制设置的专业""从严控制的专业""引导性专业""目录外专业""少数高校试点专业"等，这些都充分体现了行政管理机制的作用方式和影响。

事实上，研究型高校多为教育部直属的重点大学，国家重点学科也主要分布在研究型高校，其中学科专业建设受到国家的重点关注和支持。在国家为研究型高校不断提供资源支持的过程中，研究型高校的学科专业水平有了显著的提升，但其建设和发展却也受到诸多的行政限制。学科专业的动态调整在一定程度上也是办学资源的调整，国家重点学科在本质上是对学科专业办学资源的重点支持，具有一定的身份化特征，成为国家重点学科就意味着将会得到更多持续的办学资源的支持。但国家能够投入的资源总量是有限的，将更多的资源投向重点学科专业也就意味着其他学科专业发展资源的减少。长此以往，这些重点学科专业的身份会逐步趋于固化，会限制其他新兴学科专业的发展，继而降低其学科专业动态调整的灵活性。当然，从学术传统和历史积淀的角度看，研究型高校的学科专业不宜过于频繁地调整，应当在一定时期内具有相对的稳定性。正如前文所述，对于研究型高校而言，行政管理机制作用的发挥应当以公平公正为基本价值取向，以服务基于知识生产创新的学术自治为目的导向，但实践过程中其却存在越位、错位和缺位的问题。

从调整权限来看，研究型高校与应用型高校之间在政策法规层面并没有区别，但在具体的执行过程中却表现出了一定的差异性。H 校和 B 校的章程中均有关于学科专业动态调整权限的相关规定。其中，H 校的章程规定学校要以学科为依据来设置院系，并且学科专业建设和发展需要适时调整，H 校"十三五"发展规划则提出要明确学科专业建设的责任单位，分类配置和管理学科专业建设的经费。由此可见，H 校的行政建制是以学科为基础的，将学科置于核心的位置，在一定程度上体现出了行政为学术服务的办学思想。B 校章程则强调其自身所具有的独立法人资格，规定学校自主设置和调整学科专业，B 校"十三五"发展规划则从优化资源配置和管理权限的角度提出扩大和落实二级学院的管理自主权，完善以学科建设任务和绩效为导向的资源配置机制。由此可见，B 校的相关规定更加强调高校在学科专业动态调整过程中的自主权限，而且特别重视学科专业的资源分配和任务考核。综合来看，H 校和 B 校作为研究型高校，均将学科专业的建设与发展放在了首要位置，为了促进学科专业的建设与发展，两校都制定了一系列行政管理的保障规则体系。

应用型高校的学科专业动态调整与国家经济产业结构发展深度相关。

教育部于 2001 年制定出台的《关于做好普通高等学校本科学科专业结构调整工作的若干原则意见》明确指出，加强应用型学科专业建设，积极设置主要面向地方支柱产业、高新技术产业、服务业的应用型学科专业，为地方经济建设输送各类应用型人才。这充分体现了国家从政策层面对于学科专业动态调整方向的一种鼓励和引导，也是行政管理在学科专业动态调整过程中发挥作用和影响的具体体现。对于应用型高校而言，学科专业动态调整的目的是满足经济产业发展的市场需要，行政管理机制的作用在于更好地服务于应用实践，主要表现在三方面：一是统筹学科专业发展的规划和布局；二是及时收集和发布人力资源市场的学科专业人才需求；三是建立和完善学科专业动态监测系统和预警机制。但在实践过程中，学科专业动态调整有一定的滞后性且存在盲目性和功利化的倾向，影响了其自身职能和使命的达成。正如前文所述，行政管理本身并不具有价值倾向性，行政管理结果的评价取决于其所服务的对象和希望达成的目的。如果说应用型高校学科专业动态调整的目的在于满足人力资源市场的需要，那么行政管理机制的建立和完善就要服务于这个需要。

规划和布局是行政管理机制在学科专业动态调整过程中发挥作用的具体体现，从相关规定看，C 校和 Y 校都非常重视学科专业结构的规划和布局。C 校章程规定学校依法自主设置和调整学科专业，制定学科专业的招生方案，自主调节系科的招生比例，C 校"十三五"发展规划提出学校应在应用规划、信息服务、政策指导和资源配置等方面给予学科专业建设以相应的支持。Y 校章程规定学校实行校、院系两级管理，由院系组织开展学科专业相关的建设工作，"十三五"发展规划提出要与地方政府等共建应用技术类型行业二级学院，突出重点学科，集中优质资源重点发展应用学科。由此可见，两校对于学科专业动态调整的行政管理方式存在诸多共通之处，尤其强调与地方政府、产业行业的协同合作。促进学科专业结构与经济产业结构的有效衔接是行政管理机制发挥作用的重要目的和要求（见表 5-3）。

表 5-3　四所案例高校相关文件中有关行政管理机制的具体条款

高校类型	高校名称	相关文件中有关行政管理机制的具体条款
研究型高校	H 校	1. 学校以一级学科（群）为依据设置学院，根据需要也可设置单科性特色学院和独立系，并根据学科建设和发展的需要适时调整（来源于该校章程）； 2. 明确学科建设的主建单位及参建单位，分类确定各学科建设资金的投入额度（来源于该校"十三五"发展规划）
研究型高校	B 校	1. 学校具有独立法人资格，依法制定并实施学校发展战略规划，自主设置和调整学科专业（来源于该校章程）； 2. 完善以学科建设任务和绩效为导向的资源配置机制，落实（部）院系的管理自主权（来源于该校的"十三五"发展规划）
应用型高校	C 校	1. 学校依法根据社会需求、办学条件和国家核定的办学规模，制定招生方案，自主调节系科招生比例，依法自主设置和调整学科专业（来源于该校章程）； 2. 学校应综合应用规划、信息服务、政策指导和资源配置等措施，建立和完善专业建设保障机制（来源于该校"十三五"发展规划）
应用型高校	Y 校	1. 学校下设院系，实行校、院系两级管理，院系组织开展本院系的教学、科学研究、学科建设、专业建设、课程建设和实验室建设等（来源于该校章程）； 2. 与地方政府、行业、企业等共建应用技术类型行业二级学院，突出重点学科，集中优质资源重点发展应用学科（来源于该校"十三五"发展规划）

综合来看，学科专业动态调整过程体现行政管理机制与市场调节机制的有机结合，研究型高校与应用型高校都是如此。从差异看，行政管理机制在研究型高校的学科专业动态调整过程中着重体现在为学术研究服务和履行监督职能使命上，其目的在于保障学术自由和学术自治，更好地促进知识生产创新；在应用型高校的学科专业动态调整过程中着重体现在促进学科专业结构和经济产业结构的有效衔接上，其目的主要在于满足产业发展和地方需要，促进科学规划和合理布局（见图 5-3）。

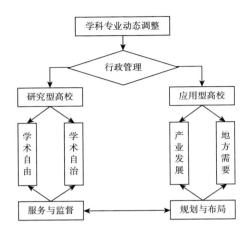

图 5-3　行政管理机制的作用发挥与影响

第六章 基于分类管理的高校学科专业动态调整机制优化

　　知识演化、市场调节和行政管理发挥作用和影响的方式手段与规则体系体现出了学科专业动态调整的不同价值取向与模式特征。尽管《国家中长期教育改革和发展规划纲要（2010—2020年）》明确提出建立国家宏观调控、省级整体统筹、高校自主自律的专业设置管理机制和学科专业结构与区域经济社会发展和产业布局需求相适应的动态调整机制，但从政策实践看，如何厘清政府、高校和市场在学科专业动态调整过程中的角色职能和关系定位仍然存在诸多亟待解决的问题，知识演化机制、市场调节机制和行政管理机制如何在其中发挥科学合理的作用仍然有待进一步深入思考。事实上，也正是由于政府、高校和市场在学科专业动态调整过程中的角色职能和关系没有厘清，知识演化机制、市场调节机制和行政管理机制作用发挥的缺位、错位和越位，才导致了研究型高校学科专业动态调整的过度行政化、市场化、泡沫化和应用型高校学科专业动态调整的滞后性、盲目性、功利化。亦如前文所述，学科专业是高校人才培养的载体，是知识积累和演化的载体，也是联结经济产业结构的载体，科学合理的学科专业动态调整机制的形成和完善不仅关系到高校发展水平的提升，更关系到国家社会经济发展的人力资源水平保障，不仅需要高校的努力，更需要政府、用人单位等各主体的协同合作。

　　作为职能使命有所差异的两种类型，研究型高校与应用型高校在遵循高等教育普遍发展规律和要求的同时也体现出了各自发展追求上的差异性。虽然在实践层面，研究型高校与应用型高校的界限不是特别明显，但从倡导和鼓励高校多元化发展与多元化人才供给的角度看，促进高校分类管理就会显得特别有价值、有意义。基于这样一种认识，促进知识演化机制、市场调节机制和行政管理机制在研究型高校与应用型高校的学科专业动态调整过程中作用发挥的科学化和合理化对于未来高等教育发展的多元化、特色化而言就变得尤其重要。完善学科专业动态调整机制的实质是明确政府、高校和市场的角色职能和关系定位，关键在于发挥知识演化、市场调节和行政管理机制的优势，基本要求在于尊重研究型高校与应用型高校多元化的学科专业人才培养使命。故而，本部分基于研究型高校与应用型高校的学科专业动态调整问题，从发挥知识演化、市场调节和行政管理机制优势的角度出发，提出促进分类管理的学科专业动态调整机制优化的改革建议。

第一节 分类管理：学科专业动态
调整的机制优化逻辑

近年来，我国积极探索高校分类管理的相关举措，高校内部也出现了自然科学、社会科学和人文科学的分类考核以及基于大类划分的学部制改革，但整体而言仍显缓慢，而且在学科专业动态调整过程中并没有得到充分的彰显。随着人力资源市场需求的日趋多元化和高校特色发展的逐步推进，学科专业动态调整的分类管理的价值和意义将会日趋凸显，而这也将会成为未来高等教育管理变革的必然趋势。促进研究型高校与应用型高校的学科专业分类管理既是对现有高校学科专业"整齐划一"管理弊端的现实回应，也是促进学科专业动态调整科学化的基本要求。

一 缘何分类管理：定位差异与特色发展

高校分类设置管理是依法优化高等教育结构、推动国家创新发展的必然要求。[1] 但从相关政策文件来看，目前，教育部层面制定的有关规定中并没有对研究型高校与应用型高校的学科专业动态调整分开进行规定，也就是说相关规定仍然是统一的笼统规定。早在 2001 年，教育部在《关于

---

[1] 史秋衡、康敏：《我国高校分类设置管理的逻辑进程与制度建构》，《厦门大学学报》（哲学社会科学版）2017 年第 6 期。

做好普通高等学校本科学科专业结构调整工作的若干原则意见》中就指出，高校学科专业建设存在面向未来的高层次经营管理人才供给不足、面向地方的应用型人才培养薄弱、主动适应社会变革的学科专业自我调整管理机制不完善等诸多问题，提出要优化学科专业结构、建立适应社会主义市场经济体制需要的学科专业调整机制。但在现行的规则体系下，高校学科专业动态调整的权限被限制得过死，自主调整往往受到多重复杂关系的束缚。在国家提出地方本科院校向应用型转型的政策背景下，如何打破统一化管理的弊端、释放研究型高校与应用型高校学科专业动态调整的自主空间对于研究型学科专业人才培养与应用型学科专业人才培养而言至关重要。促进研究型高校与应用型高校学科专业动态调整的分类管理能够在一定程度上避免"整齐划一"式管理所导致的学科专业低水平重复性建设，但需要政府在政策层面给予充分的引导和鼓励。

（一）回应"整齐划一"式管理的弊端，尊重办学定位差异

"整齐划一"式管理是过度行政管理的具体体现，分类管理是对传统"整齐划一"式管理的具体回应。当前，我国正在通过扩大和落实高校办学自主权的方式来促进高校的自主发展、减少政府的直接行政管理，但从具体实际来看，这种"整齐划一"式的管理思想仍然广泛存在。在管理层面，统一的标准化管理有助于增强规范化、减少制度成本，但可能会造成机制僵化、组织应变能力降低。研究型高校需要根据学术研究前沿和趋势灵活地调整和布局学科专业，应用型高校需要根据生产实践应用和经济产业发展的市场需求变动及时调整学科专业人才培养的规模、结构和种类。当学科专业动态调整机制不能满足这种灵活的变动需求时，相关知识生产创新问题、就业问题就会随之出现。事实上，在新中国成立到改革开放之后的相当长一段时期内，高校学科专业的招生和就业实行的是严格的计划管理体制，政府在其中占据绝对的主导地位，全国高校在政府的统一指令下进行招生管理和就业分配。[①] 20 世纪 90 年代社会主义市场经济体制确立以后，这种严格计划管理体制才开始逐渐变革，高校在学科专业招生和就

---

① 徐敦潢：《高等教育计划管理十年回顾》，《中国高等教育》1990 年第 3 期。

业管理方面的自主权限才有所扩增。

从已有研究文献来看，近年来，受到高等教育市场化思潮的影响，学界对于高等教育管理中存在的"行政化"问题的批判越来越强烈，统一的行政化管理弊端越来越受到关注，以扩大和落实高校办学自主权为中心的自主调节呼声越来越高。有学者认为僵化的行政管理不仅制约了高校管理效率的提升，而且影响了办学质量和公平的提升，因此应当明晰行政权力与学术权力的边界，建立非行政化的多元治理机制。① 有学者指出，高等教育变革应当通过合理调适政府与高校之间的关系，实现由消极到积极、由被动到主动、由直接管理到间接管理的转变，逐步扩大和落实高校的办学自主权，以促进高等教育人才供给的多元化。② 在这些学者看来，市场是实现办学资源最优化配置的有效方式，能够有效促进高校学科专业的开放竞争和效益提升。相比于具有强制性特征属性的行政管理方式，自主调节不仅体现了对于高校学术自治的尊重，而且有利于发挥市场在资源配置过程中的优势，更为重要的是，还可以提升学科专业动态调整的灵活性，使得研究型高校能够根据学术研究前沿和趋势灵活地调整学科专业布局，应用型高校能够根据生产实践应用和经济产业发展的市场需求变动及时调整学科专业人才培养的规模、结构和种类。

从具体改革实践来看，不同学科专业具有自身内在的不同知识演化逻辑，采用统一的标准对学科专业进行动态调整可能会违背其内在的知识演化逻辑，最终阻碍学科专业发展能力和水平的提升。事实上，促进分类管理已经是高校管理的大势所趋，部分省区市已经开启了关于高校分类管理的实践探索和规划。以上海为例，为促进高等教育分类发展，上海市教育委员会、上海市发展和改革委员会、上海市人力资源和社会保障局、上海市财政局、上海市规划和国土资源管理局联合制定发布《上海高等教育布局结构与发展规划（2015—2030年）》，明确提出了高校"二维"分类的管理体系。按照高校人才培养功能，其将高校分为学术研究型、应用研究型和应用技术型、应用技能型（见表 6-1）；按照学科专业集中程度，将

---

① 刘家明：《我国高校管理体制改革：非行政化的方向》，《学术论坛》2009 年第 11 期。
② 邓小妮：《高等教育行政管理体制的演变特点及启示》，《教育与经济》2000 年第 S1 期。

高校分为综合性、多科性和特色性（见表6-2）。学科专业的分类管理是高校分类管理的重要构成部分，上海提出的"二维"分类管理已经体现出学科专业分类管理的趋势和要求，但有待进一步贯彻落实和深化。从应然层面来看，研究型高校与应用型高校有着各自不同的功能定位，其学科专业动态调整也具有自身的内在逻辑要求，分类管理是体现这种不同的功能定位和内在逻辑要求的具体方式和手段。

表6-1 按人才培养主体功能的高校分类标准

单位：%

指标	学术研究型	应用研究型	应用技术型	应用技能型
在校生中的研究生占本科生的比例	≥70	≥20	≥0	0
应用型研究生数占研究生总数的比例	>25	>50	>75	0
博士学位点数占学校学位点总数的比例	≥30	>0	≥0	0
基础研究投入经费占当年科研投入经费的比例	≥30	≥10	≥0	—
师资结构特点	拥有一批具有国际影响力的一流教研人员	拥有一批具有海外学习研究经历的高水平教研人员	拥有一批具有行业、产业实践经历的高水平"双师双能型"教师	以符合"双师双能型"要求的教师为主体
人才培养目标定位	以培养学术研究人才为引领，可授予博士、硕士和学士学位	以培养应用研究与开发人才为重点，可授予博士、硕士和学士学位	以培养专业知识和技术应用人才为主体，一般可授予专业研究生和学士学位	培养专科层次操作性专业技能人才

资料来源：《上海高等教育布局结构与发展规划（2015—2030年）》。

表 6-2　按学科门类（专业大类）集中度情况的高校分类标准

单位：个

指标	综合性	多科性	特色性
学科的主干学科（门类） （高职高专为专业大类）	≥7	3~6	1~2

注："主干学科"或"专业大类"规定，本科院校同时具有学士、硕士、博士学位授予权的学科（门类）。本科或硕士在校生数占 $1/N$ 以上的学科（门类），N 为学校专业分布的学科门类总数。高职高专院校中的"专业大类"为在校生数占 15% 以上的专业大类。

资料来源：《上海高等教育布局结构与发展规划（2015—2030 年）》。

（二）应对特色发展需要的多元化人才供给诉求

随着经济产业发展的转型升级以及社会分工的日趋精细化，满足不同层次、不同类型的多元化人才的动态需要将会是未来高校学科专业人才培养的重大挑战和要求。高校是人才培养和供给的主体，学科专业是高校人才培养的载体和依托，促进高校学科专业动态调整不仅是经济产业发展与社会分工日趋精细化的需要，更是应对多元化人才动态需求趋势的客观要求。从历史上看，每一次工业革命的发生都必然引发经济产业结构的变革，也必然会促进社会分工和职业工种的调整，第一次工业革命以蒸汽机被广泛应用为标志，催生了以蒸汽机为中心的各种新的人才需要；第二次工业革命以电器的使用和发明为标志，催生了以电器为中心的各种新的人才需要；第三次工业革命以新能源和信息技术的广泛应用为标志，催生了以计算机、原子能等为中心的各种新的人才需要。现阶段，人类即将进入以人工智能为中心的第四次工业革命时代，各种以人工智能为内容的、新的学科专业相继诞生。整体而言，人类社会发展的需求越来越多元化，对于人才供给的要求越来越复杂，特色发展和多元化人才供需趋势成为高校学科专业动态调整无法回避的重大问题，分类管理可为这一问题的解决提供可能性。[①]

1. 需求多元化促进特色发展

无论研究型高校还是应用型高校，其学科专业的动态调整都离不开特

---

① R. Assaad, C. Krafft, and D. Salehi-Isfahani, "Does the Type of Higher Education Affect Labor Market Outcomes? Evidence from Egypt and Jordan," *Higher Education* 75 (2017): 945-955.

定的需求。从应然层面看，对于研究型高校而言，如何促进知识生产创新是学科专业动态调整需要考虑的核心问题，其学科专业动态调整更多应当体现的是学术的需求；对于应用型高校而言，如何满足生产实践应用是学科专业动态调整需要考虑的核心问题，其学科专业动态调整更多应当体现的是市场的需求。当然，学术的需求与市场的需求并不是完全矛盾的，但不可否认的是二者之间存在一定的冲突性，这种冲突性体现了需求的差异，也体现了分类管理的意义。现阶段，研究型高校与应用型高校在学科专业设置方面的特色并不明显，相关管理规定也差异不大，在一定程度上加剧了学科专业的低水平重复设置和"就业难"与"用工荒"的双重结构性困境。因此，无论是学术界还是实践界，促进高校特色发展的呼声越来越高，从根本上看，这是由需求的多元化决定的。鉴于高校与市场日趋紧密的供需关系，促进学科专业的动态调整必须要充分考量这种需求的多元化趋势。

2. 供给多元化体现特色发展

学科专业动态调整实际上是人才供给结构、种类和层次的调整。从职能上看，无论是研究型高校，还是应用型高校，学科专业人才培养都是其核心使命，但如何体现学科专业人才培养的优势特色却是研究型高校与应用型高校履行其核心使命的重要差异所在。具体来看，优势特色主要体现为学科专业人才培养结构、种类和层次的差异，促进高校特色发展实际上就是促进学科专业人才培养结构、种类和层次的差异化发展。如果说特色发展是高等教育未来发展变革的方向，那么学科专业人才供给结构、种类和层次的多元化则是高等教育特色发展的具体体现。研究型高校与应用型高校在学科专业人才培养方向上存在诸多差异，这决定了其在人才供给结构、种类和层次上的优势特色。事实上，随着高等教育职能的不断拓展，高校的类型也正变得越来越多元，而高校类型的多元则促进了学科专业人才培养的多元，继而推动了人才供给的多元。研究型高校与应用型高校的分野便是高校类型多元的重要体现，这将有利于改善学科专业人才供给的同质化和单一化的状况，推动高校特色化发展。

3. 分类管理：需求多元化与供给多元化的客观要求

从概念上看，分类管理中的"类"其实是一个相对的概念，研究型高校与应用型高校的出现便是分类管理思想的体现。分类管理是遵循高等教育发展规律和办学规律的体现，促进分类管理有利于激发高校自主办学主动性。① 促进学科专业动态调整的分类管理是高校分类管理的重要构成部分，也是需求多元化与供给多元化的客观要求。一方面，从外部看，学科专业分类管理是满足人力资源市场多元化人才培养需求的需要。学科专业结构与经济产业结构的内在关联性决定了需求的多元化对于学科专业动态调整影响的深刻程度，对于研究型高校而言，学科专业人才培养应当更加注重知识生产创新，不能因过度依赖市场而失去其在整个经济社会发展过程中的思想和科技引领作用；对于应用型高校而言，学科专业人才培养应当凸显出社会生产实践的应用性特征，应当及时关注和呼应经济产业发展所带来的市场需求变动。另一方面，从内部看，学科专业分类管理是尊重知识演化规律和学术生产规律的需要，有利于促进人才供给的多元化。正如前文所述，在知识论意义上，学科专业是知识生产积累到一定阶段的产物，是知识不断分化和重新组合的结果，推动学科专业的分类管理将有利于促进知识供给的多元化，满足学习者日趋多元化的动态需求。

二　分类管理原则：多重关系平衡与目的达成

分类管理是高等教育职能拓展和发展变革的必然趋势，是尊重不同学科专业发展规律的内在要求。促进学科专业动态调整的分类管理在本质上体现的是学术、行政和市场之间关系的复杂变革，目的在于优化知识演化机制、市场调节机制和行政管理机制在研究型高校与应用型高校中所发挥的作用，实现研究型高校与应用型高校的内涵式和特色化发展。事实上，随着新设置学科专业的大量涌现，美国高校早在20世纪90年代末就已经形成了学术型、专业应用型和职业技术型三种学科专业的分类管理机制。② 我国对于研究型高校与应用型高校分类管理的实践探索相对较晚，教育部在2001年制定出台的《关于做好普通高等学校本科学科专业结构调整工作的若干原则意见》中明确在政策层面提出了"加强应用型学科专业建

---

① 史秋衡、康敏：《探索我国高等学校分类体系设计》，《中国高等教育》2017年第2期。
② 鲍嵘：《美国学科专业分类系统的特点及其启示》，《比较教育研究》2004年第4期。

设"的要求。2015 年，教育部、国家发展和改革委员会、财政部制定出台《关于引导部分地方普通本科高校向应用型转变的指导意见》以后，有关应用型高校和应用型学科专业的改革探索和学术研究开始迅速增加，促进研究型高校与应用型高校分类管理的呼声也越来越高。从学界研究看，有学者认为分类管理是实现高校内涵式发展的重要选择，有助于促进高校的特色化和品牌化[①]，现阶段我国高等教育分类管理主要体现在民办教育的分类管理[②]、教师岗位的分类管理[③]、设置类型的分类管理[④]、绩效考核的分类管理[⑤]等上。综合来看，基于研究型高校与应用型高校的学科专业分类管理是我国高等教育分类管理的重要构成部分，理论界和实践界正在进行着越来越丰富的探讨和改革，突出体现在以下两方面。

（一）体现内涵式和特色化发展要求的多重关系平衡

高等教育现代化之路是内涵式发展、特色化发展之路，通过学科专业动态调整机制的优化体现研究型高校与应用型高校的内涵和特色是新时期高等教育现代化发展的客观要求。从理论上看，研究型高校与应用型高校具有不同的办学定位和职能特色，研究型学科专业建设与应用型学科专业建设也具有不同的价值取向和规律要求，促进学科专业动态调整应当尊重和体现这种差异。但在实践过程中，研究型高校与应用型高校的关系界限并不明确，研究型学科专业与应用型学科专业的概念界定也并不清晰，这导致学科专业动态调整的盲目化和形式化，无法体现研究型与应用型的差异化内涵和特色。学科专业所蕴含的内在知识属性决定了其动态调整不可能完全按照行政管理或者市场调节的方式进行。正如前文所述，学科专业是知识生产发展到一定阶段的制度化产物，知识的不断生成、分化和重组

① 杨院：《我国高校办学质量分类管理的推进与选择》，《厦门大学学报》（哲学社会科学版）2017 年第 6 期。
② 陈文联：《举办者视阈下民办高校分类管理制度的调适与创新》，《中国高教研究》2018 年第 5 期。
③ 乐园罗、朱益民、张扬、夏强：《高校教师岗位分类管理的价值认同》，《高等工程教育研究》2015 年第 5 期。
④ 史秋衡、康敏：《我国高校分类设置管理的逻辑进程与制度建构》，《厦门大学学报》（哲学社会科学版）2017 年第 6 期。
⑤ 杜瑛：《基于绩效的高校分类管理机制探析》，《国家教育行政学院学报》2017 年第 12 期。

构成了学科专业动态调整的内在动力机制。行政管理和市场调节作为一种外部影响机制，其作用更多体现在对制度化意义上的学科专业的调整上，推动学科专业动态调整应当以尊重知识演化的内在共性规律为基础。无论是研究型高校还是应用型高校，其学科专业所蕴含的内在知识属性都是无法通过行政管理或市场调节改变的。现阶段，我国高校学科专业之所以出现结构性失衡、布局不合理等问题，重要原因之一便在于行政管理或市场调节手段使用的不当致使学科专业动态调整因脱离知识演化规律而陷入纯粹制度化意义上的形式主义。无论是应用型高校还是研究型高校，其在学科专业动态调整过程中的自主权限都相对较弱，导致学校自主发展的制度空间受限。因此，促进基于分类管理的学科专业动态调整机制优化需要进一步扩大和落实高校办学自主权，释放和激发研究型高校与应用型高校的热情和活力，促使它们按照自身的办学定位和职能使命实现特色化发展与内涵式发展，以达到供给多元化与需求多元化的内在平衡。

（二）促进基于科学合理布局的多重目的达成

科学合理布局是学科专业动态调整机制优化的最终目标追求，但现实的问题在于科学合理布局是一个相对的价值判断。基于不同的职能定位，学科专业科学合理布局的要求、方式、内容则可能会有所不同。故而，从根本上看，学科专业结构的科学合理布局既是技术操作性问题，也是价值选择性问题。也就是说，研究型高校与应用型高校学科专业科学合理布局的判断标准是存在差异的，既不能以研究型高校的标准衡量应用型高校，也不能以应用型高校的标准衡量研究型高校。而且，政府、市场和高校在学科专业动态调整过程中的价值诉求也是存在差异的。正如"三角协调模型"所呈现的那样，在不同的国家、不同的教育管理体制以及不同类型的高校中，政府、市场和高校在学科专业结构布局过程中所能发挥的作用和影响是不一样的，行政管理机制、市场调节机制和知识演化机制作用的发挥主要取决于三方力量的复杂博弈。对于研究型高校而言，学科专业结构的科学合理布局要以促进知识生产创新为根本旨归，体现学术自由和学术自治的基本准则；对于应用型高校而言，学科专业结构的科学合理布局应以促进知识实践应用为价值导向，体现产业需要和市场需求。从结构组成来看，学科专业的科学合理布局主要包括三个方面：一是学科专业种类的科学合理布局；二是学科专业层次的科学合理布局；三是学科专业空间的科学合理布局。促进基于分类管理的学科专业动态调整机制优化不仅要观照研究型高校与应用型高校的不同取向，推进行政管理机制、市场调节机制和知识演化机制的分类整合，还要充分考虑学科专业种类结构、层次结构和空间结构的动态整合。学科专业动态调整机制的优化实际上是政府、高校和市场之间关系的优化，首先体现为对知识演化的内在共性规律的尊重。调整过程中，政府与市场的越位、缺位和错位都可能会破坏研究型高校与应用型高校在知识生产创新和实践应用中的职能定位，进而造成学科专业的低水平重复性设置、人力资源供需结构失衡、学术生产泡沫化等问题。

第二节　尊重知识演化机制：推动
分类管理的起点性保障

知识演化机制在学科专业动态调整过程中发挥着基础性的支撑和保障作用。从根本上看，知识的生成、分化和重组构成了学科专业动态调整的内在动力，促进知识生产创新与实践应用又是学科专业动态调整的重要目的。无论是研究型高校还是应用型高校，其学科专业动态调整都应当以知识演化机制为基础，尊重知识生成、分化和重组的内在规律。但在实践过程中，学科专业动态调整往往具有知识生成、分化和重组之外的更多意蕴。按照经济中心论，教育是为经济建设服务的，高等教育是专门为经济发展培养和提供学科专业人才的，在此意义上，学科专业动态调整就具有了更多的经济意蕴；按照政治中心论，教育是为统治管理服务的，高等教育的主要任务是贯彻政治意识形态，维护统治管理，在此意义上，学科专业动态调整就具有了更多的政治意蕴。现阶段的问题在于学科专业动态调整因受到过度的经济和行政影响而常常偏离知识演化机制的内在规律，最终阻碍知识的生产创新和实践应用。从学科专业动态调整的最终目的看，优化基于分类管理的知识演化机制的核心在于尊重不同学科专业的知识生产创新和实践应用要求，体现研究型高校与应用型高校的内涵和特色，具体来看主要包括两方面。

一 学术自由与学术自治的坚守

学术自由和学术自治在西方大学史上有着极其突出的地位。布鲁贝克曾在其著作《高等教育哲学》中将学术自由和学术自治单独作为两章来讨论，他认为自治是高深学问的最悠久的传统之一，在知识问题上，应当让专家单独解决某一领域中的问题，他们是一个自治团体，而自由是追求真理的先决条件，并从认识、政治和道德三方面论证了其合理性。[①] 另外还有学者从个体和机构层面对学术自由和学术自治进行了讨论。[②] 世界各国有关高等教育的法律实践中都将学术自由和学术自治作为现代大学制度建设的一项重要内容，有学者指出学术自由的正当性主要包括三方面：一是宪法价值；二是道德责任；三是促进知识增长和社会进步。[③] 有学者指出学术自治是保障学术自由的前提，应当对学术权力与行政权力做出必要区分，并通过章程来保障高校的自主办学地位。[④]

但长期以来，由于受到行政化和市场化的逻辑驱动，学术自由和学术自治在我国并没有得到真正充分的保障，故而学界出现了越来越多有关学术自由和学术自治的呼声。当然，正如自由与自治是相对的一样，学术自由与学术自治也是相对的，需要维持在合理的限度范围内。从高校的职能使命看，学术自由与学术自治只是促进知识生产创新和知识实践应用的手段和路径，当出现不利于知识生产创新和知识实践应用的影响因素时，有关学术自由和学术自治的规则体系应当及时做出相应的调整。

学科专业所蕴含的内在知识生成性决定了其与学术自由、学术自治之间的内在关系复杂性。学科专业动态调整的内在动力机制是促进知识的生成、分化和重组。在复杂的多元利益主体博弈过程中，知识的生成、分化

---

① 〔美〕布鲁贝克：《高等教育哲学》，王承绪、郑继伟、张维平、徐辉、张民选译，浙江教育出版社，2001，第31页。

② D. M. Rabban, "Academic Freedom, Individual or Institutional?," *Academe* 134 (2001): 16-20.

③ 湛中乐、尹婷：《论学术自由：规范内涵、正当基础与法律保障》，《陕西师范大学学报》（哲学社会科学版）2016年第3期。

④ 劳凯声：《创新治理机制、尊重学术自由与高等学校改革》，《教育研究》2015年第10期。

和重组需要得到应有的关注和特别的保障。从根本属性上看，学科专业动态调整更多的是一种基于知识生产创新的学术管理活动。既然是学术管理活动，就要发挥学术权力在其中的核心作用，并通过建构保障学术自由和学术自治的机制来确保学术权力的科学合理运作。事实上，无论是研究型高校还是应用型高校，其学科专业动态调整都会不可避免地受到知识演化机制之外的其他诸多因素的影响，完善学科专业动态调整机制需要整合政府、市场和高校之间的职责权限，更好地保障学术自由和学术自治，以达成知识生产创新和知识实践应用之目的。但从已有研究看，学界在讨论学科专业动态调整时更多基于市场和行政的视角，较少关注到知识演化的内在规律问题，而且实践过程中的行政化和市场化也是饱受诟病。故而，保障学术自由和学术自治就显得尤为重要。

对于研究型高校而言，基于知识生产的学术研究是其保持核心竞争力的关键所在，而学术自由与学术自治是开展学术研究、促进知识生产创新的根本保障。学科专业作为学术研究开展和知识生产创新的载体，其动态调整需要尊重知识演化的内在规律，体现学术自由和学术自治的基本要求。

首先，要保障高校在学科专业动态调整过程中的办学自主权限，激发其参与学术研究和知识创新的内在动力。保持高校的办学自主和相对独立是实现学术自由和学术自治的基础和前提。从政策层面看，教育部制定出台的《普通高等学校本科专业设置管理规定》《博士、硕士学位授权学科和专业学位授权类别动态调整办法》中都明确提出了扩大和落实高校的学科专业自主设置和调整权限，但在实际运作过程中仍然存在不足。目前，我国学科专业设置实行的三级管理体制，分别为高校、省级学位管理的相关部门和中央学位管理的相关部门，学科专业设置和调整的灵活性不够。就权限划分而言，学科专业动态调整自主权应当属于办学自主权的构成部分，扩大和落实高校办学自主权可以学科专业动态调整自主权为突破口，减少学科专业设置和调整过程的复杂程序。

其次，要明确学术权力在学科专业动态调整过程中的主导性地位，强化学术委员会和学位委员会的职权，完善二级学院学术委员会和学位委员会的机制建设。学科专业的内在知识属性决定了其动态调整所具有的学术活动性质，决定了其必须要以尊重知识演化规律为基础和前提。尽管诸多高校成立了学术委员会和学位委员会，但其实际的职能划分却并不明确，多是作为一种决策辅助性机构，处于话语缺失的边缘性地位。有研究专门对我国高校学术委员会的运行情况进行了调查，结果发现：学术委员会存在定位不明确和行政化倾向，学校党政领导和学院、部处主要负责人占到了委员总数的 80%，在一定程度上致使学术决策失去独立性。① 因此，促进学科专业动态调整中的知识演化机制优化需要进一步明晰学术权力和行政权力的边界，完善学术委员会和学位委员会的机制建设，以真正发挥学术权力在学科专业动态调整过程中的主导性作用。

最后，要优化学科专业动态调整的规则体系，提升学科专业领域内教师的参与度和话语权，体现学术发展的战略前沿和需求。如果将学科专业动态调整理解为一项学术活动的话，那么其相应的规则体系也应当按照学术的内在逻辑来制定和实施。事实上，从当前的学科专业动态调整过程来看，学术力量参与其中的力度和影响力偏弱，相关的规则主要由相关的行政部门制定，更多体现的是行政管理逻辑和绩效提升逻辑。与应用型高校不同，研究型高校更加注重基础性研究，其成果产出的直接作用可能并不显著，但影响确实是深刻和深远的。学科专业的调整在一定程度上也就意味着研究领域和方向的调整，可能会关系到知识生产的积累创新和人类社会文明的发展进步。如果行政管理逻辑和绩效提升逻辑成了学科专业动态调整的主导逻辑，其结果的不良影响将是非常严重的。故而，促进基于学术自由和学术自治的学科专业动态调整机制优化需要扭转此种局面，以学术逻辑和学术发展为中心，真正体现知识生产创新需要和人类社会发展进步需要。

二　生产实践与知识应用的结合

生产实践既是创造知识的过程，也是知识应用的过程，受到知识演化机制的多重影响，在学科专业动态调整过程中发挥着重要的作用。高等教

---

① 魏小琳：《高校学术委员会制度的现实困境及其建设——基于对浙江省高校的调查》，《中国高教研究》2014 年第 7 期。

育与外部社会系统的关系决定了其与生产实践联系的紧密性。无论是学科专业人才培养还是知识生产创新，都是社会生产实践的构成部分，都体现出生产实践的某种属性特征。随着高等教育与社会市场联系的加强，学科专业动态调整越来越体现出实用主义的需要和生产实践的应用导向。从根本上看，学科专业动态调整不可能脱离生产实践和知识应用，学术资本主义的出现便是生动的具体表现，应用型高校与应用型学科专业的兴起与发展体现了生产实践的需要和知识应用的逻辑。就需求侧而言，人力资源是生产实践的核心资源，也是推动知识应用的主体性资源，学科专业动态调整缘起于生产实践的需要，其价值和意义主要体现在人力资源配置的优化和改进；就供给侧而言，高校是以知识为联结中心的人力资源场域，担负着为生产实践提供人力资源的责任和使命，学科专业动态调整的价值和意义主要体现在促进多层次、多类型学科专业的人才培养和知识应用。

从内在联系看，生产实践的变革与发展会推动学科专业的动态调整，而学科专业的动态调整则会反过来影响生产实践的变革与发展。但长期以来，理论与实践的脱节、教师所教与学生所需的脱节被认为是困扰高等教育发展的重要因素。有研究显示，高校各学科专业的毕业生中，常常缺课和偶尔缺课的比例达到了 35%，而且越是不循规蹈矩听课的毕业生，就业表现越好，翘课甚至被认为是一种理性的行为选择。① 结合学科专业动态调整来看，这种翘课现象的背后主要暗藏了两方面的问题：一是学科专业设置和调整的不合理，无法及时回应学生和市场的需要；二是学生在学科专业学习过程中特别强调与就业有关的、直接的应用性知识学习，带有明显的实用主义倾向。

对于应用型高校而言，满足基于知识应用的生产实践需求是促进学科专业动态调整机制优化的重要价值取向和改革突破口。优化学科专业动态调整机制应当坚持生产实践与知识应用的结合，体现应用型高校与应用型学科专业的实践改革逻辑，具体而言，主要包括以下三个方面。

首先，促进生产实践知识的创新与积累是学科专业动态调整的重要价

---

① 阎光才：《大学生"翘课"行为对未来职业有何影响》，《教育发展研究》2017 年第 23 期。

值体现，学科专业建设过程中应当更加关注生产实践的需求和变革。与研究型高校强调的基础性研究的学术逻辑不同，应用型高校更加强调培养各种类型的职业技能型和技术技能型学科专业人才，其学科专业设置与调整更多体现的是生产实践的实际需求，面向的是学生未来的职业发展需要和市场未来的人力资源需求。一方面，基于生产实践需求培养各级各类学科专业人才是一个知识应用的社会服务过程，是应用型高校打造核心竞争力、实现其独特价值的客观要求；另一方面，学科专业的动态调整应当更加具有灵活性和主动性，及时将已有知识应用于人才培养的过程之中，以便更好地促进生产实践改革，满足生产实践多元化的学科专业人才需要。需要特别注意的是，学科专业动态调整不仅仅是制度化意义上的调整，还包括深层次的知识课程与教学的调整，检验学科专业动态调整效果的一项重要指标是该学科专业所教授的课程知识是否真的是生产实践所需要的。

其次，生产实践的变革和发展会促进社会制度和经济产业转型升级，继而引起发展资源需求和配置方式的变动，学科专业动态调整应当充分回应这种变动。无论高校如何强调自身的相对独立性，从知识演化机制的角度看，其学科专业动态调整与生产实践的变革和发展都有着深层次的内在性联系。纵观历史，每一次工业革命的出现都必将引发一轮新的社会职业分工变革和人力资源需求变革，而高校及其学科专业就是在这种不断的变革中逐步演化并且日趋走向多元化的。应用型高校与应用型学科专业所具有的知识应用属性特征决定了其应当对社会发展需求变动和资源配置方式变革做出相应的回应。事实上，从政策层面看，我国已经在此方面做出了诸多的努力，比如建立基于地方需求的校地合作机制、实施基于产教融合的校企合作机制、构建快速反应的订单式学科专业人才培养模式等。随着第四次工业革命的不断推进以及影响的持续深入，社会发展的资源需求和配置方式将会发生新的变革，应用型高校的学科专业动态调整如何在尊重知识演化机制内在规律的基础上回应这种变革是其机制优化将会面临的新的重大挑战。

最后，学科专业动态调整不仅仅是对生产实践的被动适应，应当更加注重基于知识应用的创造引领和内涵发展。在经济中心论的思维逻辑下，实践改革中常常强调学科专业动态调整对于经济产业发展转型升级的被动适应，但却忽视了应用型高校与应用型学科专业自身的创造引领和内涵发展。事实上，现阶段的高等教育评价仍然是偏向研究型高校的单一化标准，应用型高校与应用型学科专业在资源竞争过程中往往处于相对弱势的尴尬地位，而这将严重打击其自主办学的积极性、主动性和创造性。因此，对于应用型高校而言，其学科专业不能一味被动适应生产实践，过于频繁地调整，以避免丧失内涵和特色。从高等教育评价改革的角度看，国家应当逐步完善基于知识应用的应用型高校和应用型学科专业的评价机制，引导其在知识应用逻辑的指导下向着适应和引领生产实践的改革需求方向不断探索和创新。

第三节　健全市场调节机制：促进
分类管理的过程性监测

市场是一只"无形之手"，其以自发的方式深刻地影响学科专业动态调整。无论是在高等教育集权制的国家，还是在高等教育分权制的国家，市场力量都始终在以一种多元化的方式与行政力量发生着多重的利益关系博弈。正如经济学理论所认为的那样，市场调节具有很强的内在局限性，这种内在局限性在学科专业动态调整过程中体现得尤为显著。一方面，高等教育不同于完全的商业领域，具有公共性和公益性，基于完全竞争的市场调节环境并不存在；另一方面，学科专业所蕴含的知识演化属性决定了其无法脱离学术运行逻辑而完全由市场调节逻辑所控制。

但无论是研究型高校还是应用型高校，市场力量对于学科专业动态调整的影响都是客观存在的，尽管这种客观存在不一定是科学合理的。事实上，从现实考察看，市场调节机制在我国高校学科专业动态调整过程中所发挥的作用和影响始终在不断增强，但随着市场力量的深入渗透，学科专业动态调整的问题却也在不断涌现。市场不是万能的，市场调节机制在学科专业动态调整过程中能够发挥的作用是有限的，完善学科专业动态调整机制必须要充分认识和理解这种限度。而且，从研究型高校与应用型高校的职能使命和发展方向看，在进行学科专业动态调整时，二者对于市场调节机制发挥作用的态度应当是存在差异的，优化基于分类管理的市场调节机制需要充分考虑这种差异性。

一 保持与市场关系的合理限度，避免被市场绑架

学科专业动态调整过程中，市场调节机制通过两种方式发挥作用和影响：一是基于供需的动态平衡；二是基于竞争的资源配置。通常情况下，市场力量的参与被认为是激发高校办学活力和动力的重要因素，能够有效改善资源配置僵化的问题，克服学科专业设置和调整过度行政化的弊端。但当学科专业动态调整过度市场化以后，相关的问题也会随之出现，例如由于缺乏规划和预测导致低水平重复性设置学科专业所造成的资源浪费、"就业难"与"用工荒"并存的人力资源市场的双重结构性困境等。从应然层面看，研究型高校主要开展基础性研究，其学科专业动态调整更多遵循的是基于学术自治的知识生产创新逻辑；应用型高校则主要服务于生产实践，其学科专业动态调整更多遵循的是基于市场需求的知识实践应用逻辑。就此种意义而言，相较于应用型高校，研究型高校的学科专业动态调整与市场需求的关系并非如此紧密，其学科专业发展的产出对于生产实践的影响并不是那么直接，但却有深远意义。

现阶段，高校学科专业的动态调整决策实际上被某些相对显性的指标所绑架（排名、就业质量、用人单位满意度等）。例如，每年的招生季，很多高校会通过学科专业就业率吸引考生报考，相关研究机构也会以就业率为指标对学科专业进行排名，甚至划分红牌专业、黄牌专业和绿牌专业等。诚然，就业率在一定程度能够反映不同学科专业人才在劳动力市场的受欢迎程度，但因统计口径和方法不同，就业率常常会有所不同，而且市场受欢迎程度只是学科专业动态调整的依据之一。事实上，学科专业动态调整不仅关涉劳动力市场供需，更与政府治理、资源配置、知识生成、自主发展等诸多方面高度相关。过度推崇就业率势必会强化学科专业调整的市场化倾向，不利于政府与高校在学科专业动态调整过程中责任承担和使命达成。[①] 从根本取向上看，基于知识生产创新的学术逻辑与基于人力资

---

① 田贤鹏：《高校学科专业动态调整中的市场调节失灵及其矫正》，《教育发展研究》2017年第 21 期。

源供需的市场逻辑之间是存在矛盾冲突性的。对于研究型高校而言，学科专业动态调整的过度市场化可能会对其知识生产创新的学术使命达成造成不良影响，故而需要注意保持好其与市场的合理关系限度，以避免被具有明显局限性的显性市场化指标所绑架。

如果进一步深入分析，可以发现，以学科专业就业率、用人单位满意度、排名等显性指标作为市场调节信号具有诸多局限性，易陷入短期功利主义的"市场调节悖论"，即短期内可能符合人力资源市场的需求，但长期看却不符合市场调节的要求，与最初想要达成的目的背道而驰。例如哲学、数学、理论物理等基础性学科专业人才培养的价值显现具有明显的滞后性，而软件设计、建筑工程等应用性学科专业人才培养则能够在短期内见到明显的效果。推进高校学科专业分类管理机制建设必须充分观照不同类型学科专业人才培养的这种内在规律性，具体包括两方面：一是以不同类型学科专业人才培养的目标和定位为导向，促进动态调整方式的灵活多变，避免标准化的"一刀切"；二是鼓励学科专业的差异化、多元化和特色化发展，充分发挥不同类型高校的功能和价值，满足社会和个体在不同层面的多元化教育需求。如果采用统一的市场化显性指标，势必会造成动态调整过程中的诸多问题，不利于相关目标的达成，尤其是对研究型高校而言。

针对研究型高校与应用型高校学科专业人才培养逻辑差异与学科专业动态调整的市场主义弊端，决策主体应改变以往过度依赖排名、就业率或用人单位满意度等外在显性指标的状况，将各方利益相关的合理诉求纳入动态调整决策所依据的指标体系之中。正如前文所述，决策所依据的指标体系体现的是学术力量、市场力量和行政力量在学科专业动态调整过程中的价值功能取向和权力利益关系，优化调整中的市场调节机制需基于研究型高校与应用型高校的人才培养逻辑，整合改进相关的指标体系，以充分彰显差异性、保障公平性、体现全面性。[①]

首先，彰显差异性是指在进行学科专业动态调整时可给予弱势高校或弱势学科专业以适度补偿，并鼓励高校学科专业的内涵式发展和差异化发

---

① 田贤鹏：《高校学科专业动态调整中的市场调节失灵及其矫正》，《教育发展研究》2017年第21期。

展，分别建立研究型高校与应用型高校的精细化指标体系，促进优势特色学科专业的形成，以避免"千校一面"的同质化趋势，继而更好地满足人力资源市场的多元化学科专业人才需要。在市场化的改革浪潮下，无论是研究型高校还是应用型高校都在一定程度上表现出逐利化和商业化的倾向。优化市场调节机制的目的在于使学科专业动态调整回归到人才培养的本质上来，满足商业利益和市场需求只是一种客观结果。在推动学科专业动态调整时应充分考虑研究型高校与应用型高校不同的人才培养逻辑和职能使命，并且逐步完善基于不同人才培养逻辑和职能使命的高等教育评价体系，以更好地促进两类高校的特色化发展和差异化发展。对于研究型高校而言，学科专业动态调整应当充分体现知识生产创新的基本要求，避免被商业利益和短期的市场需求所绑架，主动引领和推动生产实践及经济产业的发展升级；对于应用型高校而言，学科专业动态调整应充分认识实践应用的基本要求，及时根据生产实践和经济产业的发展升级调整学科专业人才培养的方式和标准，服务和满足于地方经济社会发展的应用性需要，避免被研究型高校的评价逻辑所同化。

其次，保障公平性是指促进资源在不同高校和不同学科专业之间的竞争流动，健全资源配置的公平竞争机制，使得不同类型和发展水平的学科专业都能有通过公平竞争获取资源的机会，避免资源分配受官僚主义和主观臆断的影响。正如前文所述，学科专业动态调整实际上也是一个资源优化配置的过程，但动态调整的盲目性和滞后性，导致了大量办学资源的浪费和低效益使用。促进基于分类的市场调节机制优化一方面需要保障以公平竞争为导向的动态调整机制的有效运行，促进办学资源的优化配置和使用效益提升；另一方面需要政府的科学统筹和规划，合理布局学科专业的种类结构、层次结构和区域结构，以弥补市场调节自身所存在的缺陷。事实上，现阶段的高校学科专业建设绩效评估过度依赖论文、课题、经费等数量指标，而且评估周期过短，导致办学过程中的急功近利问题滋生，存在不少低水平的重复性研究，使得效益具有滞后性的基础性研究和具有重大突破的开拓性研究在评估中处于不利地位，因此，需要进一步完善评估的指标体系，提升产出绩效评估的科学性，以达成知识生产创新之目的。在具体操作上可基于研究型高校与应用型高校分开管理的思路，引入绩效评估的第三方评价机制，参照国际同行评议标准，分别成立专门的评审委员会，以增强学科专业资源配置决策和调整的专业性、程序性和权威性。

最后，体现全面性是指标体系要尽可能覆盖各方主体在学科专业动态调整过程中的合理权力利益诉求，避免唯市场主义或者唯行政主义，提升学术委员会和学术技术带头人在学科专业动态调整的话语权限。自20世纪90年代我国正式确立社会主义市场经济体制以来，市场化的力量变得愈来愈强，逐渐影响和渗透到高等教育领域，并且在经济中心论的思维逻辑下，学科专业动态调整开始越来越多地受到市场力量的影响，学科专业人才的招生、培养和就业都呈现出了很强的市场化导向，以金融学等为代表的火爆性热门专业的出现便是很好的例证。但从根本上，学科专业动态调整不仅仅是一种简单的市场化活动，还是一种关联知识演化的学术活动和统治管理的行政活动。促进基于分类管理的市场调节机制优化需要将学术的合理诉求和行政的合理诉求统一纳入动态调整的过程之中，尤其要提升学术委员会和学术带头人在其中的话语权。当然，研究型高校与应用型高校在学科专业动态调整中的价值诉求和取向是有所差异的，对于市场调节机制发挥作用的限度和范围的态度也是存在差异性的，在推动学科专业动态调整时应当基于我国高等教育发展的整体利益和诉求，全面体现研究型高校与应用型高校在不同层面、不同维度上的不同发展要求，避免市场调节机制越位、错位或缺位。

二　完善人才市场需求预测，促进供需结构平衡

学科专业人才培养是一项面向未来的事业，促进学科专业动态调整需要面向未来的人力资源市场需求。从理论上看，充分的供需信息是促进市场调节行为合理发生的信号，也是市场主体进行科学决策的信号。但学科专业人才市场中，高校、毕业生、用人单位等各方市场主体往往因供需信息不完善而做出不利于自身利益发展的决策，进而导致人才供需结构性矛盾、教非所需、学非所用等诸多问题的出现。[①] 尽管已有诸多研究机构定

---

① 严鸿雁：《高等教育人才供需矛盾的市场供给信息因素分析》，《国家教育行政学院学报》2013年第8期。

期发布有关学科专业需求变动的信息，在一定程度上发挥了市场调节信号的作用，但由于市场的盲目性、滞后性和逐利性，市场自身在解决供需信息不完全问题上具有天然的局限性，故而需要政府完善人力资源市场供需的预测机制，提升学科专业人才供给与需求的匹配度。事实上，由于学科专业人才供给与需求信息来源的庞杂性，其更多应当作为公共产品由政府定期收集和发布。从优化学科专业动态调整的市场调节机制角度看，政府一方面应及时统计和公开不同类别学科专业招生和就业的供给侧信息，另一方面要协调其他部门统计和预测产业行业的学科专业人变动的需求侧信息。

为保障教育统计信息的真实性、完整性、规范性，2018年5月，教育部党组会议审议通过了《教育统计管理规定》，从教育统计机构和人员、教育统计调查和分析、教育统计资源管理与发布和教育统计监管等方面规定了政府教育统计服务工作的各项具体职责，并且提出"教育统计调查取得的统计资料，除依法应当保密的外，应当及时公开，便于查询利用"。无疑，这将为学科专业人才供需信息的统计完善提供重要的政策支撑，会促进人力资源市场供需信息的有效供给，能够在一定程度上弥补市场调节因信息不充分而出现的盲目性、滞后性的弊端。就学科专业动态调整的市场调节机制优化而言，具体可以从以下三方面进行努力。

一是借助信息技术建设高校学科专业动态监测与预警系统，及时发布学科专业人才的招生和就业信息，避免学科专业人才培养"一窝蜂"集中在某一个或者几个热门专业。从市场调节的角度看，供需信息是学科专业动态调整的关键依据，也是决策主体实现科学决策的突破口，招生情况和就业情况是反映学科专业人才市场供需的晴雨表。实际上，招生情况与就业情况是相互影响的，共同在推动着学科专业动态调整，当学科专业就业不理想时高校在学科专业招生时就有可能减招甚至不招。从价值目的看，供需平衡是高校学科专业动态调整所要达成的重要目标之一。为了促进供需平衡，决策主体不仅需要充分了解学科专业人才的供给规模、质量和结构，而且还需要充分掌握学科专业人才的需求规模、质量和结构。但在实践运行中，学科专业人才培养供给和需求的规模、质量和结构始终是动态变化的。为了适应和对接经济产业和生产实践的需求，高校，尤其是应用型高校要根据需求信息及时进行学科专业招生规模和结构的调整，但从人才需求产生到人才供给往往会需要很长的时间。故而，相关主体需要提前构建基于人力资源市场的学科专业人才供需的预测模型来预测学科专业人才的供给与需求匹配情况，以避免学科专业动态调整的滞后性和盲目性，避免低水平的重复性建设和就业的结构性困境。而大数据的深度挖掘和分析技术则为学科专业人才供需的精准预测提供了更加充分的可能性。

二是通过劳动力人才市场协会及时搜集和统计不同产业行业对学科专业人才需求的变动信息，建立学科专业人才培养与市场需求变动相对接的载体和平台。从根本上看，生产力决定生产关系，经济基础决定上层建筑，学科专业动态调整机制在某种意义上就是一种有关人才培养和资源分配的生产关系和上层建筑，其在深层次上是由生产力和经济基础决定的。不同历史时期，生产力的发展水平有所差异，呈现出不同的生产实践特征，决定了学科专业设置和调整的不同状态，也决定了高校人力资源输出的结构和层次。随着生产力的变革与发展，新的产业行业不断涌现，对于人力资源的需求也不断地转型升级，推动学科专业的科学合理调整不仅需要掌握高校自身内部的招生和就业数据，还需要了解与学科专业密切相关的生产实践和经济产业的动态发展情况，尤其是对于与市场联系更为直接的应用型高校而言。从目前的情况来看，全国各地已经建立了相对完善的人才市场管理和服务机构，但在职能上还相对单一，更多的是停留在招聘信息的发布、对接以及档案的管理等。未来需进一步推动基于人才市场的全国性行业协会的建设，并推动其及时搜集和统计不同产业行业对于学科专业人才的需求变动信息，建立学科专业人才培养与市场需求变动相对接的载体和平台。概而言之，学科专业动态调整机制优化不仅仅是高校内部的事情，更是产业行业的事情，需要充分发挥产业行业等需求方的积极性、主动性和创造性，从而使其更好地参与到人才培养的过程之中。

三是利用大数据分析提前预测学科专业人才需求的未来走向，有效应对学科专业人才培养的盲目性与滞后性，政府可根据预测结果尽早规划和引导高校学科专业人才培养的规格、规模和结构，为学科专业动态调整提供决策依据。从历史的发展演变看，每一次科学技术的突破、生产技术的创新都必然会引发新一轮的学科专业设置和调整热潮。随着现代社会分工的日趋细化和知识更新换代的加快，传统以人工管理为主的学科专业动态调整越来越难以满足社会经济快速变化发展的现实需求。信息技术的应用为高校学科专业动态调整走向现代化提供了新的可能。事实上，为了促进决策的科学化和现代化，国家已经利用信息技术搭建了国家教育科学决策系统平台，学科专业的动态监测和预警是其重要的功能模块，但现阶段仍存在诸多问题，亟待进一步改进和完善。在学科专业动态调整过程中，行政管理与市场调节是密切互动、相互补充的矛盾统一体，当行政管理的力量过强并开始对动态调整的效率和效益提升造成阻碍时，市场调节的力量就应当有所加强；当市场调节的力量过强且出现市场失灵时，行政管理的力量就应当有所加强。从完善市场调节机制的角度看，行政管理的互补作用主要体现在基于需要变动趋势的提前布局和合理规划。未来国家应继续加大对学科专业动态监测和预警平台建设的投入力度，借助信息技术有效整合政府、高校和市场的利益诉求和表达的渠道和机制，以更好地促进高校学科专业的科学布局和有效规划。

第四节　改进行政管理机制：实现分类管理的结果性调控

　　政府在学科专业动态调整过程中到底应当扮演怎样的角色是学术研究和实践改革始终关注的重大问题。尽管《国家中长期教育改革和发展规划纲要（2010—2020年）》提出要"建立国家宏观调控、省级整体统筹、高校自主自律的专业设置管理机制"，但从贯彻落实的角度看，这种规定更多的是原则性的方向，缺乏具体的可操作性。从发展演变看，政府的职能角色是不断调整的，20世纪80年代世界各国掀起了规模浩大的政府再造运动，而这种再造运动也在深刻地影响着高等教育的发展变革，学科专业的动态调整自然也不能例外。根据美国学者盖伊·彼得斯（B. Guy Peters）的理解分析，政府的职能演变主要包含了四种模式：市场式政府、参与式政府、弹性化政府和解制式政府。每一种模式都具有自身的优劣势，且随着时间和矛盾的变动而相互转变（见表6-3）。高等教育系统与政府的紧密关系决定了学科专业动态调整机制变革必然要受到这四种模式的影响，且在不同历史时期呈现不同的模式倾向和特征。

表 6-3　四种新治理模式的主要特征

	市场式政府	参与式政府	弹性化政府	解制式政府
主要诊断	垄断	层级节制	永久性	内部管制
结构	分权	扁平组织	虚拟组织	没有特别的建议
管理	按劳取酬；运用其私人部门的管理技术	全面质量管理；团队	管理临时雇员	更多的管理自由
决策	内部市场；市场刺激	协商；谈判	试验	企业型政府
公共利益	低成本	参与；协商	低成本；协调	创力；能动性

资料来源：〔美〕盖伊·彼得斯《政府未来的治理模式》，吴爱明、夏宏图译，中国人民大学出版社，2013。

历史经验一再表明，人们会在权力下放之后又追求集权化，而集权化之后又开始追求新一轮的权力下放，循环往复。因此，从政府职能演变的角度看，探究学科专业动态调整的行政管理机制优化需将其置于特定历史时期的特定语境，并从现阶段的基本矛盾和发展要求出发。从前文的分析中可以发现，无论是研究型高校还是应用型高校，在学科专业动态调整过程中都存在因政府越位、错位和缺位所导致的诸多行政管理问题。在此背景下，基于简政放权的"放、管、服"改革和"管、评、办"分离成为高等教育发展的变革方向。学科专业动态调整机制的形成是学术力量、行政力量和市场力量共同参与、综合博弈的结果，优化学科专业动态调整中的行政管理机制需以"放、管、服"改革和"管、评、办"分离为特定历史背景，从政府高等教育职能的转变出发，充分体现研究型高校与应用型高校的差异化发展定位和特色化职能方向，以更好地推动高等教育发展矛盾的解决和学科专业结构的科学合理布局。

一　推动动态调整方式变革，减少直接的行政管理

行政管理是政府履行自身高等教育职能的手段，是学科专业动态调整过程中客观存在的一种复杂性活动，过度的行政管理、错位的行政管理或者缺位的行政管理都会对相关调整目标的达成产生不利影响。为了促进行

政管理机制的改进和优化，近年来我国先后出台了一系列的相关政策文件，例如，教育部于 2015 年 5 月出台了《关于深入推进教育管办评分离促进政府职能转变的若干意见》，教育部等五部门于 2017 年 3 月出台了《关于深化高等教育领域简政放权放管结合优化服务改革的若干意见》，明确提出了"改进高校本专科专业设置"及"改革学位授权审核机制"的具体要求和举措。从根本导向看，这些政策文件的核心内容在于简政放权、激发高校自主办学的生态活力；从内在精神看，这些政策文件的出台体现了政校分开、行政为学术服务的基本思想。对于政府而言，这意味着其学科专业动态调整职能的转变；对于高校而言，这意味着其学科专业动态调整权限的扩增。在此政策变革背景下，上海、安徽、浙江、云南等省市已经开始通过探索分类指导、分类改革来推动和落实高校办学自主权，以期达到政府高等教育职能科学定位、行政管理机制优化之目的。①

就已有研究来看，从行政管理走向协同治理已经是政府高等教育职能变革的大趋势，日趋成为学界关注的热点和焦点，且治理理论已成为学科专业动态调整的理论和思想基础。事实上，治理理论建立在对传统公共管理弊端的批判基础之上，缘起于以美国政治经济学家奥斯特罗姆（Elinor Ostrom）为代表人物的多中心理论，强调多元参与和协同合作。该理论的提出和发展被认为能够在一定程度上弥补国家调控和市场调节过程中的诸多不足，因而迅速开始影响到高等教育政策的变革和走向。有学者通过政策文本和历史分析，认为 2010 年至今是我国教育体制改革深化的阶段，其核心特征在于从管理走向治理、推动教育治理体系和治理能力的现代化。②显然，高等教育体制改革也不例外，学科专业管理体制改革便是具体的例证。因而，围绕"去行政化"和"扩大和落实高校办学自主权"的相关研究愈来愈多，学科专业动态调整中的政府职能、调整权限、权力配置正在受到越来越多的关注。③综合来看，减少政府在学科专业动态调整中的直

---

① 梁金霞：《探索分类指导分类管理办法落实高校办学自主权——国家教育体制改革试点调研报告》，《中国高教研究》2014 年第 10 期。

② 范国睿、孙闻泽：《改革开放 40 年教育体制机制改革的历史与逻辑分析》，《教育研究》2018 年第 7 期。

③ 程天君、吕梦含：《"去行政化"：落实和扩大高校办学自主权的政策支持》，《全球教育展望》2017 年第 12 期。

接行政管理，扩大和落实高校自主权限是政策变革的前进方向，也是高等教育界的改革呼声。

事实上，大学被认为是照亮社会前进道路的灯塔，人类文明进步的灵魂之光。过度的行政管理不仅会扰乱了知识生产创新的节奏，而且会破坏人力资源市场的自然规律，促进学科专业动态调整过程中行政管理机制优化的根本在于尊重知识演化的内在逻辑，精神内核在于坚持行政为学术服务，关键在于厘清学术与行政的关系，突破口在于推动政府高等教育职能转变，扩大和落实高校的自主调整权限，具体而言，主要包括以下三方面。

第一，要体现行政为学术服务的精神，减少微观层面的行政管理。正如前文所述，学科专业动态调整关涉学术、市场和行政，但从根本上看其首先是一种与知识生产创新和实践应用相关联的学术活动，其次才是市场活动和行政活动。没有持续的知识生产和积累就没有学科专业的生成。作为行政管理的主体，政府是以权力为核心驱动的组织，其自身并不具备知识生产的职能和使命。尽管当学科专业高度制度化以后，政府可以通过各种政策工具来干预具体的动态调整方式、过程和结果，但从知识演化的自然规律看，这种干预更多的是一种外在、形式化意义的干预，对于真实的知识生产和积累并不会产生实质性影响。事实上，随着行政管理弊端的日趋暴露，新公共管理理论所代表的基于协同合作的多元治理模式开始在实践领域发挥强大的影响力，行政管理开始由政府主导的单中心管理逐步转向各方主体共同参与的多中心治理，而这也正在深刻地影响着政府在高校学科专业动态调整中的职能角色。[①] 新的时代背景下，政府在学科专业动态调整的职能已经开始发生根本性转变，逐步由行政型政府迈向服务型政府。在国家教育治理体系和治理能力现代化改革以及现代大学制度逐步完善的宏观背景下，学术与行政的关系边界将会越来越清晰，行政为学术服务的精神将会得到更好的体现。

第二，要尊重高校作为独立办学主体的地位，体现学术自治的精神。

① K. H. Mok, "Bringing the State Back in: Restoring the Role of the State in Chinese Higher Education," *European Journal of Education* 47（2012）：228-241.

尽管根据《中华人民共和国高等教育法》第四章第三十条和第三十三条的规定，高校是具有独立法人资格的办学主体，有权在不违反其他法律法规和不损害其他主体法律权益的情况下自主地进行学科专业动态调整。但实际中，高校自主调整权限不足的问题长期存在。学科专业动态调整从根本上看是一项与知识生成高度相关的学术性活动，按照行政与学术相分离的基本原则，高校应在学科专业动态调整过程中享有充分的自主权，政府在运用行政管理手段时应当充分考虑到学术自治的基本精神。当前，扩大和落实高校在学科专业动态调整中的自主权限是高等教育走向内涵式发展和创新驱动发展道路的必然趋势，也是学术自治精神的必然要求。①

第三，要促进市场竞争机制完善，从政策上保障发展差异和公平。行政管理与市场调节在学科专业动态调整过程中具有互补作用，行政管理失灵的问题可以在尊重知识演化内在规律的基础上由市场调节机制来弥补，同样，市场调节失灵的问题也可以在尊重知识演化内在规律的基础上由行政管理机制来弥补。尽管市场调节和行政管理都具有自身的内在局限性，但二者都是学科专业动态调整过程中必不可少的要素，也是促进学科专业资源优化配置的重要手段。② 无论离开市场调节还是离开行政管理，学科专业动态调整机制都将出现诸多无法弥补的问题，故而推动高校学科专业动态调整一方面要健全办学资源优化配置的规则和程序，促进资源在不同高校和不同学科专业间的公平竞争，有效促进资源使用效率和效益的提升；另一方面由于不同高校和同一高校不同学科专业间的发展具有很大的差异性，过度依赖市场竞争分配往往会形成强者愈强、弱者愈弱的马太效应，加剧高校之间以及学科专业之间的发展差距，因此有必要在发挥市场调节作用的同时对弱势高校和弱势学科专业进行适度的政策倾斜和照顾。事实上，研究型高校与应用型高校在办学职能和使命上存在着诸多差异。针对当前学科专业设置"千校一面"的同质化问题，如何通过行政管理的方式引导研究型高校与应用型高校、研究型学科专业与应用型学科专业的差异化和特色化发展是政府未来高等教育职能转变面临的重大问题。

---

① 田贤鹏：《高校学科专业动态调整：模式、困境与整合改进》，《高校教育管理》2018年第12期。
② 甘国华：《论教育市场失灵和政府规制》，《江西教育科研》2005年第1期。

二　注重科学规划和引导，完善动态监测保障

减少直接行政管理并不意味着政府在学科专业动态调整过程中的不作为，而是对政府在其中的职能角色提出了新的更高要求。在尊重和保障高校学科专业自主调整权的基础上，必要的宏观调控对于学科专业的科学合理布局具有重要的价值和意义。事实上，政府在行政管理过程中，不仅可能存在行政管理过度的问题，而且可能存在行政管理错位和缺位的问题。从方法手段来看，学科专业动态调整过程中的行政方式多元且各具优劣，优化基于分类管理的行政管理机制需政府在高等教育职能转变的政策背景下促进行政方式的优化调整。规划引导和动态监测是行政力量在高等教育发挥作用具体体现，在高等教育结构改进和优化方面有着独特的功能和价值，但从我国高校学科专业动态调整机制的现实状况看，这两方面都还存在着诸多的有待完善之处。正如有学者所指出的那样，我国高等教育发展规划主要存在"强制的趋同性、模仿的相似性、规范的统一、决策行为的'有限理论'"等五方面的问题，这些问题导致高等教育发展不能完全动态地适应区域经济增长方式转变和产业结构优化调整的新需要。[①] 促进高校学科专业动态调整中的行政管理机制优化需要以系统的顶层设计为抓手，根据研究型高校和应用型高校的不同发展要求以及经济增长方式转变和产业结构升级的动态变动来制定发展规划，做好监测保障。

规划具有引导、约束和保护的功能，虽然高等教育并不是怎样规划就怎样发展的，但却不可不规划。[②] 早在 20 世纪 60 年代，美国加州就启动了具有深远影响意义的以系统化（系统化布局与系统化结合）为精神内核的《加州高等教育总体规划（1960—1975）》。[③] 该规划的制定和实施被认为重塑和影响了美国乃至世界高等教育发展的模式。[④] 显然，学科专业

---

① 赵哲、宋丹：《区域高等教育发展战略规划的缺失与现代体系建构》，《国家教育行政学院学报》2015 年第 12 期。

② 叶文梓：《论规划在地方高等教育发展中的作用》，《江苏高教》2006 年第 2 期。

③ 何振海：《系统化发展视野内的加州公立高等教育——1960 年总体规划的历史价值探析》，《比较教育研究》2009 年第 7 期。

④ 〔英〕西蒙·马金森：《加州高等教育总体规划和高等教育系统的成败及对中国的意义》，文雯、胡雪龙译，《清华大学教育研究》2017 年第 2 期。

规划和调整是高等教育规划不可或缺的构成部分。深受加州高等教育"三级系统"分类发展模式（见表6-4）的影响，加州高等教育在学科专业人才培养的导向上呈现出了差异化的特色，促进了学科专业动态调整机制的变革。此外，为了确保规划的执行和落实，世界各国以及相关的国际组织也在不断探索建立教育质量的监测保障机制，例如联合国教科文组织自2002年开始发布的《全球教育监测报告》（The GEM Report）①、美国新媒体联盟（New Media Consortium）发布的《地平线报告》（Horizon Report）②等。但从内容来看，这些监测报告较少涉及具体学科专业的细分领域。而且近年来，国内关于促进高等教育质量数据监测平台建设的呼声也越来越高，国家教育科学决策服务系统也将学科专业动态监测作为一个重要的模块。由此可见，如何做好科学规划和动态监测对于高等教育发展至关重要，推动学科专业动态调整的科学规划和动态监测是在简政放权背景下优化行政管理机制面临的新挑战。

表6-4 加州高等教育"三级系统"分类发展模式

系统规划	特征	发展定位
加州大学系统	高选择性	高层次专业型研究人才培养，以研究生教育为主
州立学院系统	选择性	职业技能型人才培养，以本科生教育为主
社区学院系统	非选择性	面向所有人，学习培训和技能提升

资料来源：J. A. Douglass，*The Californian Idea and American Higher Education：1850 to 1960 Master Plan*（Stanford：Stanford University Press，2000），p. 48。

从方法手段来看，有学者指出，做好战略规划主要有三种视角：一是基于现实问题来确定目标和指标；二是基于国际国内比较来确定目标和指标；三是基于数据预测来确定目标和指标。③对于政府而言，这三种视角都是必要而且是必需的。优化学科专业动态调整过程中的行政管理机制需综合这三种视角，以研究型高校和应用型高校的差异化、特色化发展为指

---

① UNESCO，The Global Education Monitoring Report，https：//en. unesco. org/gem-report/about.
② EDUCAUSE，2018 NMC Horizon Report，https：//library. educause. edu/resources/2018/8/2018-nmc-horizon-report.
③ 卢晓中：《高等教育发展目标的定位视角与大学发展的分层定位——从战略规划的角度》，《华南师范大学学报》（社会科学版）2010年第5期。

导，回应新时代的高等教育发展新矛盾，体现外部社会系统的发展转变新要求，具体而言，包括以下三个方面。

首先，国家要完善基于分类管理的学科专业发展水平的动态监测机制，以便及时发现问题，确保学科专业动态调整的合目的性。当动态调整的权限逐步下放到高校以后，在宏观层面收集和统计学科专业设置和变动的数据将是一项意义重大工作。对政府而言，这是其应尽的责任，也是彰显其职能转变、迈向服务型政府的具体体现。当前，我国的高等教育统计中，学科专业数据的分类和细分还存在诸多问题，例如公开透明度不够，信息分类不完善等，完善基于分类管理的学科专业发展水平的动态监测机制是新时代高等教育创新发展、持续发展的必然要求。尽管教育部早在2013年就已经启动了教育科学决策服务系统的平台建设，但学科专业的动态监测并没有在一期工程中得到具体体现，相关的信息供给还非常有限，而且尚未面向公众开放。学科专业关涉人才培养、科学研究、供给平衡和社会稳定，动态监测有利于及时地发现发展过程中的问题，保障其动态调整始终在预定的轨道上运行。完善基于分类管理的学科专业动态监测机制是推动国家高等教育治理体系和治理能力现代化的具体要求，也是大数据管理时代背景下的客观需要。从优化行政管理机制的角度看，政府一方面要提升自身的信息供给能力，推动学科专业发展数据的公开，以便及时地为动态调整决策提供参考依据；另一方面要强化监管能力，以便及时地预防和处理学科专业发展过程的问题，确保其在科学合理的轨道上运行。

其次，各级政府应根据学科专业发展水平和人力资源市场动态需求制定科学的战略发展规划，更好地促进学科专业结构布局的优化。尽管近年来，我国一直在致力于缩小不同地区间的发展差距，但从实际情况看，社会经济发展与高等教育发展的东、中、西差距，省域差距依归存在，经济发展水平较高的地区其高等教育发展水平往往也比较高，学科专业人才供给往往也更为充足，能够起到相互促进的作用。促进学科专业动态调整机制的优化需要各级政府的共同参与，一方面，中央政府应着眼于全局，加强对经济不发达地区的政策资源倾斜力度，支持这些地区取得相关学科专业的硕士和博士学位授予点，以确保各地区高等教育发展的动态平衡；另一方面，地方政府应当鼓励地方高校的差异化、特色化发展，促进其根据地区经济社会发展需求科学合理地布局学科专业结构，以便更好地服务于地方发展需要，实现高等教育与经济产业的良性互动。对研究型高校而言，其战略发展规划的制定应当更加体现知识生产创新的要求，更加注重造福于全人类的研究型学科专业布局；对于应用型高校而言，其战略发展规划的制定应当更加体现知识实践应用的要求，更加注重服务于地方经济社会发展的实际需要。

最后，高校应围绕自身办学定位、优势特色以及地方和区域发展需要灵活地调整学科专业人才培养标准，体现研究型高校和应用型高校的不同职能使命。构建多元化的高校分类发展体系是未来高等教育变革的必然要求。20世纪六七十年代，美国高等教育与我国现阶段的情况非常类似，因此推出了两个著名的高校分类体系，即加州高等教育规划分类体系与卡内基高等教育机构分类体系。①

在学科专业低水平重复性设置的高校同质化发展背景下，优化行政管理机制、促进研究型高校与应用型高校的分类管理是学科专业动态调整的客观要求。事实上，我国在政策层面已经采取了诸多举措来推进高校的分类发展，但在具体的执行和落实过程中却面临着诸多的现实困境：一是现行的评价机制仍然偏向研究型高校，在资源配置过程中，应用型高校处于明显的劣势；二是应用型高校自身的发展水平不高，其学科专业人才培养质量缺乏社会认同；三是研究型高校与应用型高校对于自身的发展定位缺乏清晰的认识，存在盲目跟风和迎合政府的问题。优化学科专业动态调整过程中的行政管理机制可以以上三方面的问题为突破口，在具体的管理方式、价值取向等方面做出变革。具体而言，可采取以下策略：一是变革现行的高校学科专业发展评价机制，制定基于分类管理的资源配置模式，凸显对应用型高校学科专业发展内在逻辑的尊重；二是促进应用型高校学科专业发展的实践平台建设，提升其学科专业人才培养的市场竞争力，避免向研究型高校无限靠近的同质化倾向；三是提升研究型高校与应用型高校的学科专业动态调整权限，增强调整的灵活性和自主性，避免整齐划一的"一刀切"式管理。

---

① 赵婷婷、汪乐乐：《高等学校为什么要分类以及怎样分类？——加州高等教育规划分类体系与卡内基高等教育机构分类的比较》，《北京大学教育评论》2008年第4期。

结论与反思

　　作为人才培养、科学研究、社会服务和文化传承的载体和依托，学科专业的动态调整的影响范围早已跳脱出高校自身，与政治、经济、科技等诸多高等教育系统以外的其他系统发生着千丝万缕的复杂联系，而机制是约束学科专业动态调整主体关系的具体规范，具有高度的系统性和复杂性。故而，研究机制需着眼于这种系统性和复杂性，从学科专业动态调整中的主体关系及其具体规范着手。事实上，影响学科专业动态调整机制构成的因素是多重的且处在动态的变化过程之中，基于不同的理论视角和分析框架，学科专业动态调整机制可以有不同的分析要素和结构框架。从已有理论来看，伯顿·克拉克在分析高等教育系统时提出的"三角协调模型"为研究高校学科专业动态调整机制提供了一个基于"国家权力-市场-学术权威"的综合分析视角。

　　鉴于已有研究多基于单一的"经济-市场"或"政府-行政"的视角局限，从市场、行政、学术的复杂关系视角出发，探究学科专业动态调整过程中政府、市场、高校等相关主体的不同利益诉求及其深层次的学术、行政和市场之间的应然和实然关系对于深化已有研究的内容体系、克服已有研究的视角局限无疑具有突出的价值和意义。在此需要特别注意的是，作为现代高等教育体系中的不同类型，研究型高校与应用型高校存在着诸多的共通之处，但其个性差异也是显而易见的。毫无疑问，这种共通之处与个性差异同样蕴含在学科专业动态调整的机制运行过程之中，并深刻地影响着动态调整的方式、内容和结果，因此在研究学科专业动态调整机制时有必要对研究型高校与应用型高校进行细致区分和比较。

　　方法是为问题服务的，采用不同的研究方法，学科专业动态调整机制研究的问题可以有不同的呈现方式，适切的研究方法是支撑研究开展的前提和基础。机制问题的系统性和复杂性决定了研究方法的跨学科性和综合性，故而本研究在进行研究设计与实施时主要基于"学术-市场-行政"的复杂关系框架，采用文献研究、案例研究、政策文本分析和访谈等多种方法相结合的方式，按照理论基础、分析结构、机制运行、差异比较和优化改进的整体思路，分别对研究型高校和应用型高校的学科专业动态调整机制进行了系统研究。其中，文献研究法主要体现在历史与逻辑的分析过程中，为本研究的理论基础提供了充分的研究支持，案例研究法、政策文本分析法和访谈法则主要体现在实然状态的考察过程中，为本研究的实证分析提供了丰富的一手资料。

为了更深入地呈现高校学科专业动态调整机制的内在机理与实然状态，从内容结构看，本研究的主体部分包括学科专业动态调整中的主体关系与内容向度、高校学科专业动态调整机制的结构维度、研究型高校学科专业动态调整的机制考察、应用型高校学科专业动态调整的机制考察、两类高校学科专业动态调整的机制运行比较和基于分类管理的高校学科专业动态调整机制优化等内容。综合来看，本研究六章内容在一定程度上体现了应然与实然、理论与实践、规范与实证的有机结合。基于这种应然与实然、理论与实践、规范与实证的研究分析，本研究主要得出以下四方面的结论。

结论一：在不同历史时期与不同管理体制下，知识演化机制、市场调节机制和行政管理机制在学科专业动态调整过程中所发挥的作用有所不同。

学科专业动态调整机制的形成和演化是一个历史的动态过程，受到多重复杂关系的影响。从已有研究来看，不同时期的不同学者从不同理论视角出发对学科专业动态调整机制进行了多层次的研究，得出的结论有共识也有分歧，高校、政府和市场之间的关系边界始终是学界广泛探讨的重点和焦点。伯顿·克拉克基于不同国家的比较发现，高等教育系统管理存在着三种不同倾向的模式：市场模式、专业模式和国家模式。学科专业动态调整机制作为高等教育系统管理的构成部分，也同样深受这三种模式的交织影响，在不同历史时期具有不同的特征属性。基于"学术-市场-行政"的关系框架，通过对我国学科专业动态调整的历史和逻辑分析，我们可以发现：受世界高等教育市场化思潮的影响，改革开放以来，我国高校学科专业动态调整经历了从行政强势干预到推崇市场调节的演变过程，而且知识演化作为内驱机制在这个过程中常常处于被忽视的边缘化位置。受到发展矛盾和管理体制的制约，知识演化机制、市场调节机制和行政管理机制在学科专业动态调整过程中所发挥的作用始终处于变动中。

结论二：研究型高校在学科专业动态调整过程中更加注重知识演化机制的影响，体现出学术自治和学术自由的要求。

有关学科专业动态调整机制的已有研究多是在一般意义上探讨知识演化机制、市场调节机制和行政管理机制的影响，未对研究型高校与应用型高校加以细致的区分。作为高等教育多元化发展的结果，研究型高校与应用型高校的分类管理对学科专业动态调整提出了诸多新的要求。从职能定位和办学使命来看，研究型高校有着自身特殊的属性和价值，考察知识演化机制、市场调节机制和行政管理机制在其学科专业动态调整过程中发挥怎样的作用对于完善高校学科专业动态调整机制而言可谓意义重大。通过对两所研究型案例高校的章程、发展规划文本分析和对相关管理人员、教师、学生进行的访谈，可以发现：研究型高校更加注重知识生产创新以及基于知识生产创新的研究型学科专业人才培养，在学科专业动态调整过程中更能体现知识演化机制的内在要求，但在实践操作中受到行政化、市场化和泡沫化等问题的困扰，而责任与使命的办学定位不清、知识与学术的内在追求迷失、权力与利益的关系博弈失衡是造成这些困扰出现的深层次原因。

结论三：应用型高校在学科专业动态调整过程中更加注重市场调节机制的影响，体现出鲜明的市场导向和就业导向。

从资源配置和社会认同的角度看，应用型高校在我国处于相对弱势的地位，其学科专业人才培养面临着多重发展矛盾的限制。尽管教育部、国家发展和改革委员会、财政部于2015年联合印发了《关于引导部分地方普通本科高校向应用型转变的指导意见》，加快了基于产教融合与校企合作的应用型人才培养步伐，但在学科专业设置和调整方面的配套改革机制却没有及时跟进，破解学科专业低水平重复设置和人力资源市场的结构性困境的难题成为学科专业动态调整机制的重要政策诉求。与研究型高校相比，应用型高校同样有着自身特殊的职能定位和办学使命，其学科专业动态调整也同样受到知识演化机制、市场调节机制和行政管理机制的综合影响。通过两所应用型案例高校的章程、发展规划文本分析和对相关管理人员、教师、学生的访谈，可以发现：应用型高校更加注重知识实践应用以及基于知识实践应用的应用型学科专业人才的培养，在学科专业动态调整过程中更能体现市场调节机制的内在要求，但在实践操作中受到盲目性、滞后性和功利性等问题的困扰，而经济产业升级发展的动态变化、缺乏整体性的宏观统筹和规划、应用型办学特色未能充分彰显是造成这些困扰出现的深层次原因。

结论四：知识演化机制与市场调节机制在研究型高校与应用型高校的学科专业动态调整过程中所发挥的作用和影响存在明显差异，但都面临着行政管理过度、缺乏灵活性和自主性的问题。

研究型高校与应用型高校的分类发展是高等教育职能拓展和演化的必然结果，在高等教育大众化与普及化的时代语境下具有突出的价值意蕴。知识演化机制、市场调节机制和行政管理机制在学科专业动态调整过程中的价值取向差异在本质上彰显的是研究型高校与应用型高校的办学规律差异和职能使命差异。现实的问题在于当前的学科专业动态调整机制具有高度的同质化特征，研究型高校与应用型高校自身的特色和内涵在此过程中并没有得到充分的体现。促进学科专业动态调整机制完善需要从应然层面和实然层面理解研究型高校与应用型高校的办学规律差异和职能使命差异，并基于这些差异进一步分析知识演化机制、市场调节机制和行政管理机制的具体作用方式和影响。通过对两类高校学科专业动态调整机制运行的比较，可以发现：研究型高校与应用型高校对于知识演化机制和市场调节机制的态度有所差异，但由于受自上而下政策的强力驱动，两类高校在学科专业动态调整中的自主权限都稍显不足，在一定程度上阻碍了差异化职能使命的达成。

尽管知识演化机制、市场调节机制和行政管理机制在研究型高校与应用型高校学科专业动态调整过程中的作用和影响有所差异，但从政策设计和制度安排看，相应的机制却没有对这种差异做出及时且有效的回应，而这也导致了学科专业结构布局的不合理、人力资源市场供需的不平衡与高校办学优势特色的不显著。随着高等教育体系的不断完善以及职业分工体系的不断调整，以知识演化、市场调节和行政管理为手段为支撑的研究型高校与应用型高校的分类发展机制将会愈来愈受到重视。促进学科专业动态调整机制的优化应当基于研究型高校与应用型高校的不同发展使命和职能定位，体现多元化和特色化的内涵式发展要求。基于文献和实证的综合研究，可以发现：分类管理是学科专业动态调整机制优化的必然选择和趋势，促进分类管理的核心在于尊重研究型高校与应用型高校的内在办学逻辑，关键在于厘清学术、市场和行政之间的权力边界，目的在于达成知识生产、供需匹配与资源配置的动态平衡。故而，本研究在此基础上进一步提出了基于分类管理的学科专业动态调整机制优化的建议。

不可否认的是，运用任何一种研究视角和方法事实上都只能窥探到问题的某一个层面的某些方面，本研究也同样如此。与以往研究的差异在于，本研究基于"学术-市场-行政"的关系框架，以机制为关键落脚点，重点分析了知识演化机制、市场调节机制和行政管理机制在学科专业动态调整过程中的作用和影响，并基于研究型高校与应用型高校的比较分析提出了学科专业动态调整的机制优化路径。尽管在研究过程中，笔者综合采用了案例研究法、政策文本分析法和访谈法，以期掌握丰富的一手资料，得出真实可靠的研究结论，但由于机制问题的复杂性，基于不同的理论视角和分析框架可能会产生不同的观点和结论，本研究也只是其中一种。如果要总结本研究的独特价值意义的话，那么笔者认为其更多地在于从机制层面系统阐释高校学科专业动态调整的理论依据，回应高校学科专业动态调整的政策实践诉求，促进学科专业动态监测、反馈和预警系统的建立和完善，从而更好地推动学科专业动态调整决策的规范化、科学化、民主化和现代化，同时在理论上丰富已有研究的内容体系，弥补已有研究多以"经济-市场"或"政府-管理"的单一视角局限。

由于国家教育体制机制的变革、高等教育发展矛盾的转移以及人力资源市场对于各类学科专业人才需求的变化，高校学科专业动态调整机制也会不断出现新的矛盾、产生新的变动，因而成为一个常谈常新的政策话题，相关研究也将始终伴随其中。事实上，知识演化机制、市场调节机制和行政管理机制对于学科专业动态调整的作用和影响都是始终存在的，但在不同的时代语境和政策语境下，它们发挥作用影响的方式、程度和效果存在显著差异。这就警醒我们，在开展相关研究时一方面要着眼于探究研究型高校和应用型高校学科专业动态调整机制背后的深层次共性基础和矛盾，寻求解释和解决问题的内在科学规律；另一方面要立足于时代语境和政策语境发现当下研究型高校和应用型高校学科专业动态机制所面临的现实困境与挑战，分析问题和现象出现的特定个性基础和矛盾，避免陷入空洞无聊的教条主义。

参考文献

一 中文部分

（一）著作

〔美〕伯顿·克拉克：《高等教育系统——学术组织的跨国研究》，王承绪、徐辉、殷企平、蒋恒译，杭州大学出版社，1994。

〔美〕布鲁贝克：《高等教育哲学》，王承绪、郑继伟、张维平、徐辉、张民选译，浙江教育出版社，2001。

陈洪捷：《德国古典大学观及其对中国大学的影响》，北京大学出版社，2002。

陈庆云：《公共政策分析》，北京大学出版社，2011。

褚宏启：《教育政策学》，北京师范大学出版社，2011。

〔美〕大卫·科伯：《高等教育市场化的底线》，晓征译，北京大学出版社，2017。

〔美〕德里克·博克：《走出象牙塔——现代大学的社会责任》，徐小洲、陈军译，浙江教育出版社，2001。

〔荷〕弗兰斯·F.范富格特：《国际高等教育政策比较研究》，王承绪等译，浙江教育出版社，2001。

〔美〕弗朗西斯·福勒：《教育政策学导论》（第二版），许庆豫译，江苏教育出版社，2007。

〔美〕盖伊·彼得斯：《政府未来的治理模式》，吴爱明、夏宏图译，中国人民大学出版社，2013。

谷贤林：《美国研究型大学管理——国家、市场和学术权力的平衡与制约》，教育科学出版社，2008。

郝克明、汪永铨：《中国高等教育结构研究》，人民教育出版社，1987。

金吾伦：《生成哲学》，河北大学出版社，2000。

〔美〕克拉克·科尔：《大学的功用》，陈学飞、陈恢钦、周京、刘新艺译，江西教育出版社，1993。

〔美〕克拉克·科尔：《高等教育不能回避历史——21世纪的问题》，王承绪译，浙江教育出版社，2001。

李娟、李晓旭：《高等学校重点学科建设研究》，中国科学技术出版社，2015。

厉以宁：《教育经济学研究》，上海人民出版社，1988。

联合国教科文组织教育统计局编《国际教育标准分类》，国家教育委员会教育发展与政策研究中心译，人民教育出版社，1988。

廖茂忠：《中国本科专业设置与经济发展关系研究》，中国社会科学出版社，2012。

〔英〕罗纳德·巴尼特：《高等教育理念》，蓝劲松译，北京大学出版社，2012。

〔澳〕马金森：《教育市场论》，金楠译，浙江大学出版社，2008。

〔英〕玛丽·亨克尔、布瑞达·里特：《国家、高等教育与市场》，谷贤林等译，教育科学出版社，2005。

〔英〕迈克尔·吉本斯、卡米耶·利摩日、黑尔佳·诺沃提民、西蒙·施瓦茨曼、彼得·斯科特、马丁·特罗：《知识生产的新模式：当代社会科学与研究的动力学》，陈洪捷、沈文钦等译，北京大学出版社，2011。

潘懋元：《高等教育学讲座》，人民教育出版社，1985。

孙绵涛：《中国教育体制论》，辽宁人民出版社，2004。

〔英〕托尼·比彻、保罗·特罗勒尔：《学术部落及其领地：知识探索与学科文化》，唐跃勤译，北京大学出版社，2015。

王长乐：《教育机制论》，吉林人民出版社，2001。

〔美〕维托·坦茨：《政府与市场：变革中的政府职能》，王宇等译，商务印书馆，2016。

〔美〕希拉·斯劳特、拉里·莱斯利：《学术资本主义》，梁骁、黎丽译，北京大学出版社，2014。

〔英〕约翰·亨利·纽曼：《大学的理想》，徐辉、顾建新、何曙荣译，浙江教育出版社，2001。

张学敏、叶忠：《教育经济学》（第二版），高等教育出版社，2015。

〔美〕珍妮特·V. 登哈特、罗伯特·B. 登哈特：《新公共服务：服务，而不是掌舵》，丁煌译，中国人民大学出版社，2004。

（二）期刊论文

鲍嵘：《从"计划供给"到"市场匹配"：高校学科专业管理范式的更迭》，《浙江师范大学学报》（社会科学版）2007 年第 2 期。

鲍嵘：《美国学科专业分类系统的特点及其启示》，《比较教育研究》2004 年第 4 期。

别敦荣：《高校发展战略规划的理论与实践》，《现代教育管理》2015 年第 5 期。

陈国良、董业军、王秀军：《我国高等教育布局结构面临的挑战及对策建议》，《复旦教育论坛》2011 年第 3 期。

陈国良、杜晓利：《政府在高等教育布局调整中的角色与作用——国际比较的视角》，《全球教育展望》2011 年第 6 期。

陈厚丰、吕敏：《扩招以来我国经济结构与高等教育结构的相关性分析》，《高等工程教育研究》2017 年第 1 期。

陈骏：《一流大学的责任与担当》，《中国高教研究》2017 年第 12 期。

陈兰枝：《从"市场失灵"看市场调节教育供求的实效》，《教育科学》2003 年第 10 期。

陈立群：《行政化、政绩观与应试教育》，《人民教育》2015 年第 23 期。

陈平原：《内地/香港互参：中国大学的独立与自信》，《探索与争鸣》2014 年第 9 期。

陈涛：《我国高等教育学科专业目录的检视与反思》，《现代教育管理》

2015 年第 12 期。

陈文联：《举办者视阈下民办高校分类管理制度的调适与创新》，《中国高教研究》2018 年第 5 期。

陈先哲：《从"超常规"到"新常态"：论我国高等教育发展方式转型》，《高等教育研究》2016 年第 4 期。

陈小娟、陈武林：《对高校本科专业设置的思考——以广东省为例》，《教育发展研究》2011 年第 1 期。

陈星、张学敏：《依附中超越：应用型高校深化产教融合改革探索》，《清华大学教育研究》2017 年第 1 期。

程恩富：《完善双重调节体系：市场决定性作用与政府作用》，《中国高校社会科学》2014 年第 6 期。

程天君、吕梦含：《"去行政化"：落实和扩大高校办学自主权的政策支持》，《全球教育展望》2017 年第 12 期。

程晓舫、袁新荣、刘景平：《知识经济时代大学的地位、责任与使命》，《中国高教研究》2006 年第 11 期。

楚江亭：《学校发展规划：内涵、特征及模式转变》，《教育研究》2008 年第 2 期。

邓小妮：《高等教育行政管理体制的演变特点及启示》，《教育与经济》2000 年第 S1 期。

丁福兴、李源：《名实与价值：大学"去行政化"研究中的若干论争评析》，《国家教育行政学院学报》2013 年第 5 期。

杜国海、王涓：《区域高等教育学科专业结构调整与建设的机制与策略》，《贵州社会科学》2007 年第 8 期。

杜瑛：《高校分类体系构建的依据、框架与应用》，《中国高等教育》2016 年第 Z2 期。

杜瑛：《基于绩效的高校分类管理机制探析》，《国家教育行政学院学报》2017 年第 12 期。

范国睿、孙闻泽：《改革开放 40 年教育体制机制改革的历史与逻辑分析》，《教育研究》2018 年第 7 期。

冯向东：《学科、专业建设与人才培养》，《高等教育研究》2002 年第

5 期。

甘国华：《论教育市场失灵和政府规制》，《江西教育科研》2005 年第 1 期。

辜胜阻、王敏、李睿：《就业结构性矛盾下的教育改革与调整》，《教育研究》2013 年第 5 期。

顾明远：《高等教育评估中几个值得探讨的问题》，《高教发展与评估》2006 年第 3 期。

韩筠：《调整优化高等教育学科专业和人才培养类型结构》，《中国高等教育》2017 年第 12 期。

韩梦洁、张德祥：《美国高等教育结构变迁的市场机制》，《教育研究》2014 年第 1 期。

何慧星、张雅旋：《高等教育供给侧结构性改革的逻辑、依据与路径》，《现代教育管理》2017 年第 12 期。

何晋秋：《建设和发展研究型大学，统筹推进我国世界一流大学和一流学科建设》，《清华大学教育研究》2016 年第 4 期。

何沙、丁道军、国静：《多管齐下根治高校形式主义》，《广西社会科学》2014 年第 8 期。

何颖、李思然：《新公共管理理论方法论评析》，《中国行政管理》2014 年第 11 期。

何振海：《系统化发展视野内的加州公立高等教育——1960 年总体规划的历史价值探析》，《比较教育研究》2009 年第 7 期。

胡赤弟：《论区域高端教育中学科-专业-产业链的构建》，《教育研究》2009 年第 6 期。

胡春春、李兰、萧蕴诗、金秀芳：《德国高等学校学位制度及学科专业设置：传统、现状和启示》，《同济大学学报》（社会科学版）2007 年第 1 期。

胡仁东、费春：《走出困境，优化大学学科专业结构》，《中国高等教育》2013 年第 11 期。

胡瑞文、张海水：《面向人才市场的我国普通高等教育学科专业结构调整策略研究》，《现代教育管理》2014 年第 2 期。

黄宝印、唐继卫、郝彤亮：《我国专业学位研究生教育的发展历程》，《中国高等教育》2017 年第 2 期。

黄忠敬：《教育政策工具的分类与选择策略》，《国家教育行政学院学报》2008 年第 8 期。

纪宝成：《关于我国研究生学科专业设置问题的思考》，《学位与研究生教育》2007 年第 8 期。

〔美〕杰拉德·卡斯帕尔：《成功的研究密集型大学必备的四种特性》，李延成译，《国家高级教育行政学院学报》2002 年第 5 期。

康翠萍：《学术自由视野下的大学发展》，《教育研究》2007 年第 9 期。

劳凯声：《创新治理机制、尊重学术自由与高等学校改革》，《教育研究》2015 年第 10 期。

劳凯声：《教育研究的问题意识》，《教育研究》2014 年第 5 期。

乐园罗、朱益民、张扬、夏强：《高校教师岗位分类管理的价值认同》，《高等工程教育研究》2015 年第 5 期。

李立国、赵义华、黄海军：《论高校的"行政化"和"去行政化"》，《中国高教研究》2010 年第 5 期。

李寿德、李垣：《研究型大学的特征分析》，《比较教育研究》1999 年第 1 期。

李硕豪、魏昌廷：《我国高等教育布局结构分析——基于 1998—2009 年的数据》，《教育发展研究》2011 年第 3 期。

李伟涛：《教育现代化监测评价研究：一个制度分析框架》，《教育发展研究》2015 年第 1 期。

李英、赵文报：《高校学科专业结构与产业结构的适应性研究》，《科技管理研究》2007 年第 9 期。

李勇、闵维方：《论研究型大学的特征》，《教育研究》2004 年第 1 期。

李战国、谢仁业：《美国高校学科专业结构与产业结构的互动关系研究》，《中国高教研究》2011 年第 7 期。

梁金霞：《探索分类指导分类管理办法落实高校办学自主权——国家

教育体制改革试点调研报告》，《中国高教研究》2014 年第 10 期。

刘家明：《我国高校管理体制改革：非行政化的方向》，《学术论坛》2009 年第 11 期。

刘丽：《高等教育与劳动力市场的供求关系分析》，《中国高等教育》2017 年第 24 期。

刘路、刘志民：《我国大学学科管理模式变革探索：英、美、澳一流学科的建设经验与启示》，《教育发展研究》2016 年第 17 期。

刘树琪：《突出适应社会发展导向　优化调整学科专业结构》，《中国高等教育》2014 年第 10 期。

刘献君：《论独立学院的学科专业建设》，《中国高教研究》2007 年第 11 期。

刘献君：《应用型人才培养的观念与路径》，《中国高教研究》2018 年第 10 期。

刘小强：《高等教育学科专业制度：回顾、反思与方向——关于我国高等教育学科专业制度改革的思考》，《学位与研究生教育》2010 年第 1 期。

刘小强：《论高等学校学科专业设置模式的选择——关于规范型和生成型学科专业设置模式的比较分析》，《学位与研究生教育》2010 年第 12 期。

刘赞英、李亚琳：《现代大学制度构建的逻辑：内生与外延相平衡》，《大学教育科学》2015 年第 5 期。

刘振天、杨雅文：《进一步扩大高校办学自主权　深化学科专业管理体制改革》，《现代大学教育》2002 年第 5 期。

刘振天：《从象征性评估走向真实性评估——高等教育评估制度的反思与重建》，《高等教育研究》2014 年第 2 期。

卢晓中：《高等教育发展目标的定位视角与大学发展的分层定位——从战略规划的角度》，《华南师范大学学报》（社会科学版）2010 年第 5 期。

鲁品越：《从构成论到生成论——系统思想的历史转变》，《中国人民大学学报》2015 年第 5 期。

马陆亭：《关注学科专业动态调整，优化人才培养结构》，《中国高等教育》2007 年第 13 期。

孟明义：《市场调节不是实现高等教育资源合理配置的手段》，《江苏高教》1997 年第 3 期。

苗东升：《有生于微：系统生成论的基本原理》，《系统科学学报》2007 年第 1 期。

潘懋元、车如山：《略论应用型本科院校的定位》，《高等教育研究》2009 年第 5 期。

潘懋元：《什么是应用型本科?》，《高教探索》2010 年第 1 期。

潘懋元：《一流大学不能跟着"排名榜"转》，《清华大学教育研究》2003 年第 3 期。

庞青山、曾山金：《学科融合：高校合并的高层目标》，《高等教育研究》1999 年第 4 期。

祁占勇：《落实与扩大高校办学自主权的三维坐标——高校与政府、社会关系的重塑及内部治理结构的完善》，《高等教育研究》2013 年第 5 期。

秦发盈、李子江：《斯韦泽案：美国联邦最高法院学术自由判决第一案》，《教育学报》2017 年第 5 期。

秦建平、邓森碧、张小慧：《全国教育治理现代化监测实证研究》，《中国教育学刊》2018 年第 8 期。

曲木铁西：《试论少数民族高校的学科建设和专业建设》，《民族教育研究》2007 年第 1 期。

石旭斋、王建刚：《高校学科专业建设：问题与改进措施》，《国家教育行政学院学报》2005 年第 7 期。

史秋衡、康敏：《探索我国高等学校分类体系设计》，《中国高等教育》2017 年第 2 期。

史秋衡、康敏：《我国高校分类设置管理的逻辑进程与制度建构》，《厦门大学学报》（哲学社会科学版）2017 年第 6 期。

史秋衡：《论高等教育产业化趋势》，《厦门大学学报》（哲学社会科学版）2002 年第 5 期。

宋争辉：《高校专业设置同质化的消极影响及应对策略》，《中国高等教育》2011 年第 24 期。

睢依凡：《高等教育强国：大学的使命与责任》，《教育发展研究》2009 年第 23 期。

孙绵涛、康翠萍：《教育机制理论的新诠释》，《教育研究》2006 年第 12 期。

孙绵涛、朱晓黎：《关于学科本质的再认识》，《教育研究》2007 年第 12 期。

孙远雷：《研究型大学的内在特征分析》，《清华大学教育研究》2003 年第 5 期。

檀坤华：《科学定位 特色发展——我国地方高等院校的发展战略选择》，《国家教育行政学院学报》2008 年第 4 期。

唐莹、瞿葆奎：《教育科学分类：问题与框架》，《华东师范大学学报》（教育科学版）1993 年第 2 期。

田贤鹏：《高校学科专业动态调整：模式、困境与整合改进》，《高校教育管理》2018 年第 12 期。

田贤鹏：《高校学科专业动态调整中的市场调节失灵及其矫正》，《教育发展研究》2017 年第 21 期。

田贤鹏：《一流学科建设中的知识生产创新路径优化——基于知识生成论视角》，《学位与研究生教育》2018 年第 6 期。

王成端、王石薇：《区域高等教育学科结构与产业结构相关性分析：以四川省为例》，《高等教育研究》2017 年第 12 期。

王贺元、吴卿艳：《论产学研范式到学科-专业-产业链范式的转变》，《教育发展研究》2011 年第 1 期。

王建华、朱青：《对我国大学重点学科建设制度的反思》，《中国高教研究》2013 年第 12 期。

王建华：《高等教育的应用性》，《教育研究》2013 年第 4 期。

王建华：《知识规划与学科建设》，《高等教育研究》2013 年第 5 期。

王俊恒：《从同质化到多样化：高等教育发展的应然走向》，《内蒙古师范大学学报》（教育科学版）2012 年第 9 期。

王明杰、郑一山：《西方人力资本理论研究综述》，《中国行政管理》2006 年第 8 期。

王霆、曾湘泉：《高校毕业生结构性失业原因及对策研究》，《教育与经济》2009 年第 1 期。

王伟廉：《高等学校学科、专业划分与授权问题探讨》，《高等教育研究》2000 年第 3 期。

魏小琳：《高校学术委员会制度的现实困境及其建设——基于对浙江省高校的调查》，《中国高教研究》2014 年第 7 期。

武廷海、张能：《作为人居环境的中国城市群——空间格局与展望》，《规划研究》2015 年第 6 期。

〔英〕西蒙·马金森：《加州高等教育总体规划和高等教育系统的成败及对中国的意义》，文雯、胡雪龙译，《清华大学教育研究》2017 年第 2 期。

徐敦潢：《高等教育计划管理十年回顾》，《中国高等教育》1990 年第 3 期。

徐军伟：《地方本科院校转型要聚焦应用型学科建设》，《教育发展研究》2017 年第 1 期。

徐小洲、辛越优、倪好：《论经济转型升级背景下我国高等教育结构改革》，《教育研究》2018 年第 3 期。

严鸿雁：《高等教育人才供需矛盾的市场供给信息因素分析》，《国家教育行政学院学报》2013 年第 8 期。

阎光才：《大学生"翘课"行为对未来职业有何影响》，《教育发展研究》2017 年第 23 期。

阳荣威：《浅析高校定位视野下的学科专业建设》，《学位与研究生教育》2005 年第 11 期。

杨德广：《关于高校"去行政化"的思考》，《教育发展研究》2010 年第 9 期。

杨林、陈书全、韩科技：《新常态下高等教育学科专业结构与产业结构优化的协调性分析》，《教育发展研究》2015 年第 12 期。

杨明：《论高等教育中的市场失灵及其矫正》，《浙江大学学报》（人文社会科学版）2004 年第 4 期。

　　杨院：《我国高校办学质量分类管理的推进与选择》，《厦门大学学报》（哲学社会科学版）2017 年第 6 期。

　　叶文梓：《论规划在地方高等教育发展中的作用》，《江苏高教》2006 年第 2 期。

　　尤伟、颜晓红、陈鹤鸣：《我国应用型本科院校专业设置与调整机制变迁》，《江苏高教》2015 年第 5 期。

　　袁东、李爱民：《高校自主权缺失与同质化发展关联性分析》，《湖南师范大学教育科学学报》2011 年第 5 期。

　　袁东、李爱民、张忠元：《我国高水平大学同质化问题的复杂网络分析》，《高等教育研究》2013 年第 4 期。

　　袁霓：《用工荒与就业难并存的经济学分析》，《改革与战略》2011 年第 1 期。

　　袁振国：《论教育与社会需要脱节问题》，《华东师范大学学报》（教育科学版）1991 年第 2 期。

　　袁振国：《学术是学科的灵魂——大学变革的历史轨迹与启示之三》，《中国高等教育》2016 年第 18 期。

　　岳昌君：《高等教育结构与产业结构的关系研究》，《中国高教研究》2017 年第 7 期。

　　展立新、陈学飞：《理性的视角：走出高等教育"适应论"的历史误区》，《北京大学教育评论》2013 年第 1 期。

　　湛中乐、尹婷：《论学术自由：规范内涵、正当基础与法律保障》，《陕西师范大学学报》（哲学社会科学版）2016 年第 3 期。

　　张爱群、曹杰旺：《地方高师院校学科专业建设的困境与出路》，《教育发展研究》2014 年第 1 期。

　　张炳生、王树立：《学科、专业一体化建设研究》，《中国高教研究》2012 年第 12 期。

　　张德祥：《1998—2007 年中国高等教育结构发展变化的制度分析》，《中国高教研究》2009 年第 12 期。

　　张国昌、林伟连、许为民、张文军、张健、程红：《英国高等教育学科专业设置及其启示》，《学位与研究生教育》2007年第6期。

张红霞、高抒：《国际比较视野下中国研究型大学学科建设的全面反思》，《中国高教研究》2013年第4期。

张建初：《论高等学校章程》，《教育研究》2009年第2期。

张民选、谢仁业：《优化学科专业结构是高教发展的战略重点》，《中国高等教育》2008年第11期。

张清雅：《高职院校专业设置滞后性之应对策略》，《江苏高教》2012年第5期。

张晓校：《教育资源优化配置与高校学科专业结构调整》，《现代远距离教育》2010年第5期。

张学敏：《论教育供给中的政府失灵》，《高等教育研究》2003年第1期。

张振刚、向敛锐：《美国高等教育学科专业分类目录的系统研究》，《学位与研究生教育》2008年第4期。

张忠福：《大学生就业状况与学科专业设置》，《中国大学教学》2015年第2期。

赵庆年、祁晓：《高等学校分类管理：内涵与具体内容》，《教育研究》2013年第8期。

赵婷婷、汪乐乐：《高等学校为什么要分类以及怎样分类？——加州高等教育规划分类体系与卡内基高等教育机构分类的比较》，《北京大学教育评论》2008年第4期。

赵哲、宋丹：《区域高等教育发展战略规划的缺失与现代体系建构》，《国家教育行政学院学报》2015年第12期。

郑生勇：《教育政绩观的偏误与匡正》，《教育研究与实验》2015年第2期。

钟秉林、李志河：《试析本科院校学科建设与专业建设》，《中国高等教育》2015年第22期。

周川：《"专业"散论》，《高等教育研究》1992年第1期。

周光礼：《"双一流"建设中的学术突破——论大学学科、专业、课程一体化建设》，《教育研究》2016年第5期。

周伟、王秀芳:《安徽高等教育学科专业结构与产业结构变迁的适应性研究》,《科技管理研究》2014 年第 6 期。

周晓丽:《新公共管理:反思、批判与超越——兼评新公共服务理论》,《公共管理学报》2005 年第 1 期。

朱冰莹、董维春:《学术抑或市场:大学知识生产模式变革的逻辑与路向》,《科技管理研究》2017 年第 17 期。

(三) 其他

陈静漪:《中国义务教育经费保障机制研究》,博士学位论文,东北师范大学,2009。

辞海编辑委员会编纂《辞海》(第六版彩图本),上海辞书出版社,2009。

《高等教育的历史、现实与未来——中国教育在线总编辑陈志文专访中国高等教育学科创始人潘懋元》,https://www.eol.cn/e_html/2018/40/pmy/。

顾明远主编《教育大辞典》(增订合编本),上海出版社,1998。

韩梦洁:《美国高等教育结构变迁机制研究》,博士学位论文,大连理工大学,2013。

胡新峰:《大学生思想政治教育机制研究》,博士学位论文,东北师范大学,2014。

《教育部等五部门关于深化高等教育领域 简政放权放管结合优化服务改革的若干意见》,http://www.moe.gov.cn/srcsite/A02/s7049/201704/t20170405_301912.html。

《教育部关于深入推进教育管办评分离 促进政府职能转变的若干意见》,http://www.moe.gov.cn/srcsite/A02/s7049/201505/t20150506_189460.html。

李志强:《兰州大学撤销教育学院引争议》,《新京报》2016 年 8 月 27 日。

林蕙青:《高等学校学科专业结构调整研究》,博士学位论文,厦门大学,2006。

庞青山：《大学学科结构与学科制度研究》，博士学位论文，华东师范大学，2004。

《双一流高校密集筹建医学院！全国顶尖医学院校优势学科都有啥》，http：//kaoyan. eol. cn/bao ＿ kao/re ＿ men/201806/t20180619 ＿ 1610361 ＿ 2. shtml。

徐维彬：《建立符合研究型大学特点的评估制度》，《中国教育报》2007 年 7 月 19 日。

中国社会科学院语言研究所词典编辑室编《现代汉语词典》（第六版），商务印书馆，2012。

中华人民共和国教育部：《关于"十三五"时期高等学校设置工作的意见》，http：//www. moe. gov. cn/srcsite/A03/s181/201702/t20170217 ＿ 296529. html。

中华人民共和国教育部：《关于公布 2017 年度普通高等学校本科专业备案和审批结果的通知》，http：//www. moe. gov. cn/srcsite/A08/moe ＿ 1034/s4930/201803/t20180321_330874. html。

二 外文部分

（一）著作

Burton R. Clark, ed., *The Academic Profession*：*National*，*Disciplinary*，*and Institutional Settings*（Berkeley：University of California Press，1987）.

B. Bernstein，"On the Classification and Framing of Educational Knowledge，" in M. F. D. Young，ed.，*Knowledge and Control*（London：Collier Macmillan，1971）.

H. G. Schütze，G. A. Mendiola，and D. Conrad，*State and Market in Higher Education Reforms*：*Trends*，*Policies and Experiences in Comparative Perspective*（Rotterdam：Sense Publishers，2012）.

H. Tomlin，*The Great University Gamble*：*Money Markets and the Future of Higher Education*（London：Pluto Press，2013）.

James A. Beane，*Curriculum Integration*：*Designing the Core of Democratic*

Education (New York: Teachers College Press, 1997).

J. A. Douglass, *The Californian Idea and American Higher Education: 1850 to 1960 Master Plan* (Stanford: Stanford University Press, 2000).

J. W. Gooch, *Transplanting Extension: A New Look at the Wisconsin Idea* (Madison Wisconsin: UW-Extension Printing Services, 1999).

L. R. Lattuca, *Creating Interdisciplinarity: Interdisciplinary Research and Teaching among College and University Faculty* (Nashville: Vanderbilt University Press, 2001).

M. Howlett, and M. Ramesh, *Studying Public Policy: Policy Cycles and Policy Subsystems* (London: Oxford University Press, 1995).

OECD, *Skills Matter: Further Results from the Survey of Adult Skills* (Paris: OECD Publishing, 2016).

R. Barnett, "Limits to Academic Freedom," in M. Tight, ed., *Academic Freedom and Responsibility* (Milton Keynes: Open University Press, 1988).

University Leadership Council, *Competing in the Era of Big Bets: Achieving Scale in Multidisciplinary Research* (Washington: The Advisory Board Company, 2009).

（二）期刊论文

A. Brew, "Disciplinary and Interdisciplinary Affiliations of Experienced Researchers," *Higher Education* 56 (2008).

C. Hood, "A Public Management for All Seasons," *Public Administration* 69 (1991).

C. Kerr, "Expanding Access and Changing Missions: The Federal Role in US Higher Education," *Educational Record* 75 (1994).

D. M. Rabban, "Academic Freedom, Individual or Institutional?," *Academe* 134 (2001).

D. Rich, "Academic Leadership and the Restructuring of Higher Education," *New Directions for Higher Education* 134 (2006).

E. Cohen, and N. Davidovitch, "Higher Education between Government

Policy and Free Market Forces: The Case of Israel," *Economics & Sociology* 8 (2015).

E. S. Buckner, "The Changing Discourse on Higher Education and The Nation-State, 1960-2010," *Higher Education* 74 (2017).

G. Grotkowska, L. Wincenciak, and T. Gajderowicz, "Ivory-Tower or Market-Oriented Enterprise: The Role of Higher Education Institutions in Shaping Graduate Employability in the Domain of Science," *Higher Education Research & Development* 34 (2015).

H. Etzkowitz, and L. Leydesdorff, "The Dynamics of Innovation: From National Systems and 'Mode 2' to a Triple Helix of University-Industry-Government Relation," *Research Policy* 29 (2000).

H. H. Gebremeskel, and K. M. Feleke, "Exploring the Context of Ethiopian Higher Education System Using Clark's Triangle of Coordination," *Tertiary Education and Management* 22 (2016).

I. Bleiklie, "Organizing Higher Education in a Knowledge Society," *Higher Education* 10 (2005).

I. Livanos, "The Relationship between Higher Education and Labour Market in Greece: The Weakest Link?" *Higher Education* 60 (2010).

J. C. Simpson, "Racial Differences in the Factors Influencing Academic Major between European Americans, Asian Americans, and African, Hispanic, and Native Americans," *Journal of Higher Education* 13 (2001).

J. Huisman, and C. C. Morphew, "Centralization and Diversity: Evaluating the Effects of Government Policies in USA and Dutch Higher Education," *Higher Education Policy* 11 (1998).

J. Jungblut, and M. Vukasovic, "Not All Markets Are Created Equal: Re-Conceptualizing Market Elements in Higher Education," *Higher Education* 75 (2018).

J. Knight, Q. Deng, and S. Li, "China's Expansion of Higher Education: The Labour Market Consequences of a Supply Shock," *China Economic Review* 43 (2017).

J. P. Byrne, "Academic Freedom: A 'Special Concern of the First Amendment'," *Yale Law Journal* 99 (1989).

K. H. Mok, "Bringing the State Back in: Restoring the Role of the State in Chinese Higher Education," *European Journal of Education* 47 (2012).

Mark A. Stevenson, "Flexible Education and the Discipline of the Market," *International Journal of Qualitative Studies in Education* 12 (1999).

M. Brassler, and J. Detmers, "How to Enhance Interdisciplinary Competence-Interdisciplinary Problem-Based Learning Versus Interdisciplinary Project-Based Learning," *Interdisciplinary Journal of Problem-Based Learning* 11 (2017).

M. Druker, and B. Robinson, "Implementing Retrenchment Strategies: A Comparison of State Governments and Public Higher Education," *New England Journal of Public Policy* 10 (1994).

M. D. Santoro, and S. Gopalakrishnan, "The Institutionalization of Knowledge Transfer Activities within Industry-University Collaborative Ventures," *Journal of Engineering & Technology Management* 17 (2000).

N. Imanol, and L. Ilias, "Higher Education and Unemployment in Europe: An Analysis of the Academic Subject and National Effects," *Higher Education* 59 (2010).

N. Manning, "The Legacy of New Public Management in Developing Countries," *International Review of Administrative Sciences* 67 (2001).

P. Davies, J. Mangan, and K. Slack, "Labor Market Motivation and Undergraduates' Choice of Degree Subject," *British Educational Research Journal* 39 (2013).

P. D. Eeckel, "Decision Rules Used in Academic Program Closure: Where the Rubber Meets the Road," *The Journal of Higher Education* 73 (2002).

Q. Zha, "Diversification or Homogenization: How Governments and Markets Have Combined to (Re) shape Chinese Higher Education in Its Recent Massification Process," *Higher Education* 58 (2009).

R. Assaad, C. Krafft, and D. Salehi-Isfahani, "Does the Type of Higher

Education Affect Labor Market Outcomes? Evidence from Egypt and Jordan," *Higher Education* 75 (2017).

R. C. Shirley, and J. F. Volkwein, "Establishing Academic Program Priorities," *The Journal of Higher Education* 49 (1978).

S. Kim, and Ju-Ho Lee, "Changing Facets of Korean Higher Education: Market Competition and the Role of the State," *Higher Education* 52 (2006).

S. Brint, M. Riddle, L. Turk-Bicakci, and C. S. Levy, "From the Liberal to the Practical Arts in American Colleges and Universities: Organizational Analysis and Curricular Change," *The Journal of Higher Education* 76 (2005).

S. Brint, A. M. Cantwell, P. Saxena, and S. Preeta, "Disciplinary Categories, Majors, and Undergraduate Academic Experiences: Rethinking Bok's 'Our Underachieving Colleges' Thesis," *Research in Higher Education* 53 (2012).

S. Pavlin, "The Role of Higher Education in Supporting Graduates' Early Labour Market Careers," *International Journal of Manpower* 35 (2014).

S. Slaught, and G. Rhoades, "Changes in Intellectual Property Statutes and Policies of a Public University: Revising the Terms of Academic Labor," *Higher Education* 26 (1993).

S. Slaughter, "Retrenchment in the 1980s: The Politics of Prestige and Gender," *The Journal of Higher Education* 64 (1993).

Simon. Marginson, and M. Van Der Wende, "To Rank or to Be Ranked: The Impact of Global Rankings in Higher Education," *Journal of Studies in International Education* 11 (2007).

T. Virtanen, "Changing Competences of Public Managers: Tensions in Commitment," *International Journal of Public Sector Management* 13 (2000).

V. N. Pa-Aug, "Fact File: Carnegie Foundation's Classification of 3, 856 Institutions of Higher Education," *Chronicle of Higher Education* 49 (2000).

W. H. Newell, and W. J. Green, "Defining and Teaching Interdisciplinary Studies," *Improving College and University Teaching* 30 (1982).

W. James Jacob, "Interdisciplinary Trends in Higher Education," *Palgrave Communications* 1 (2015).

（三）其他

EDUCAUSE, 2018 NMC Horizon Report, https： //library. educause. edu/ resources/2018/8/2018-nmc-horizon-report.

NCES, Classification of Instructional Programs： 2000 Edition, https： // nces. ed. gov/pubs2002/cip2000/.

Stanford University, A History of Stanford, https： //www. stanford. edu/ about/history/.

UNESCO, The Global Education Monitoring Report, https： //en. unesco. org/gem-report/about.

University of Cambridge, About the Logo, https： //www. cam. ac. uk/ brand-resources/about-the-logo/the-coat-of-arms.

图书在版编目（CIP）数据

高校学科专业动态调整机制研究：基于分类管理的
三维框架 / 田贤鹏著. -- 北京：社会科学文献出版社，
2023.11（2025.2 重印）
ISBN 978-7-5228-2565-6

Ⅰ.①高…　Ⅱ.①田…　Ⅲ.①高等学校-学科建设-
研究-中国　Ⅳ.①G642.3

中国国家版本馆 CIP 数据核字（2023）第 188858 号

高校学科专业动态调整机制研究
——基于分类管理的三维框架

著　　者 / 田贤鹏

出 版 人 / 冀祥德
组稿编辑 / 曹义恒
责任编辑 / 吕霞云
文稿编辑 / 尚莉丽
责任印制 / 王京美

出　　版 / 社会科学文献出版社·马克思主义分社（010）59367126
　　　　　　地址：北京市北三环中路甲 29 号院华龙大厦　邮编：100029
　　　　　　网址：www.ssap.com.cn
发　　行 / 社会科学文献出版社（010）59367028
印　　装 / 唐山玺诚印务有限公司

规　　格 / 开　本：787mm×1092mm　1/16
　　　　　　印　张：15.5　字　数：248 千字
版　　次 / 2023 年 11 月第 1 版　2025 年 2 月第 2 次印刷
书　　号 / ISBN 978-7-5228-2565-6
定　　价 / 98.00 元

读者服务电话：4008918866